Gisela Dischner

Über die Unverständlichkeit

Aufsätze zur neuen Dichtung

Gerstenberg Verlag

Fotos: Gisela Dischner
Zeichnungen: Martina Kügler

CIP-Kurztitelaufnahme der Deutschen Bibliothek

Dischner, Gisela:
Über die Unverständlichkeit: Aufsätze zur neuen Dichtung
Gisela Dischner.
Hildesheim: Gerstenberg, 1982.
ISBN 3-8067-0884-3

© Gerstenberg Verlag, Hildesheim 1982
mit Ausnahme der im Inhaltsverzeichnis vermerkten 2 Aufsätze
Umschlaggestaltung: Reinhard Fabian
Satz: Meister-Satz, 8670 Hof
Herstellung: Druckhaus Gebr. Gerstenberg, Hildesheim
ISBN 3-8067-0884-3

Was fürchten die Leute? *Was sie nicht verstehen.* Der zivilisierte Mensch unterscheidet sich in dieser Hinsicht um keinen Deut vom Wilden. Das Neue enthält immer etwas von Gewalt, von Sakrileg. Was tot ist, das ist heilig. Was neu ist, das ist *anders,* es ist schlecht, gefährlich oder umstürzlerisch.

Henry Miller („Mit Edgar Varèse in der Wüste Gobi")

Inhalt

Das Ende des bürgerlichen Ichs
Anmerkungen zur Prosa Ror Wolfs*

Das »autonome« Ich, das der bürgerlichen Psychoanalyse als
erstrebenswertes Ideal erscheint, wird in den Texten Ror
Wolfs bei totaler Schein-Affirmation ständig und konkret in
Frage gestellt.

Das »Ich«, das Freud mit seinen es determinierenden Faktoren
als ein mühsam zusammengehaltenes, ständig von Neurose
bedrohtes Balancesystem definierte, zeigt bei Ror Wolf,
wie wahrhaft mühsam es sich zusammenhält, zusammengehalten
wird: deutlich trägt es die Spuren des Kampfes seiner
Entstehung, des Kampfes von Lustprinzip und Realitätsprinzip,
des Kampfes zwischen dem »Es« und dem gesellschaftshörigen
Überich.

Ror Wolf schneidet sozusagen quer durch die psychischen
Schichten, die Spuren, Narben, Deformationen bloßlegend,
die dieser Kampf (der nur scheinbar aufgehört hat beim
»Erwachsenen«) hinterließ.

Der Begriff des bürgerlichen Ichs ist so ambivalent wie der
mit ihm vermittelte Begriff der bürgerlichen Freiheit. Wie
diese im Ursprung die zynische Dialektik der »Freiheit« der
Person mit der Freiheit »von« Produktionsmitteln (ihren
Nichtbesitz) verbindet, so schlägt die Dialektik der Freiheit
des »autonomen« Ichs ständig um in psychische Zwänge, die
als Reaktion auf die gesellschaftlichen Zwänge diese reproduzieren
hilft.

Heute sind diese Zwänge vom Individuum so radikal internalisiert,
daß selbst die Illusion der Autonomie zusammengebrochen
ist: die »Persönlichkeit« ist zu einem Fragment
regrediert, dem noch die »Freizeit gestaltet« werden muß
(auch, um weiterhin zur Absorbierung des Surplus beizutragen),
weil das Ich sich in dem, vom Leistungszwang abge-

* veröffentlicht in Edition Suhrkamp 559, 1972

spaltenen, künstlichen Freizeitreservoir ungewohnter (scheinhafter) Autonomie völlig hilflos bewegt.

Wolf zeigt, was mit den, in ihrer »Menschlichkeit« aufs Private reduzierten Menschen geschieht: ihre Erinnerungen und Empfindungen werden austauschbar; der Doppelcharakter der Ware als Gebrauchswert (»Privatheit«) und Tauschwert (Öffentlichkeit, politische und geschäftliche »Sphäre«) hat die Menschen in der bürgerlichen Gesellschaft selbst so weit deformierend geprägt, daß ihre private Innerlichkeit und Ich-Autonomie ganz zur Farce werden – sie enthüllen sich als eigentlich einander entfremdete, isolierte Monaden, als welche Leibniz sie positiv zu definieren meinte. Wolfs Personen leben in einer pathologischen, vom Bestehenden aus gesehen »normalen« Kontaktlosigkeit nebeneinander, reden nicht zueinander, sondern aneinander vorbei. Durch Wiederholung und Übertreibung macht Wolf »über«-deutlich, was der Fall ist.

Zunächst ist dieser Vorgang rein negativ; aber die hier gespiegelte Negativität der bestehenden bürgerlichen »Seelenzustände« trägt in sich und entfaltet ihren eigenen Widerspruch. Der dialektische Umschlag ist einer von Identitätsverlust – die Erlebnisbilder, die Erinnerungsfäden verselbständigen sich und zerstören die »Autonomie des Individuums« sowie die Kausallogik der »Erzählung« – in Identitätserweiterung: neue Erlebnisbilder und -möglichkeiten ergeben sich gerade aus der zunächst negativ begriffenen Verselbständigung, sie eröffnen die Vieldimensionalität einer seelischen Dynamik, deren neuer »traumhafter« Logik folgend man zu neuen, un-gewußt und un-bewußt gebliebenen Erlebnis- und Empfindungsmöglichkeiten kommt; damit wird die Welt der individualistischen bürgerlichen Monade, die Trennung von Privat- und Gemeinschaftssphäre, die subjektive Gefühlswelt gesprengt.

Dort, wo der Spaß an der Grenze der bürgerlichen Identität aufhört, fängt bei Wolf ein höherer an; wo der »Boden« der Realität und der sie spiegelnden Innenwelt des Ichs ständig nachgibt und zur »Bodenlosigkeit« versinkt, gibt es bei Wolf einen Umschlag von totaler Verunsicherung, von einem

Boden-unter-den-Füßen-Wegziehen in ein Spiel mit Möglichkeiten und Bezügen, in denen Welt, Figuren, Gegenstände ihre Gegen-ständlichkeit verlieren, miteinander (ohne scharf abgegrenzte Umrisse der Identität) in Beziehung treten, sich lockern und veränderbar werden je nach den spezifischen Konstellationen (das spiegelt sich, wie gezeigt werden soll, sprachlich konkret wider). Wie sich in der modernen Physik die Vorstellung selbst der Atome aufgelöst hat, so auch in der Soziologie die Vorstellung gesellschaftlicher Monaden: es gibt nur noch eine Folge von Ereignissen (analog der Physik), die ihren Stellenwert dauernd verändern können.

Nachdem Freud mit der Entwicklung der Psychoanalyse die Autonomie des Ichs ins Wanken gebracht hatte (allerdings an ihr als Ideal in der Therapie festhielt und damit der Aufklärung verhaftet blieb), wurden auch die Naturwissenschaften in ihrer »ewigen« Logik durch Einstein, Planck, Niels Bohr, Heisenberg und andere erschüttert. Heisenbergs »Ungenauigkeitsrelation« hob die »ewige« Gültigkeit des Kausalitätsgesetzes auf.

Schon die sprachlichen Formeln der Entdeckungen Heisenbergs – »Unbestimmtheitsrelation«, »Ungenauigkeitsrelation«, »Unschärferelation« – deuten auf die Gemeinsamkeiten moderner Wissenschaft und Kunst hin. Sohn-Rethel zeigte die historische Wurzel der logischen Erkenntnisformen in der realen Tauschabstraktion: die Menschen »erlernten« das abstrakte Denken in der Tauschhandlung im Warenverkehr durch die »Rolle des Äquivalenzpostulats«: »Die Tauschgleichung dient der zufälligen, rein kontingenten Tatsächlichkeit des Geschehens in Austauschzusammenhängen zur Logik.«[1] Ist die historische Entstehung der logischen Denkstruktur und ihrer Gesetze erwiesen, so impliziert das ihre historische Veränderlichkeit und Veränderbarkeit, die Heisenberg und andere bestätigen.

1 Alfred Sohn-Rethel, Geistige und körperliche Arbeit. Zur Theorie der gesellschaftlichen Synthesis, Frankfurt 1970, S. 60.

Die sichtbare historische Bedingtheit der Denkstruktur beeinflußt auch die Ichstruktur, deren fiktionaler Charakter mehr und mehr enthüllt wird. Die Vielleicht-Formel in Ror Wolfs Texten[2] erinnert an Heisenbergs »Ungenauigkeitsbeziehung«, sie zeigt nicht das »Abnormale« verunsicherter Erzählerfiguren, sondern die Fiktionalität dessen, was wir für Norm und Wahrheit hielten.

Das Ich, das immerzu »vielleicht« sagt, »vielleicht war es aber auch anders«, »vielmehr glaube ich«, dieses immer *zitierte* Ich ist nur dann bedauernswert »pathologisch«, »gestört«, »realitätsfremd«, wenn wir von dem Ideal bürgerlicher Ich-Autonomie ausgehen. Dieses Ich aber ist ein bürgerlich vereinzeltes. Freud geht bei diesem Ich-Ideal (an dem er festhält, obgleich er es als Fiktion durchschaut) vom bürgerlich-liberalen Individuum des 19. Jahrhunderts aus und damit eben von jenem mechanistischen, aus der Tauschabstraktion entstandenen Denken, das auf die Betrachtung der Gesellschaftsentstehung (Atom-Monade-Gesellschaftsvertrag) in falscher Analogie übertragen wurde. Noch heute hält die Psychotherapie an diesem Bild des Menschen fest, bleibt deshalb notwendig individualistisch und gesellschaftsblind.

Auch die bürgerlichen Intellektuellen (die Autorin zählt sich zu ihnen) haben dieses Ideal noch nicht abgestreift – das würde, wie jeder einschneidende Lernprozeß, eine Identitätskrise zur Folge haben, und wer setzt sich dieser schon freiwillig aus? Am ehesten noch die Künstler.

Auch Ror Wolf ist nicht jenseits des Ideals von individualistischer Ichautonomie – das wäre ihm in dieser Gesellschaft kaum möglich als Künstler –, aber seine Prosa artikuliert das Scheitern des individualistischen Ichs; sie zeigt, daß das »autonome« Ich, das in sich immer schon einem omnipotenten Wunschdenken des in Wahrheit gesellschaftlich ohnmächtigen Individuums entsprach, geschichtlich überholt ist. In diesem Sinne bezeichnet Hans Kilian den Geist »des ver-

---

2 Ror Wolf, *Danke schön. Nichts zu danken*, Frankfurt 1969 (= edition suhrkamp 331), S. 16, 26 f., 32, 38, 41, 50, 69, 79 etc.

selbständigten, innengelenkten Denkens«[3] als »geschicht-lich tot«: »Das ohnmächtige Ich klammert sich um so mehr an die abstrakte Fiktion seiner Autonomie, je mehr es durch die Außenlenkung (...) eines äußeren Über-Ich-Systems tatsächlich fremdgesteuert wird und seiner konkreten Auto-nomie faktisch entäußert ist.«[4]

In dieser Situation befinden sich Wolfs Figuren. Sie wollen nicht wahrhaben, daß sich die Reste ihres Gedächtnisses (die ihnen blieben) verselbständigt haben und fremden Mecha-nismen folgen, die der Eigenkontrolle entzogen bleiben.

Das Schlagwort von der Verdinglichung gewinnt bei Wolf ein konkretes Erscheinungsbild in den erstarrten, formali-sierten Beziehungen der – zudem typisierten – Figuren untereinander, die wie in einer Abfolge von Bildern (und darauf wird wörtlich reflektiert) in einer sozusagen verstei-nerten Sinnlichkeit erscheinen. Aber bevor wir von der Mischung aus praller Sinnlichkeit (man denke an die Witwe) und versteinter Bildhaftigkeit erschauern (fast wie vor E. T. A. Hoffmanns Puppe Olympia), geschieht der erwähnte Umschlag in die Unendlichkeit der Bezüge, in der eine ständige Verwandlung von Figuren, Umgebungen, Situationen stattfindet, die diese Bildstarre sprengt.

Die (im Ursprung mechanistisch konzipierte, ontologische) Ich-Autonomie wird nicht durch kollektive Emanzipation aufgehoben (die Figuren Wolfs werden nicht zu »Gattungs-wesen«, bleiben durchaus in der »Vorgeschichte« befangen), sondern sie wird aufgelöst in jenes »unendliche Netz von Beziehungen«, in dem Wittgenstein das statische Weltbild sich auflösen sah.

Die neue Kunst befindet sich, wie die Gesellschaft selbst, im Übergang, für den der Begriff »Krise« schon fast zum Synonym geworden ist. Sie spiegelt die Krise der überholten kapitalistischen Produktionsweise, das heißt sie zeigt den durch die besondere Form der gegenwärtigen Arbeitsteilung

3 Hans Kilian, *Das enteignete Bewußtsein* in: H. K., *Zur dialektischen Sozialpsychologie*, Neuwied 1971 (= Soziologische Texte 74), S. 189.
4 Ebd., S. 191.

reduzierten und in Bestandteile zersplitterten Menschen und seine entsprechend deformierte fragmentarische Psyche; sie tut dies jedoch nicht ahistorisch-statisch, sie zeigt die Dynamik der menschlichen Seelenstruktur und deren Veränderlichkeit, indem sie etwas von der Fortentwicklung in eine geschichtlich mögliche Zukunft des Menschen als voll entfaltetem, harmonischen Gattungswesen antizipiert, wenn auch auf negativer Folie. Die neue Kunst zeigt also die dialektische Einheit der Widersprüche, sie zeigt, und das wird bei Wolfs Prosa beispielhaft deutlich, wie das »negative« Zerfallen der bürgerlichen Persönlichkeit in arbeitsteilige Funktionen die notwendige Voraussetzung für den »neuen« Menschen ist: denn der neue Mensch wird (was jetzt noch eher schizophren als utopisch scheint) ohne Pathologie seine individualistischen Ich-Scheidewände übersteigen und sich im vollen Sinn als Gemeinschaftswesen verstehen lernen – von diesem Wesen kann uns auch die Kunst heute nur eine Ahnung vermitteln.

Man kann die Dialektik der Widersprüche in dem Umschlag von Ichverlust zu Icherweiterung in Wolfs Prosa konkret nachvollziehen, läßt man sich nachvollziehend von ihr aktualisieren: Die Angst vor der chaotischen Zersplitterung der Wolfschen Figuren (mit denen wir uns, trotz aller Brechtschen Zigaretten-Distanz, bis zu einem gewissen Grade identifizieren, um sie zu begreifen) in einzelne voneinander isolierte Sphären menschlicher Erfahrung und Zustände, verwandelt sich in die plötzliche Freude über die Möglichkeit, Dinge, Menschen und sogar Gefühle neu wahrzunehmen und neu zu betrachten (Šklovskij spricht in diesem Zusammenhang von der »besonderen Wahrnehmung« der Dinge durch die Kunst[5]); diese Angst verwandelt sich in die Lust, unendlich vielen Assoziationsketten zu folgen, den Text als Material zum freien Spiel der eigenen Phantasie zu gebrauchen: Wir entdecken die überraschenden Möglichkeiten unserer eigenen Wahrnehmungsaktivität.

5 Viktor Šklovskij, *Theorie der Prosa*, Frankfurt 1966, S. 21.

Die Störung, der Schock, die Destruktion von Wahrnehmungsgewohnheiten intendieren zunächst unbewußte Identitätskrisen – deshalb wird moderne Kunst so oft als Ärgernis verstanden. Aber schon diese Ebene (die beim Existenzialismus vorherrscht) wird bei Ror Wolf spielerisch durch komische Übertreibung aufgehoben oder durch Scheinaffirmation an alte Erzählweisen ironisch verschleiert.

Die Scheinaffirmation erlaubt Wolf, den versteinerten Verhältnissen im Sinne von Marx ihre »eigene Melodie« vorzusingen, um sie »zum Tanzen zu bringen«.

Wolf erreicht dies, indem er beispielsweise die Starre des Bestehenden in der erwähnten versteinten Bildhaftigkeit (die durch den Kontrast sinnlicher Vorgänge – des Essens und der Sexualität – erhöht wird) sprachlich artikuliert. Oder er zeigt durch Selektion bestimmter Situationen, in welcher Weise die Menschen sich selbst jede Freiheit versagen, weil sie sich total an ein internalisiertes Ordnungssystem halten. Wolf folgt dem Ritual dieses Ordnungsgehorsams bis in die trivialsten Details, die modellhafte Bedeutung erhalten. Für den »Vater« (in *Mitteilungen aus dem Leben des Vaters*) ist es der Löffel auf dem Eßtisch, der auf dem richtigen Platz liegen muß[6], weil ihm sonst die Welt aus den Fugen gerät, in denen sie ohnedies nur in seiner Vorstellung ist.

Der »Vater« beschildert die Welt, um in ihr eine Ordnung zu erkennen, die er selbst setzt, ohne es zu wissen. Diese Ordnung will er an seinen Sohn weitergeben; der aber verweigert sie, denn er fühlt, daß der Vater mit der Welt etwas Ähnliches tut wie mit ihm, indem er ihn in einen engen Bleyleanzug preßt, der ihn an jeder Bewegung und Entfaltung hindert. Noch ist der Sohn ein »Kind« und ohnmächtig gegen die Ordnung des Vaters. Seine Rebellion besteht nur im Trotz des Nichtwissens und schlägt manchmal aus Angst vor dem übermächtigen, »allwissenden«

6 Ror Wolf, *Danke schön*, a.a.O., S. 58, 65.

15

Vater um in hilflose Lernversuche, deren einzige Motivation das »Herzeigen« eines guten Willens ist.

Indem der Sohn größer wird (und aus dieser Perspektive der Vater im wörtlichen und übertragenen Sinn kleiner), gelangt er von abstrakter, ohnmächtiger Weigerung zu bestimmter Negation: den *freien* Jazz, den er spielt, setzt er gegen das »ordentliche« Klavierspiel des Vaters. Aber bis er so weit ist, muß er noch oft die Ohnmacht seines Nichtwissens spüren, obwohl er die Sinnlosigkeit ahnt, in der der Vater die Welt etikettierend einteilt: »Was das für ein Berg sei, will er wissen, als plötzlich ein Berg erscheint. Ich nenne schnell einen Namen: der Schwarze Berg. Das sei nicht der Schwarze Berg, sagt er, das sei vielmehr der Rote Berg, der Schwarze Berg, von dem ich spräche, befinde sich gerade auf der anderen Seite. In welcher Himmelsrichtung also? fragt er. Im Norden, sage ich. Nein, sagt er, natürlich im Süden. Dann soll ich sagen, wie der Name des Baches sei, der gerade vorbeifließt, oder wie dieser Vogel heiße, der auf der Baumspitze sitzt, und da ich das alles nicht weiß, redet er von solchen Söhnen, für die etwas Derartiges kein Geheimnis ist, von sechsjährigen Bauernsöhnen, die in seiner Rede auf Heuwagen sitzen, Kühe melken und alle Arten von Äpfeln zu unterscheiden verstehen.«[7]

Der Psychoterror dieser Erziehung (der hier nicht durch eine liberale Form verschleiert wird) enthält schon das ganze Leistungsprinzip mit seinen Konkurrenzmechanismen (die besser wissenden Bauernsöhne), das nötig ist, um auf das Leben als »Erwachsener« adäquat vorbereitet zu sein. Dem Sohn graut vor dieser Welt und vor dem Vater, der sie (als »Erziehungsinstitution«) repräsentiert, es graut ihm vor dessen Autorität und vor der Autorität der Wegweiser »in alle Richtungen«, die er nicht versteht und nicht verstehen will ebenso wie vor der etikettierten, bekannten und berühmten Landschaft, die als Konsumware und »Wissensschatz« (im Sinne der »Schatz«-Häufung) vom Vater angepriesen wird: »So kommen wir weiter in unseren

7 Ebd., S. 60.

16

Lodenjoppen, am berühmten Echo vorbei, am bekannten Wasserfall, mit Einblicken in das Pflanzenleben, mit Wegweisern in alle Richtungen und Aussichtstürmen und Fernsichten (...) Alles gedeiht hier sehr gut, Pilze in feuchten Sommermonaten (...) mit Omnibusverkehr (...) mit Erquickendem und Erfrischendem (...) nach hinten lohnt sich ein Blick ins Tal hinab mit lieblichen Gründen und lauschigen Plätzen.«[8]

Der Vater lebt in einer Welt der Ordnung, in der alles seinen Platz hat, alles ist nützlich, alles »gedeiht hier sehr gut«, alles ist heiter, alles ist identifizierbar.

Der Sohn zweifelt an dieser väterlichen Ordnung, er ist zwar noch ohnmächtig gegen den »allwissenden« Vater, aber erkennt, daß sich die Dinge in der Wirklichkeit anders verhalten als in den lobend-harmonisierenden väterlichen Interpretationen der Umwelt. Er beobachtet auch, daß nicht nur er daran zweifelt, sondern auch die Bäuerinnen, die auf dem vom (städtischen) Vater stilisierten Lande (und dem »einfachen Leben«) wirklich wohnen: »Als wir durch ein Dorf kommen, spricht er vom wunderschönen Leben auf dem Lande. Ich sehe kleine Höfe mit dunklen Dunghaufen und Fliegenschwärmen vor den Fenstern mit vergilbten Gardinen und schwarze Ställe, aus denen Ketten herausklirren und warme modrige Luft kommt. Er beschreibt die Vorzüge des Specks, an dem ich gerade würge (...) den ich unter der Zunge verstecke, bis sich die Gelegenheit zum unbemerkten Ausspucken ergibt (...) Er nickt den Bäuerinnen in die verwunderten rotgeschwollenen Gesichter, er rühmt das Wetter und fragt sie, ob das nicht ein besonders für die Landwirtschaft erfreuliches Wetter sei. Sie bücken sich wieder über die Tröge, mit aufgetriebenen Bäuchen und schwarzen wollenen Strümpfen.«[9]

Je brüchiger die Ordnung ist, an die sich der Vater klammert, desto autoritärer tritt er auf. Die zwanghafte, sich von bestimmten Inhalten verselbständigende Ordnung des

8 Ebd., S. 60 f.
9 Ebd., S. 61 f.

17

Vaters hat sich so weit formalisiert, ist – im Sinne Horkheimers – so weit versachlichte Autorität geworden, daß es dem Vater fast bruchlos gelingt, von einer zusammengebrochenen Ordnung (Faschismus) in eine neue überzugehen und sich ihr zu fügen; er liest zuerst den *Stürmer*[10] und die *Grüne Post*, später (und es macht offensichtlich für ihn keinen Unterschied) liest er »im *Thüringer Volk* und ein bißchen im *Neuen Deutschland*«[11].

Wichtig für ihn ist, daß es ein Über-Ich-System gibt, an das er sich halten, mit dem er sich identifizieren kann, ohne sich unbequemen, selbständigen Denkprozessen aussetzen zu müssen. Seine eigene Autorität über den Sohn reproduziert die von ihm verinnerlichte Autorität der bestehenden Ordnung, der er sich in freiwilliger Sklaverei fügt, als deren Agent er auf den Sohn zu wirken versucht. Die zwangsneurotische autoritäre Charakterstruktur erhält den gesellschaftlichen Segen der »Norm«, weil sie das Bestehende perpetuieren hilft, während die spontane Reaktion des Sohnes aus noch nicht deformierter Sensibilität als neurotisch erscheint: »Erst die bürgerliche Gesellschaft ist die der puritanischen Zwangsneurose des einzelnen Menschen, welcher die Herr-Knecht-Beziehung verleugnet, indem er sie durch ›Verinnerlichung‹ gleichsam verschluckt.«[12]

Aber der Sohn, dem sie sich in der väterlichen Autorität recht unverhüllt offenbart, verschluckt sie nur scheinbar wie den Speck, den er als Kind unter der Zunge versteckt »bis sich die Gelegenheit zum unbemerkten Ausspucken ergibt«[13].

Das Über-Ich-System, das vom autoritätshörigen, eigentlich schwachen Ich (des Vaters) verinnerlicht wird, ist aber nur die erste Ebene, auf der uns die Wolfschen Figuren begegnen.

10 Ebd., S. 57.
11 Ebd., S. 65.
12 Hans Kilian, *Das enteignete Bewußtsein*, a.a.O., S. 187.
13 Ror Wolf, *Danke schön*, a.a.O., S. 61.

Die »Autonomie« des bürgerlichen Ichs wird nicht nur dort als Illusion entlarvt, wo sie sich als faktische Unfreiheit und Ichschwäche herausstellt wie in der »autoritären Persönlichkeit« des Vaters (die schon wesentlich gebrochener erscheint als die mächtigere Figur des Vaters, die wir aus Kafkas *Brief an den Vater* kennen, und Kafka nannte diesen Brief gegenüber Milena einen »Advokatenbrief«, was relativierend klingt), sie wird auch dort entschleiert, wo es um »innere« Vorgänge von Figuren geht, deren Persönlichkeitsstruktur von vornherein reduziert und fragmentarisch bleibt, die wir nur noch aus ihren Erinnerungsresten vernehmen, aus dem oft vergeblichen Versuch, Erinnerungen zusammenhängend zu rekonstruieren.

Die Wolfschen Figuren sind nicht nur *individuell* seelisch Erkrankte und seine Erzählungen keine Neurosenberichte, schon deshalb, weil Wolf sichtbar Partei nimmt für sie gegen die »Normalen« (der Vater, Rach etc.), eine Tendenz, die wir bei den auch »verständigen« Psychologen noch kaum finden (Laing gehört zu den Ausnahmen).

Verharrt Freud und viele seiner Nachfolger auf einer individuellen Konfliktsituation zwischen Eltern und Kind (auf dem Hintergrund der Anerkennung gesellschaftlicher Normen bei gleichzeitiger Entschleierung ihres repressiven deformierenden Charakters), so zeigt sich in der neuen Literatur, häufiger als in der neuen Psychologie, die Tendenz, diese Konfliktsituation als eine allgemeine, gesellschaftlich vermittelte zu begreifen, auch wenn das nicht direkt ausgesprochen wird. Insofern befindet sich ein Teil der neuen Literatur (nicht zu verwechseln mit zeitgenössischer Literatur) näher bei Marx als bei Freud – und zwar meist diejenige (siehe Ror Wolf), die nicht als unmittelbar gesellschaftlich engagiert erscheint.

Die von Fromm als »Pathologie des Normalen« gekennzeichnete Situation kann im Hinblick auf einige der Wolfschen Figuren verstanden werden (der Vater ist nur ein besonders deutliches Beispiel): »Im Gegensatz zum Begriff der individuellen seelischen Erkrankung entwirft Marx eine *Pathologie des Normalen*, ein Bild der Verkrüppeltheit des

19

– statistisch gesehen – normalen Menschen, des Verlustes seiner selbst, seines menschlichen Wesens.«[14] Wolf zeigt künstlerisch diese »Pathologie des Normalen«.

Aber während eine Gesellschaftsanalyse nur hintereinander die Dialektik der Zustände entwickeln und zeigen kann, wie eine Gesellschaftsform diejenige in sich ausbildet, die sie notwendig zerstören wird, ist Kunst in der Lage, die Dialektik der widersprüchlichen Zustände als *Gleichzeitigkeit darzustellen*; bei Ror Wolf handelt es sich bei dieser Gleichzeitigkeit um die erwähnte simultane Dialektik von Ichverlust und Icherweiterung.

Deutlich wird zunächst der Ichverlust der »Normalen«. Die Menschen sind bei Wolf sichtbar aus dem seelischen Gleichgewicht geraten, auch wenn sie sich äußerlich ganz »normal« bewegen. Sie taumeln nur in ihrem Denken und in ihrer sie verlassenden Erinnerung und zersplitterten Wahrnehmungsfähigkeit.

Im Zustand der »Pathologie des Normalen« führt Wolf den *Leser* ständig an die Grenze dessen, was als Norm gilt, um ihm die Fragwürdigkeit dieser Norm zu zeigen. So gehört auch Rach, ein »alter Bekannter«, wie der Vater zu den »Normalen«, kann vielleicht als Über-Ich-Abspaltung des (nicht identifizierbaren) Erzähler-Ichs gedeutet werden, als dessen realitätshöriger, manchmal wohl erwünschter Teil, von dem es sich dennoch sichtbar ironisch durch parodistisch angewandtes Klischee distanziert: »(. . .) Rach. Dieser Mann tritt fest und klingend auf, er erfaßt die Lage mit einem Blick, er behauptet, er sei ein alter Bekannter (. . .).«[15]

Indem jedoch Wolf die Pathologie des Normalen kontrastiert mit der (an menschlichen Entfaltungsmöglichkeiten gemessenen) Normalität des als pathologisch Bezeichneten, stellt er dar, wie der Umschlag von Entfremdung in Utopie, in Freiheit, möglich wäre, verließe man die pathologische Ordnung der normalen Realität.

14 Erich Fromm, *Marx' Beitrag zur Wissenschaft vom Menschen* in: *Marx und die Revolution*, Frankfurt 1970 (= edition suhrkamp 430), S. 130.
15 Ror Wolf, *Danke schön*, a.a.O., S. 37.

Der »Vater« ist beispielsweise in seiner vitalistisch-naiven »Normalität« gerade deshalb so sichtbar neurotisch, weil er sich an die Norm klammert und voll bourgeoiser *Chaophobie* vor dem Verlassen der Ordnung zurückschreckt, zugleich den strafen will, der sich davon nicht abhalten läßt (den Sohn). Dagegen überläßt sich das fiktive Erzähler-Ich den »chaotischen« Möglichkeiten, die sich ergeben, wenn man die Ordnung (der Realität, der Zeit, der kausallogischen Handlung und Erzähl-»Folge«) verlassen hat. Voll Lust reflektiert es auf die »Unschärfe«- und »Ungenauigkeitsrelationen« der Erinnerung, auf die Dynamik der seelischen Komplexität, die von der Norm aus gesehen als »Unzuverlässigkeit« gelten muß und spielt mit ihnen als ästhetischen Möglichkeiten einer von solcher Norm befreiten Phantasie.

Als »gestört« kann diese seelische Dynamik nur diagnostizieren, wem die Welt noch eine feste ist. Wer sie indessen als eine aus den »Fugen« geratene erkennt, wer spürt, wie die Identitätswände des »Ich« nachgeben und durchlässig werden, sobald man die Normenpolitur des Über-Ich abzutragen beginnt, dem wird klar, wie mühsam sich dieses eigentlich fiktive Ich überhaupt zusammenhält, wie schmerzhaft die Verdrängungen und Triebverzichte sind, die es ständig dafür opfert.

Die bürgerliche Ichautonomie, da sie sich als geschichtlich überholte zeigt, erweist sich auch als geschichtlich-schmerzhaft entstandene: entstanden aus der Vereinzelung der Menschen in Individuen, die als Gemeinschaftswesen begonnen hatten und um den Preis der Entfremdung voneinander und der Trennung in »Klassen«, die »Zivilisation« und das in ihr reifende bürgerliche Ich hervorbrachten: »Da die Grundlage der Zivilisation die Ausbeutung einer Klasse durch eine andre Klasse ist, so bewegt sich ihre ganze Entwicklung in einem fortdauernden Widerspruch. Jeder Fortschritt der Produktion ist gleichzeitig ein Rückschritt in der Lage der unterdrückten Klasse, d. h. der großen Mehrzahl (...) Je weiter also die Zivilisation fortschreitet, je mehr ist sie genötigt, die von ihr mit Notwendigkeit geschaffnen Übelstände mit dem Mantel der Liebe zu bedecken, sie zu beschönigen oder wegzuleugnen, kurz, eine konventionelle Heuchelei einzuführen, die weder früheren Gesellschaftsformen noch selbst den ersten Stufen der Zivilisation bekannt war (...).«[16]

Das bürgerliche, vereinzelte Individuum ist das Produkt dieses von Engels beschriebenen Prozesses und seine »Autonomie«, die illusorisch bleibt, entstand aus der Notwendigkeit einer diese »Übelstände« rechtfertigenden Ideologie, seine vielzitierte »innere« Freiheit als Ersatz für die fehlende äußere.

Wolf aber enthüllt diese Ideologie, indem er auch die *innere* Unfreiheit des Individuums zeigt, und das Wurzelgeflecht psychischer Zwänge und irrationaler Motivationen, aus denen heraus es fühlt und handelt. Die Kommunikation der Menschen untereinander wird als eine scheinhafte dargestellt, indem sie dauernd zitathaften, rollendeterminierten Charakter annimmt. Aber Wolf geht noch weiter: Die voneinander isolierten, nebeneinander monologisierenden Personen Wolfs befinden sich auch mit ihrem eigenen Bewußtsein, ihrer Erinnerung, in einem vergeblichen Dialogversuch – schließlich verselbständigen sich die Erinnerungsbilder, beherrschen in bunter Verzerrung – einander auslöschend – das Subjekt, dessen Identität im Erinnerungsstrom untergeht.

Die seelischen Prozesse, welche die Triebökonomie ausbalancieren, erscheinen dem Ich gegenüber als verselbständigte Macht, so, wie ihm in der kapitalistischen Gesellschaft die ökonomischen Prozesse des Warenaustauschs und der Ausbeutung als verselbständigte Macht erscheinen. Dem »Fetischcharakter der Ware« entspricht der Fetischcharakter der Projektionen unserer seelischen Zustände in die Außenwelt, in Götter oder Teufel oder Menschen, die, aufgeladen mit unseren Projektionen, als Helfer oder Feinde erscheinen, und mit denen oder gegen die wir gewillt sind zu kämpfen, wenn nur einer das Signal dazu gibt.

16 Friedrich Engels, *Der Ursprung der Familie, des Privateigentums und des Staats* in: *MEW*, Bd. 21, S. 171 f.

Es gibt aber die Möglichkeit, diese Projektionen zu durchschauen und sie für ästhetische Prozesse fruchtbar zu
machen. Ror Wolf zeigt den Doppelcharakter dieser
Zustände, indem er sie ästhetisiert: Was unter Umständen
zur »Zwangsneurose« führen könnte, kann beim Künstler
zur Freiheit werden, zum Spiel mit den als solchen durch-
schauten Projektionen, die uns im Spiel nicht mehr beherrschen können. So löst sich bei Ror Wolf der traditionelle
Held auf in ein Bündel solcher Projektionen und ebenso die
ihn umgebende Welt in mögliche Welten, Zustände, Aspek-
te, die mit diesen Projektionen vermittelt sind – die Welt
ändert sich nicht nur in der Zeit, sondern in kleinsten
Abfolgen der Betrachtungsweise, die niemals gradlinig verläuft, sondern sprunghaft, launisch, unlogisch, wider-
spruchsvoll wie auch das wirkliche Leben; aber dessen
Dynamik kann nicht durch sogenannten Realismus sprachlich artikuliert werden, der ist viel zu sehr in bürgerlicher
Logik und Kausallogik befangen, sondern durch mikrosko-
pisches Hinsehen auf scheinbar belanglose Situationen und
Zustände und die Art, wie sie in der Sprache erscheinen.
Der Realismus, wie engagiert er sich immer »stofflich-
inhaltlich« geben mag, hat immer eine unbewußt affirma-
tive Wirkung. Da er die Vielfalt des Lebens zu einer geradlinigen Diskursivität verengt, erleichtert er die Einübung in
eindimensionale Verhaltensmuster, arbeitet für eine totali-
täre, eindimensionale Gesellschaft. Das erkannten Brecht
und Benjamin, als sie in den Dreißiger Jahren gegen die
traditionalistischen Auffassungen der Gruppe um Georg
Lukács die Auffassung vertraten, daß revolutionäre Inhalte,
in traditionelle Formen verpackt, die bestehende kapitalisti-
sche Gesellschaft nicht im Kern angreifen könnten.[17]
Die »Realisten« fallen hinter die Erkenntnisse der Psychoanalyse *und* der marxistischen Gesellschaftstheorie zurück,
wenn sie im Sinne einer unmittelbaren »Abbildtheorie« die
wechselseitige Verflochtenheit von Basis und Überbau igno-

17 Vgl. Helga Gallas, *Marxistische Literaturtheorie*, Neuwied 1971 (=
Sammlung Luchterhand 19).

rieren. Dagegen reflektiert moderne Kunst auf diese dialektische Verflochtenheit von Sein und Bewußtsein und zugleich auf die sich verselbständigenden Entfremdungsformen, die sich dadurch in der Bewußtseinsstruktur ergeben.

Die Dynamik der Bewußtseinsstruktur wird bei Ror Wolf nicht uminterpretiert in kausallogisches Denken und Sprechen, sie wird modellhaft durch die Dynamik der Sprachstruktur dargestellt.

Dazu bedient sich Wolf moderner Filmtechniken, die er auf Sprache überträgt: er bringt die »Sprach«-Kamera ins Wakkeln, die uns kein festes »Bild« der Welt mehr zeigt, so wenig wie ein festes Bild der Erinnerung.

Filmschnitte, Einblendungen, unerwartete Großaufnahmen gehören zu dieser filmanalogen Technik sowie Gummilinse, Zeitraffer oder Zeitlupe (durch sprachliche Wiederholung desselben Vorgangs erscheint dieser zeitlupenhaft in seine Bewegungsbestandteile verlangsamt).

Die Perspektive wird so schnell geändert (die »Kamera« schwenkt so rasch), daß – kaum hat man sich ein »Bild« gemacht – dieses im Entstehen schon von einem neuen abgelöst wird, schließlich wird der Vorgang sprachlich-stilistisch so weit beschleunigt, daß die Bilder sich ineinander verwandeln und daraus neue entstehen. Nichts steht mehr still, nichts hat mehr einen »festen Platz« und die Figuren Wolfs taumeln vor psychischem Schwindelgefühl durch eine sich wie auf dem Jahrmarkt drehende Kulisse beim »Szenenwechsel« (es gibt nur noch »Szenenwechsel«, keine »Szenen« mehr).

Die ständige Versicherung, daß »zweifellos« so alles gut sei (Ende des ersten Abschnitts von *Pilzer und Pelzer*), daß alles »in Ordnung« sei[18] oder wenigstens »nicht schlimm«[19], ist nichts weniger als beruhigend, sie ist eher zynisch angesichts der Tatsache, daß nichts in Ordnung ist und nichts seine Ordnung hat, daß das hilflos vereinzelte Subjekt nur tiefer ins Chaos stürzt, indem es, sich selbst beruhigend, die

18 Ror Wolf, *Danke schön*, a.a.O., S. 36.
19 Ebd., S. 87.

Ordnung verbal beschwört. Wolf hat ein ganzes Vokabular der Verunsicherung, und die geringfügigsten Einschübe (vielleicht, wahrscheinlich, glaube ich, oder) erweisen sich als die gefährlichsten Fußangeln auf dem Wege der festen Ordnungen.

So wird von »Rach«, erzählt, oder vielmehr versucht sich ein gebrochenes Erzähler-Ich durch Rachs Auftauchen an den durch Schock verdrängten Vorgang einer Schiffskatastrophe, von der nicht klar wird, ob sie stattfand, zu erinnern. Das Wort »Kenterung«[20] scheint Anhaltspunkte zu geben, aber der Vorgang bleibt vieldeutig; *die Erinnerung korrigiert sich sozusagen ständig selbst.*

Die Korrekturen unscharfer Erinnerungsmomente dienen nicht zur »Aufhellung« eines noch dunklen Geschehens, sie werden durch neue Korrekturen wieder aufgehoben – das wiederholt sich so oft, daß das Vertrauen in die Möglichkeit bestimmter Erinnerung prinzipiell gestört ist. Es gibt nicht nur im Sinne Husserls Abschattungen von deutlicheren Bildern und verschwommenen Hintergrundwahrnehmungen im »Bewußtseinsstrom«, nicht nur den Unterschied von aktueller und erlebter Zeit, die immer noch mit der Vorstellung einer »Zeitordnung« vermittelt ist, sondern die Erinnerungsreste und blitzhaft eingeblendeten Situationsfragmente erscheinen unzusammenhängend wie in Träumen, die von keinem wachen »Tagesbewußtsein« (verfälschend, wie Freud nachweist) korrigiert werden.

Außerdem werden wir bei Ror Wolf in unserer Identifizierungsgier durch einander ausschließende Aussagen über dasselbe Geschehen dauernd frustriert. So hören wir fünf verschiedene Versionen der vom Erzähler-Ich verdrängten Schiffskatastrophe, die diesem von »Rach« hintereinander aufgezählt werden, ohne daß eine als die wahre bezeichnet wird, die »Unschärferelation« wird so radikalisiert: »ein bedauerlicher Vorfall, ein beklagenswertes Ereignis, der Kahn sei an den Pfeiler einer abgerissenen Brücke geraten, oder vielmehr sei im Augenblick des Ablegens der Kahn

20 Ebd., S. 41.

26

durch einen hineinspringenden Mann zum Umschlagen gebracht worden, oder nicht einmal das, er, der Kahn, sei vielmehr augenscheinlich in verbrecherischer Absicht angebohrt worden, durch mutwilliges Schaukeln sei der Kahn umgekippt, er sei durch ein im Wasser auftauchendes walfischähnliches Tier zum Kentern gebracht worden (...)«[21]

Nach diesen fünferlei verschiedenen Möglichkeiten der Katastrophe werden sie in poetischer Partizipien-Dreizahl nochmals *nebeneinander*gestellt, ohne daß Rach sich für eine entscheidet: »er [der Kahn] sei gescheitert, gestrandet, auf Grund geraten«[22] – aber auch das Poetische an dieser Aussage wird wieder aufgehoben durch den folgenden Lakonismus: »etwas davon, sagte Rach.«[23]

Das Vortasten der Erinnerung in Wolfs Texten gleicht einer unscharfen Kameraeinstellung, die langsam schärfer wird, aber im Schärferwerden die Dinge verzerrend vergrößert: wie eine Gummilinse »zieht« die Erinnerung die Gegenstände einzeln hervor, so daß die Gegenstände überdimensional mit ihren Oberflächenqualitäten erscheinen, das heißt, es wird auf sie ästhetisch aufmerksam gemacht: »Sitzend gerate ich zwischen eine in die Bewegungen des Essens versunkene Runde, es ist ein Bild, das ich vor mir habe, alles in allem, von dem ich, wenn ich das abzöge, was mich täuschen könnte, sagen könnte, daß es ein Zimmer ist. Dieser Tisch, rund schwer hölzern wie er ist, mit seiner borkigen Oberfläche, dieser Stuhl, steif aufragend abgewetzt knollig, diese klappende zuckende nach oben schließende Uhr, diese Wände, diese Decke, diese Fenster, Türen, Schränke, Spiegel und in den Spiegeln die geschnörkelten Aufsätze dieser Schränke, die Ziffern dieser Uhr, die Ausschnitte dieser Wände Türen Fenster mit schimmernden Landschaftsbildern, die gebrochenen gebogenen geschwungenen Merkwürdigkeiten dieses Zimmers, in dem ich sitze,

21 Ebd., S. 41.
22 Ebd., S. 41.
23 Ebd., S. 41.

ich weiß nicht, an einem Abend, die Sonne fällt langsam hinter das Fensterbrett zurück.«[24]

Das Zimmer, vergrößert durch überdimensional erscheinende Gegenstände, die sich außerdem durch Spiegelung verdoppeln, erscheint nochmals vergrößert durch die im Spiegel erscheinende Landschaft vor dem Fenster, das Zimmer ist in diese Landschaft verlängert und das Ineinander-Übergehen von Gegenständen und Landschaft drückt sich stilistisch konkret durch die fehlende Interpunktion im zweiten Teil aus (»die Ausschnitte dieser Wände Türen Fenster (...)«).

Man erinnert sich, daß man als Kind (wo man zu den Dingen oft hochsehen mußte) die Gegenstände manchmal so überdimensional groß empfand wie sie hier beschrieben werden, und daß man sich der Betrachtung der Dinge in dieser Weise überließ, weil man noch nicht ständig von ihrer praktischen Funktion abgelenkt war: indem er die Gegenstände aus ihrem praktischen Funktionszusammenhang löst, macht Wolf uns auf ihre sinnlich-ästhetischen Qualitäten aufmerksam und analog geschieht dies mit den Worten, die aus ihrem praktischen Kommunikationszusammenhang gelöst werden, weil sie nicht mehr der bloßen Identifizierbarkeit von Vorgängen und Gegenständen dienen, sondern mehr und mehr der Verunsicherung von Identifikationsgewohnheiten. In der zitierten Beschreibung brechen die Spiegelungen in den Erinnerungsbildern nochmals die Bestimmtheit der Identifikation der Dinge und die »Vielleicht-Formel« (»ich weiß nicht«), die bezeichnend ist für Ror Wolfs Prosa, intensiviert diesen Eindruck.

Es entsteht, vor allem in der *Fortsetzung des Berichts*, sehr oft eine Dialektik zwischen der betonten Endlichkeit und Abgeschlossenheit eines »Bildes« (das Wort erscheint immer wieder) und der Unendlichkeit der Assoziationsmöglichkeiten, die sich aus der unscharfen »Einstellung« ergeben, womit der Bildrahmen ständig gesprengt wird.

24 Ror Wolf, *Fortsetzung des Berichts*, Frankfurt 1964, S. 8.

Das geschieht vor allem mit den erwähnten filmanalogen Techniken, wenn Details isolierend vergrößert (und damit verfremdet) erscheinen (»Großaufnahme«) und so aus einem Eßtisch in der *Fortsetzung* ständig eine Landschaft wird, die mit der äußeren Landschaft korrespondiert und manchmal verschwimmt. Die Filmanalogie wird erhöht, indem die begleitenden Geräusche als einem Vorgang »unterlegt« beschrieben werden: »Etwas in diesem Bild ist vielleicht mit Unbestimmtheit bezeichnet oder mit Unübersichtlichkeit, es ist eine Art Ausdehnung Ausbreitung, ich weiß nicht, eine Art Landschaft, erdbraun weit ausgeschwungen bröcklig rauchend, mit weißen schwammig in einer ununterbrochenen Bewegung zusammensinkenden Kloßbergen, mit Wursthügeln Käsebrüchen schwarzkrustigen Fleischmeilern Schmalzäckern verschlammten Tunkentümpeln einem schillernden Fischsuppensee umwachsen von grünen Krauthecken (...) Ein steifes Herausragen, ein hartes Hochstehen fällt mir auf, noch etwas anderes, ein Vorgang, von den Geräuschen, die ich beschrieben habe, unterlegt (...).«[25]
In der Identifizierung des Eßtisches mit der Landschaft wird außerdem auf die sexuelle Symbolik in Landschaften aufmerksam gemacht, die auf den Eßvorgang selbst zurückwirkt.
Sprachklischees werden in diesem Zusammenhang beim Wort genommen, das heißt auf ihren ursprünglichen Sinn zurückgeführt, so durch die Reflexion auf die filmanaloge Technik (»auf der Bildfläche erscheinen«) der beschreibenden Aneinanderreihung von Bildern und Situationen: »Gerade jetzt erschien Lemm auf der Bildfläche.«[26]
Klischees aus Kriminalromanen enthüllen ihre Klischeehaftigkeit durch die kettenhafte Aneinanderreihung: »Plötzlich taucht lautlos laufend in dieser Gegend ein Mann auf und verschwindet kurze Zeit später. Der Unbekannte reißt sich den Bart ab und wirft einen Brief auf den Tisch. Der bleiche

25 Ebd., S. 11.
26 Ror Wolf, *Danke schön*, a. a. O., S. 84.

Geiger kauert hinter dem Schornstein. Der blutüberströmte Mulatte erhebt sich taumelnd (...) Der Amerikaner beginnt unruhig zu werden. Der Kopf ist durch einen Revolverschuß in viele Stücke zersprengt. Die Tür biegt sich plötzlich und stülpt sich herein. Der Körper fällt ächzend auf die Kissen zurück.«[27]

Die Ichfigur bewegt sich meist am »Rande« der »Bildfläche«, womit die Distanz zum Geschehen *im* Bild nochmals erhöht wird:
»Ich stand am Rand eines schlammigen Tümpels«.[28]
»Ich bewegte mich am Rande eines Gebirgszuges«[29] etc.
In der Titelgeschichte von *Danke schön*. *Nichts zu danken* bewegt sich diese Randfigur aber nicht, wie in den Gemälden C. D. Friedrichs, vor einer schönen Landschaft, sondern vor einer fast apokalyptischen, wobei, ähnlich wie bei Beckett, das apokalyptische Pathos aufgehoben wird durch absurde Übertreibung, die wie eine Parodie auf den Weltuntergang wirkt und dennoch etwas von seiner Entsetzlichkeit evoziert: »Diese Gebärde des Greifens erstarrt in Rachs Mund, eine Fortsetzung dieses Greifens gibt es nicht. Nichts? Ein bedauernswerter Fall, schreit er, das war der letzte Schrei des letzten Menschen, lange hielt er seine beiden Hände über das wachsende Wasser hinaus.«[30]
Wie in *Rach* erhält auch in der Titelgeschichte die Katastrophe kosmische und zugleich vormenschliche Dimensionen, und in beiden Fällen wird das Grauen ständig ins Absurde gesteigert und aufgehoben. Die apokalyptische Lage wird (wie in Karl Kraus' *Die letzten Tage der Menschheit*) vorbereitet durch Trivialitäten und ironische Beschwichtigungen, daß »alles in Ordnung« sei; die spießbürgerliche Beschwörung der Ordnung erinnert an den »Vater« – das Chaos des Irrationalen wird damit (weil unerkannt und unvorbereitet) nur potenziert, das Erzähler-Ich gehört abwechselnd selbst zu den bourgeoisen »Väterfigu-

27 Ebd., S. 92.
28 Ebd., S. 85.
29 Ebd., S. 87.
30 Ebd., S. 47.

ren« (im Unterschied zur *Rach*-Geschichte): »Ich hörte mich lachen, um davon zu sprechen, ich hörte mich pfeifen, ich fand die Lage nicht übel, ich ging so dahin und verschwand rauchend im Menschengewühl.«[31] Die Anzeichen der Katastrophe werden als Geringfügigkeiten bagatellisiert, und so erscheint die Katastrophe als etwas plötzlich Hereingebrochenes, das doch in Wahrheit, wie der »Einbruch« des Faschismus (an den es parabelhaft erinnert) sich deutlich ankündigte, voraussehbar war, und nur von den harmonisierenden Ordnungsbeschwörern verleugnet und beschwichtigend verdrängt wurde (»kaum der Rede wert«, »Nichts Gefährliches«, »nichts Besonderes«): »Über der Zimmerdecke bemerkte ich ein geringfügiges Rascheln, kaum der Rede wert, etwa zur gleichen Zeit begann es im Heizkörper zu knistern. Mir fiel auch die leichte Rötung auf, die Lemms Gesicht überzogen hatte, und ich machte ihn auf die kleinen schwarzen Punkte auf seiner Haut aufmerksam. Nichts Gefährliches, sagte Lemm, eine gewisse Anzahl von Mitessern, nichts Besonderes. Er glaube übrigens nicht, jedenfalls jetzt nicht, und er werde es, wie er glaube, auch in Zukunft nicht glauben, daß diese Sache, um die es hier geht, schlecht ausgehe. Ich war ganz seiner Meinung.«[32] Als die Anzeichen kurz vor der Katastrophe auffälliger werden und sich nicht mehr weginterpretieren lassen, hofft man zuversichtlich auf Besserung im Sinne des Spruchs »Wir hoffen, daß die heile Welt noch eine Weile länger hält«: »Es tropfte tatsächlich, ich konnte es hören, die Schranktür sprang auf, danke, es wird schon vergehen, danke, es wird sich schon einrenken, ich hörte die Schürze rascheln (...) ein kleines stoßendes Keuchen, danke, es wird schon noch werden.«[33] Viel später, nach dem Überleben der Katastrophe, erinnern auch die alt-neuen Beruhigungsformeln an die ahistorische »Bewältigung der Vergangenheit«, die das Unbewältigbare

31 Ebd., S. 83.
32 Ebd., S. 84.
33 Ebd., S. 85.

einordnend verdrängt: »Das Tropfen war kaum noch zu hören. Das Knacken im Heizkörper war nicht der Rede wert. Es floß noch heraus aus der Wand, nicht mehr so schlimm. Diese Angelegenheit, die mich eine Zeitlang beschäftigt hatte, war nach meiner Meinung vollständig und für immer erledigt.«[34]

Auch mitten in der Katastrophe ruft Lemm noch »gar nicht so schlimm«.

»Nicht schlimm, sagte Lemm (...) Die Stricke zerrieben die Haut, oh Mabel, sie riß schrie und krümmte sich dünn... was denn, oh Mabel? durchsichtig bleich mit den Peitschenstriemen über den Schenkeln (...) und plötzlich quoll es in großen Schwärmen aus den Felsspalten heraus, ein schwärzliches Flattern hinaus in die Luft, was denn oh Mabel mit nackten Hüften im kühlen Mondlicht, gar nicht so schlimm, sagte Lemm, beim Wehen der großen Schwingen (...), nicht schlimm, sagte Lemm, schwirrend mit blutigem Mund, der weiße Nacken oh Mabel, quiekend und knackend, wie was denn warum denn guter Gott Mabel mit triefenden Haaren röchelnd (...) Lemm rieb sich die Hände. Ja, kann man sagen.«[35]

Diese lyrisch-rhythmische, artikulatorisch-dichte Prosa (»sie *riß* schr*ie* und kr*ü*mmte sich d*ü*nn) evoziert die Katastrophe, obwohl sie inhaltlich ständig aufgehoben, weil ins Absurd-Surrealistische gesteigert wird. Form und Inhalt sind bewußt keine Einheit, sondern kontrastieren einander. Diese »Verfremdung« dient einer weiteren Steigerung.

Allerdings unterscheidet sich trotz einiger Analogien, bei diesen Schilderungen einer surrealistischen Apokalypse, Wolfs Prosa grundsätzlich von der Becketts dadurch, daß, wie Heißenbüttel festgestellt hat, das »Ich« bei Beckett reduziert wird, während es bei Wolf »multiplizierbar« wird. Ebendas zeigt jenen Umschlag bei Wolf von Identitätsverlust (wobei es bei Beckett bleibt) zu Identitätserweiterung.

34 Ebd., S. 114.
35 Ebd., S. 87.

32

Bei Beckett stirbt mit dem bürgerlichen Ich auch jede weitere Möglichkeit des Überlebens, das »Endspiel« des bürgerlichen Individuums ist das Endspiel der Menschheit, während es bei Wolf Durchgangsstadium ist zu einem »Spiel« mit unendlich vielen, neuen Möglichkeiten. Das Ich, welches in beiden Fällen die Fiktion von »Autonomie« abgestreift hat, versinkt nicht mehr im Abgrund (man vergleiche Becketts *Glückliche Tage*), sondern, als »Randfigur« sowohl positiv wie negativ konzipiert, schiebt es sich am Ende auch noch über den »Rand« des Abgrunds und betrachtet »die neue Lage«: »Das war eine neue Lage, hier, dicht über dem borstigen Boden, über den ich jetzt kroch (...) Ich schob mich über den Rand des Abgrunds, über die gefroren knarrende Landschaft, auf der die weichen pfeifenden Körper herankrochen, mit vielen zuckenden Beinen (...).«[36]
Das »Ich« ist zersplittert, aber nicht nur zu einem Rudiment, wie bei Beckett, sondern in neue Möglichkeiten einer »neuen Wahrnehmungsweise des Gegenstandes«: »Um für uns die Wahrnehmung des Lebens wiederherzustellen, die Dinge fühlbar, den Stein steinig zu machen, gibt es das, was wir Kunst nennen. Das Ziel der Kunst ist es, uns ein Empfinden für das Ding zu geben, ein Empfinden, das Sehen und nicht nur Wiedererkennen ist. Dabei benutzt die Kunst zwei Kunstgriffe: die Verfremdung der Dinge und die Komplizierung der Form, und die Wahrnehmung zu erschweren und ihre Dauer zu verlängern.«[37] Bei Wolf wird das neue Sehen nicht nur *beim Leser* provoziert, sondern auf diese aktualisierende Provokation wird sichtbar reflektiert: Der Leser soll sich selbst als Produzent, nicht als Konsument verhalten.
Im Unterschied zu Beckett, Thomas Bernhard oder Kafka zeigt Wolf die neuen Möglichkeiten, die im negativ Bestehenden selbst stecken, auch wenn er keine positive Utopie entwirft – sie springt aus der Negativität, die spielerisch aufgehoben wird.

36 Ebd., S. 88.
37 Viktor Šklovskij, *Theorie der Prosa*, a.a.O., S. 14.

Die ästhetische Funktion, durch die dies möglich wird, ist nicht neu. Neu aber ist – und das beginnt deutlich mit der Pop-art – die Radikalität, mit der gewöhnliche Dinge, ohne viel Veränderung am Ding selbst, aus ihrem gewohnten Kontext genommen und isoliert (ästhetisch verfremdet) gezeigt werden.

Ror Wolf tut das, wie erwähnt, mit filmanalogen Techniken (Großaufnahme, Gummilinse, Zeitraffer und Zeitlupe etc.) und mit der Hypertrophie von Wörtern für einen Gegenstand oder eine Situation, so daß Vorgänge aufgebläht werden und das scheinbar Unwesentliche plötzlich als etwas Monströses erscheint.

Mit der filmanalogen Technik wird die traditionelle Erzählzeit (nicht nur der alte »Held«) ersetzt durch einen Beschreibungs-Raum, in dem – in moderner Simultaneität – verschiedenes gleichzeitig nebeneinander geschieht (oft als Paraphrasierung desselben Vorgangs). Selbst wenn die Zeit eine Rolle spielt, wird sogar die zukünftige *Gleichzeitigkeit* von Bildern und Geschehen reflektiert.

So heißt es von Männern, die bei ihrer Arbeit beobachtet werden: »Nach links, hier das Wiedererscheinen der Männer in den Hüttentüren, das Heraustreten mit Hacken Schaufeln Sägen Beilen der Männer, die sich nun in alle Richtungen des Bildes hin auf Arbeitsstellen zu bewegen, an denen sie bücklings hacken schaufeln sägen spalten werden, sich in einanderfressende Handlungen beugen werden (...)«[38]

Wenn ein Vorgang doch sichtbar in der Zeit verläuft (und nicht direkt verräumlicht wird), so wird diese Zeit so schnell zusammengezogen (»Zeitraffer«), daß sie sich mittelbar doch zur Gleichzeitigkeit verräumlicht; das wird erreicht durch die nur scheinbar unwesentlichen Attribute »früh«, »plötzlich«, »schnell«, »schon«, (die schon bei Kafka eine entscheidende Bedeutung haben) die kontrastiert werden mit der zur Statik erstarrenden zeitlichen Wiederholung

38 Ror Wolf, *Fortsetzung*, a.a.O., S. 43.

desselben Vorgangs: »Der Winter verging, das Frühjahr kam früh. Ein leichter Regen wie üblich (...) Plötzlich ein Rasseln. Frau Lemm hatte sich über die Nähmaschine gebeugt, die Nadel fraß schnell durch den straffgespannten Stoff (...) Die Vorhänge blähten sich. Schon war es Sommer geworden.«[39]
Bei Kafka ist die Verräumlichung der Zeit durch ähnliche »Zeitraffer«-Technik der Attribute erreicht. So heißt es in *Kinder auf der Landstraße*: »Wir durchstießen den Abend mit dem Kopf. Es gab keine Tages- und keine Nachtzeit. Bald rieben sich unsere Westenknöpfe aneinander wie Zähne, bald liefen wir in gleichbleibender Entfernung, Feuer im Mund, wie Tiere in den Tropen (...) Einzelne traten in den Straßengraben, kaum verschwanden sie vor der dunklen Böschung, standen sie schon wie fremde Leute oben auf dem Feldweg und schauten herab.«[40]
Wolf zeigt, wie wir uns ganz »realistisch« niemals in einem geradlinigen Erinnerungskontinuum befinden, sondern gleichzeitig unendlich viel assoziieren, was in die Vergangenheit oder mögliche Zukunft oder in das Geflecht der Tagträume reicht: »Bei diesem Bild und bei dem sich in diesem Bild verbindenden Geräusch erinnere ich mich an ein ähnliches Bild aus der Vergangenheit. Wir kamen gebeugt und mit dem Husten kämpfend gegen Abend an den Stadtrand, das sind die Bilder: abputzen und anzünden Asche Asche Asche bei Krauternte Frauen, mit Kopftüchern bei Runkelernte gebückt hacken mit Hacken, es ist die Wahrheit, wir näherten uns dem Eingang der Stadt.«[41]
Die Erinnerungsbilder sind schemenhaft und zugleich sehr sinnlich-greifbar, das macht ihren besonderen Reiz, der auch durch die Artikulationsdichte entsteht — die lyrische Dreierwiederholung von »Asche«, die Alliteration »bei Krauternte Frauen, mit Kopftüchern ... gebückt«; die teilidentische, rhythmische Wiederholung intensiviert die Sinn-

39 Ror Wolf, *Danke schön*, a.a.O., S. 82.
40 Franz Kafka, *Betrachtung*, Leipzig 1912, S. 6 f.
41 Ror Wolf, *Fortsetzung*, a.a.O., S. 56

lichkeit des Bildes: »*bei Krauternte* Frauen, mit Kopftüchern *bei Runkelernte* ... *hacken* mit *Hacken*«. Wolf artikuliert das dialektische Zugleich von greifbarer Sinnlichkeit
und lyrisch-unbestimmter Schemenhaftigkeit in einem Bild,
das diese Dialektik selbst enthält: »Meine Bilder erscheinen,
Bild um Bild, sie erscheinen wie Schnepfen in großen Bögen
mit weiten Schwüngen im Verlaufe der Zeit, in der ich die
Geräusche der Küche höre, zischend, schabend, schüt-
telnd.«[42]
Wolf erzählt nur scheinbar etwas Bestimmtes (und die
Scheinaffirmation an alte Erzähl-»Weisen« hat meist auch
parodistischen Charakter), seine Figuren sind keine Helden,
denn der »Held«, von dem gesprochen wird, ist die Erinnerung selbst, an deren Verlauf er uns teilhaben läßt und damit
zu freien Assoziationen aktualisiert: »Das sind die Bilder,
sie verbinden sich mit anderen Bildern und mit den Geräuschen anderer Bilder, mit dem Geräusch des Hustens, dem
Hervorspringen des Hustens aus der Mundhöhle, dem
Geräusch der Peitsche, doch sie werden jetzt fortgetrieben
vom Schrubben Rumpeln Kratzen der Bürsten, deren
Geräusch zusammen mit dem Geräusch der Holzschuhe der
Waschfrauen, zusammen mit dem Dampf der Waschkessel
aus dem Waschhaus dringt, an dem ich vorbeikomme in
Tauschwitz, in das ich eingedrungen bin wie im Schlaf, in
das ich wie das Messer in die Butter drang, das mich
aufschluckt, Tauschwitz, und das sich hinter mir
schließt.«[43]
Diese Erinnerung, traumwach scharf (im Detail) und
zugleich verschwimmend, ist nicht die Erinnerung des bür-
gerlich-autonomen Ich, denn sie ist übermächtig über das
Subjekt, das sie nicht »logisch« in Kontrolle hat, sondern
sich zu seinem Medium macht. Das bürgerliche Ich zeigt sich
hier nicht nur negativ »geschichtlich tot« (weil es außenge-
steuert wird), es ist positiv aufgehoben in eine neue dynamische durchlässige Ichstruktur, welcher die dynamische

42 Ebd., S. 8.
43 Ebd., S. 58.

durchlässige Erzählstruktur der Moderne entspricht, die mit Proust und Joyce beginnt. Diese neue Ichstruktur antizipiert positiv-künstlerisch die utopischen Möglichkeiten eines neuen Menschen, dessen unverstümmelte Phantasie sich der Vieldimensionalität von Erlebnis- und Wahrnehmungsweisen öffnet. In dieser Offenheit wäre die Vereinzelung der einander entfremdeten Individuen und ihrer »Identität« überwunden, weil die ästhetische Funktion, die jetzt, unter den Bedingungen des Kapitalismus, die Gefahr der Esoterik birgt, identisch wäre mit der gesellschaftlichen. Dann wäre jener Zustand der Freiheit erreicht, den Marx bezeichnet als die »Selbsttätigkeit der menschlichen Phantasie, des menschlichen Hirns und des menschlichen Herzens«.[44] Die neue Kunst weist in der Dialektik von Identitätsverlust und Identitätserweiterung modellhaft auf diesen Zustand voraus.

44 Erich Fromm, *Marx' Beitrag*, a.a.O., S. 132.

Zu den Gedichten von Nelly Sachs*

Als Nelly Sachs im Todesjahr von Rimbaud, 1891, geboren wurde, hatte »die Moderne« bereits ihr Manifest und ihr Programm. Baudelaire hatte in seinem Essay über die Malerei von Constantin Guys die Moderne (la modernité) zum ersten Male programmatisch gegen Klassik *und* Romantik definiert. Trotz der Antithese nicht nur gegen die – zeitlose Gültigkeit beanspruchende – Klassik (Baudelaire führte dagegen den Begriff der Mode im Zusammenhang mit der Moderne ein), sondern auch gegen die Romantik blieb die von Frankreich ausgehende Moderne dem romantischen Erbe verpflichtet.

Eines ihrer Hauptelemente, die gewollte Künstlichkeit (die in Baudelaires »Künstlichen Paradiesen« sogar thematisch konzipiert wurde), forderte bereits Friedrich Schlegel, ja, sie gab dem »Romantischen« seinen Namen: romantisch, »wie in Romanen erfunden« – eine künstlich-künstlerisch geformte und erfundene Welt gegen das Ideal der »abgebildeten« Wirklichkeit in der Klassik.

In Deutschland kam »die Moderne« erst im Expressionismus zum Durchbruch, also im zweiten Jahrzehnt unseres Jahrhunderts; aber Nietzsche hatte ihr Wesen schon hellsichtig erkannt und artikuliert, und noch Benn fühlte sich diesem Einfluß in dieser Jahrhundertmitte verpflichtet und sprach ihn in seinen »Problemen der Lyrik« aus.

Nietzsche erkannte die ästhetische Emanzipation der Form vom Inhalt, die »Oberfläche aus Tiefe«, die »Transzendenz der schöpferischen Lust«; und in dem Hereinnehmen der Metaphysik *in* die Ästhetik erkannte er ein antikes Element: indem er die griechische Gesinnung der Formanbetung als

* veröffentlicht in Suhrkamp-Taschenbuch 398, 1977

modern erklärte, zog er die Verbindungslinie von der Moderne zu ihrem traditionellen Erbe, aus dem sie sich speist. Nietzsche spricht in seiner Ästhetik aus, was die Expressionisten zu realisieren versuchten:

»Einen Zustand, eine innere Spannung von Pathos durch Zeichen, eingerechnet das Tempo dieser Zeichen, mitzuteilen – das ist der Sinn jedes Stils[1].«

Das Tempo der Zeichen, der Rhythmus, wurde zu einem wesentlichen Element des Expressionismus, er sprengte, aufgeladen mit einer »inneren Spannung von Pathos«, die logischen Regeln der Grammatik. Die ersten bedeutenden expressionistischen Gedichte von Georg Heym, Franz Werfel und Else Lasker-Schüler erschienen im Jahre 1911, im gleichen Jahr erregte Carl Sternheim mit seinen Dramen »Die Hose« und »Die Kassette« großes Aufsehen. Kurt Hiller formulierte die Intentionen der Neuen Lyrik polemisch gegen Realismus und Naturalismus in seiner Streitschriftensammlung »Die Weisheit der Langeweile«. Gegen die einseitige Gefühlsbetontheit forderte Kurt Hiller eine Intellektualisierung der Lyrik; er bezeichnete die »klassizistischen« Scheidewände zwischen »Gefühl und Intellekt« als unpsychologisch, weil das sogenannte Gefühlsleben durch die Bewegungen des Intellekts erheblich determiniert werde. Die daraus resultierende Ironisierung der lyrischen Stimmungsrequisiten diente aber nicht nur der Destruktion, sondern auch als Reizelement des Dissonanten und Häßlichen, wie es schon Baudelaire kultiviert hatte.

Im Jahre 1911, das die neue Entwicklung der Lyrik sichtbar einleitete, war Nelly Sachs zwanzig Jahre alt.

Sie wußte nichts von dieser neuen Lyrik. Ihre Gedichte aus dieser Zeit, die sie Selma Lagerlöf sandte, sind ganz idyllisch und romantisch, sie haben nichts von Dissonanz und Häßlichkeit, weder im Leben noch als Reizelement in der Kunst, wobei das eine ohne das andere nicht denkbar ist; mit Dissonanz und Häßlichkeit, mit dem Zusammenbruch einer geordneten

Realität, kam Nelly Sachs erst zwei Jahrzehnte später in Berührung. Den Durchbruch zu ihrem Stil verursachten nicht literarische Einflüsse und das Experimentieren mit der Sprache, sondern das »Leben unter Bedrohung«, das heißt die ständige Bedrohung eines Vernichtungslagers unter Hitler. Nicht literarische Schulen waren ihre Lehrmeister, sondern, wie sie selber sagt:

»... die furchtbaren Erlebnisse, die mich selbst an den Rand des Todes und der Verdunkelung gebracht haben, sind meine Lehrmeister gewesen. Hätte ich nicht schreiben können, so hätte ich nicht überlebt. Der Tod war mein Lehrmeister. Wie hätte ich mich mit etwas anderem beschäftigen können, meine Metaphern sind meine Wunden. Nur daraus ist mein Werk zu verstehen[2].«

Die Situation eines, der mit der Sprache arbeitet und so, in einem ausgeglichenen Verhältnis von Erleben und Sprach-Erleben, zu einem eigenen Stil kommt, ist anders als die des Nackt-Überlebenden, für den das sprachliche Erfassen des unfaßbaren Erlebnisses die einzige Überlebensmöglichkeit ist. So ist der Tod als Bezugspunkt der Gedichte von Nelly Sachs zu begreifen, der Tod, der als Massenmord unter Hitler ein anderes Gesicht erhält. Die Zeit des Sterbens und der Verfolgung unter Hitler ist immer konkret als Ausgangspunkt zu betrachten, auch wenn von biblischen Zeiten die Rede ist, die immer *auch* zur Analogie dienen. Die Umgebung des Bezugspunktes Tod ist als Verhältnis von Opfer und Henker konzipiert und getragen von der Sehnsucht, sich vom Irdisch-Sterblichen zu befreien und ins Unsichtbar-Dauernde zu verwandeln.

Dieser Themenkreis, der bis auf die jüngsten Gedichte von Nelly Sachs derselbe geblieben ist, wird in seinem Sich-Gleichbleiben doch allgemeiner.

Am Beginn steht das Prosastück »Leben unter Bedrohung«. Hier wird die Erfahrung unmittelbar ausgesprochen:
»Es kamen Schritte. Starke Schritte. Schritte, in denen das

Recht sich häuslich niedergelassen hatte. Schritte stießen an die Tür ... Die Tür war die erste Haut, die aufgerissen wurde ... Dann fuhr das Trennungsmesser tiefer ... Das Gehirn faßt nichts mehr. Die letzten Gedanken kreisten um den schwarzgefärbten Handschuh, der die Eintrittsnummer zur Gestapo verdunkelte und fast das Leben kostete³.«

Dieses wortgewordene Grauen finden wir später nicht mehr so unmittelbar; im Akt des Schreibens befreit man sich nicht nur relativ von den Erlebnissen selbst, sondern auch vom empirie-verhafteten Ausdruck. Nicht, daß eine Distanz zum Erlebten einträte: es ist in den späten Gedichten ebenso gegenwärtig, auch wenn sich Wörter wie »Gestapo« nicht mehr finden. Es ist gegenwärtig, aber der Themenkreis und die Metaphorik sind allgemeiner und zugleich dichter geworden, die »Schritte« sind zum Beispiel in lyrischer Verkürzung zur Synekdoche für die sich nähernden, todbringenden Henker geworden.

Die Verwandlung der Welt ins Unsichtbare vollzieht sich im sprachlichen Ausdruck selbst: er ist kristallisch »dicht und transparent«. Mit dieser scheinbaren Paradoxie läßt sich der eigentümliche Charakter dieser Gedichte umschreiben, die jene Übergänge zu artikulieren suchen, die im Zeitablauf fast nicht fixierbar sind, es ist die »Minute / darin das Weltall / seine unlesbaren Wurzeln schlägt«*. So sind die Gedichte ständig im Begriff, sich zu verflüchtigen. Nelly Sachs verhindert dies Verflüchtigen, indem sie eine reale Situation und Zeit zum Ausgangspunkt ihrer Visionen macht. An den Regieanweisungen in den Dramen und mimischen Spielen ist dies gut beobachtbar, zum Beispiel verwandeln sich Wäschestücke in Erdteile und Wäscheleinen in Meridiane. Die Sehnsucht, die immer Sehnsucht aus dem Irdisch-Vergänglichen ins Unsichtbare, Unvergängliche ist und die im Bilde der

---

* Wenn nichts anderes angegeben ist, sind zitierte Texte von Nelly Sachs dem Band »Fahrt ins Staublose« entnommen.

Musik und des Lichts den Übergang in kosmische Beziehungen herstellt, diese Sehnsucht ist der Impuls für das ständige Transzendieren realer Dinge und Personen ins Transreale. Weiß überhöht von Jenseitssehnsucht, verlieren die realen Bilder, von denen ausgegangen wird, ihre realen Farben – die Farben haben nur noch zeichenhaften Charakter. Die Metaphorik dieser Gedichte ist von diesem Impuls charakterisiert: in lyrischer Reduzierung transzendiert in den Gedichten das Real-Sinnliche innerhalb einer Metapher, die Konkretes mit Abstraktem verbindet, ins Transreale (Springwogen der Sehnsucht, Sehnsuchtsseil, weißer Sehnsuchtsdorn, Schraubstock der Sehnsucht etc.).

Indem Nelly Sachs elementare und sinnliche Wörter zu Bezugsmetaphern in ihrer spezifisch gebildeten Symbolik macht (die eben auf das Transzendieren der Bereiche angelegt ist und für die der Begriff der Symbolik schon nicht mehr ausreicht), bindet sie sozusagen das Flüchtige, sich ins Unsichtbare Verwandelnde in diesen Metaphern an die Erde an; zugleich an die ganze vergangene und gegenwärtige Geschichte dieser Erde und ihres Erdstoffes, der einstigen Steinkohlenwälder, die zu Steinen und Edelsteinen wurden und alte Erinnerungen bergen, des Staubes und Sandes, der als Wanderstaub und -sand das Vergängliche und Vorübergehende der irdischen Existenz symbolisiert. Die Gesteinskunde selbst wird mit Gefühlen identifiziert (»die Geistergeologie der Liebe«), weil der Gesteinskundige die Erinnerungen erlauscht, die der Stein enthält.

Die Erde wird als Zwischenreich beschrieben, als Unterwegs, als Ort der Verwandlung des irdisch-vergänglichen Staubes in Licht und Musik. Durch das ständige Transzendieren der Bereiche erhält die gegebene Wirklichkeit den eigentümlichen Charakter des Vorläufigen, das sich unter Einwirkung bestimmter Kräfte jederzeit ändern kann. Die irdische Existenz ist dabei einem festen Aggregatzustand vergleichbar: unter Einwirkung unsichtbarer Kräfte verflüssigt sie sich gleichsam, und schließlich verflüchtigt sie sich ins Unsichtbare kosmischer Zusammenhänge.

Nelly Sachs erzählt oder schildert nicht, sie evoziert und beschwört; sie beschwört das eigentlich Unaussprechbare, das sich an unfixierbaren Übergängen Ereignende. Sie evoziert eine Wirklichkeit, die nur an den punktuell fixierbaren Ausgangssituationen als Realität benannt werden kann. Der Motivkreis, nicht nur die Situation, wird in diesem Streben nach dem Transrealen sowohl in die Vergangenheit als auch in eine utopische Zukunft und bis ins Kosmische erweitert. Das Schicksal der verfolgten Juden im Dritten Reich ist der konkrete Ausgangspunkt. Um es begreifbar zu machen, wird es aus dem unfaßbaren Geschehen gelöst und seine Frühgeschichte mithereingenommen sowie die von den Propheten vorausgesagte Zukunft. Am Ende umspannt der Motivkreis das gesamte Menschenschicksal, in dem das Opfer-Henker-Verhältnis als Grundsituation gekennzeichnet ist; das »Seufzen der Kreatur« in ihrer irdischen Unvollkommenheit, die sie überwinden will, wird aus jener Sehnsucht erklärt, die den irdischen Staub in Musik verwandeln will (die Dichtung ist Modell dieser Verwandlung in Musik), abstreifen »das Schlafgewand Leib«. Die Gestalt des Chassids David in dem Mimenspiel Der magische Tänzer steht zeichenhaft für die Sehnsucht nach dem Staublosen. Er wird vom Magischen Tänzer erst aus seinen Kleidern, dann »aus sich selbst« gelockt.

Der Akt des Transzendierens – hier im Tanz symbolisiert – ist einer Häutung vergleichbar: Das Schlafgewand Leib bleibt als Hülle im Irdisch-Vergänglichen zurück, wird selbst zu Staub, der die Vergänglichkeit symbolisiert. Wichtig ist, daß im Schlafgewand Leib selbst, also auch im Staub, die Sehnsucht steckt, die die eigenen Grenzen übersteigen will, die auch den Tod als Grenze überwinden will.

Die Sehnsucht der Erde selbst, sich von ihrer Vergänglichkeit zu befreien, liegt in ihrer Frühgeschichte, in der sie ein leuchtender, unsterblicher Planet war. Dieses einstige Leuchten wird auf die Frühgeschichte der Menschheit bezogen. In diesem Sinne ist ihr Attribut »blind« und »augenlos« zu verstehen. Die Erde ist der erloschene, der blinde »Milchstraßenbettler« zwischen den leuchtenden Sternen:

Erde, Erde, bist du eine Blinde geworden
Vor den Schwesternaugen der Plejaden
Oder der Waage prüfendem Blick?

Das Blindwerden der Erde und das Schuldigwerden der Menschheit stehen in einem, wenn auch nicht streng fixierbaren, Zusammenhang. Die Erde war ausgezeichnet vor den anderen Sternen, sie war das »Lieblingskind« der Sonne, und unter den »Singenden« war sie

die Sehnsuchtsvollste
Die im Staube begann ihr Werk: Engel zu bilden –
Sie, die die Seligkeit in ihrem Geheimnis trägt
Wie goldführendes Gewässer –

Ihr »Werk«, identifizierbar der Aufgabe des Menschen, ist die Verwandlung von Sand in Licht, die metaphorisch umschrieben wird (»Engel zu bilden«). So trägt sie, die Vergängliche, Tod *und* Wiedergeburt als Geheimnis und Sehnsucht in sich, als »goldführendes Gewässer«. Gold (als Farbe und Stoff), Licht, Musik, Tanz, Engel sind antipodisch zum Tod und seiner Metaphorik (schwarz, Mond, Eis, Nacht, Schnee, Schweigen) zu verstehen als (Wieder-) Geburt, Auferstehung und also als Überwindung von Tod und Vergänglichkeit.
Das antipodische Verhältnis von Tod und Geburt (das als von Gott vererbter »Zwillingsschmuck« bezeichnet wird) ist auch als Verhältnis von Statischem und Dynamischem konzipiert.

So gehört Schlaf, Starre, Versteinerung, Eis, Schweigen und Vergessen zum Symbolfeld des Todes, und Wachen, Tanz, Sprung, Schweben, Fliegen, Sprache, Erinnern, Musik, Wind, Atem, Hauch zum Symbolfeld von Geburt und Auferstehung. Das Starre der Versteinerung (in einem Stein) deutet, wie im Märchen, auf die Unerlöstheit hin, die auf ein Wunder (der Auferstehung) wartet; deshalb schlummert in allem Erstarrten die Sehnsucht nach Auferstehung. Der Stein (Edelstein), in dem eine »frühe Lichtintelligenz« wohnt (die auf das einstige Leuchten der Erde hinweist), ist Zeichen dieser versteinerten Unerlöstheit. In ihm schlummert das erstarrte Leben; »ein von Ohnmacht übermanntes Insekt im Kristall«, wie wir es im Bernstein sehen, spricht vom einstigen Leben, das nun gleichsam in einem Dornröschenschlaf erstarrt ist. Der »Stein mit der Inschrift der Fliege« hält in sich vergangenes Leben und vergangene Träume gefangen. Im »Chor der Steine« finden wir eine direkte Anspielung auf das Märchenmotiv der Verzauberung und Erlösung durch einen Kuß (als Zeichen erlösender Liebe) zu neuem Leben:

Unser Gemisch ist ein vom Odem Durchblasenes.
Es erstarrte im Geheimnis
Aber kann erwachen an einem Kuß.

Der Hinweis auf die Schuld, die dem Schlaf der Versteinerung vorausging, ist im Bilde der Salzerstarrung konkret gegeben, nämlich der Hinweis auf die zur Salzsäule erstarrte Frau Lots. Schuld, Reue und Erlösung sind ineinander verwoben.

Blitze
salzversteinert wetzen
Reue die im Blut begraben –

Salz gehört auch als Element zum Leidsymbol Meer und
Träne und weckt den Durst nach Erlösung (»salzige Traube/
durstlockende«). Als »Salz der Verzweiflung« wird es von
den Henkern den sterbenden Greisen aus dem ausgetrock-
neten Auge gepreßt.
So hat Salz an zwei Bereichen (Meer und Stein) Anteil und
bezieht beide aufeinander.
In den Steinen ist das Geheimnis von Tod und Geburt aufbewahrt, und in ihnen ist, wie in der Erde, die Sehnsucht zur Auferstehung, der Erlösung aus der Versteinerung, enthalten.
Der »Chor der Steine« sagt:

Wenn einer uns hebt
Hebt er Urzeiten empor –
Wenn einer uns hebt
... Hebt er Billionen Erinnerungen in seiner Hand
Die sich nicht auflösen im Blute
Wie der Abend.
Denn Gedenksteine sind wir
Alles Sterben umfassend.

Ein Ranzen voll gelebten Lebens sind wir.
Wer uns hebt, hebt die hartgewordenen Gräber der Erde ...

Die anaphorische Wiederholung (»Wenn einer uns hebt«),
die nach vierfacher Wiederholung zum dreisilbigen »Wer uns
hebt« verkürzt wird, ist kennzeichnend für den Charakter
dieser eindringlich-beschwörenden Sprache der Gedichte.
Der Stein, der »die großen Dunkelheiten / der Steinkohlenwälder«, denen er entstammt, in sich trägt, ist Teil der Erde
und ihrer Geschichte. Die Erde ist auch von der Steinstarre
befallen und trägt die Sehnsucht nach Erlösung in sich. Die
Steinzeit ist die Jugend der Erde, die Jugend des Planetengreises. Jetzt ist sie der verloschene »Planetengreis«, weil
»ihre Liebe ausgewandert ist«, sie ist der hilflose »Milchstraßenbettler / mit dem Wind als Blindenhund«.

Der Wind als »Blindenhund« kann der Erde zur Erlösung verhelfen, er ist »Wind der Erlösung« und gehört zu den positiven Elementen des Beweglich-Lebendigen, zu Luft, Hauch und Atem (die wiederum der Sprache zugeordnet sind: »Laut, der mit dem Atem zugleich geboren wurde«). Sein Zusammenhang mit dem Auferstehungssymbol Musik wird bildlogisch evoziert:

wie viel schlafende Musik
im Gehölz der Zweige
wo der Wind einsam
den Geburtenhelfer spielt.

Die blinde Erde, vom Wind als »Blindenhund« geführt, wird als »augenlose Stelle« zum Spiegel für die anderen Sterne:

vielleicht augenlose Stelle am Himmel,
darin andere Gestirne zu leuchten beginnen
bienenhaft vom Dufte des Gewesenen angezogen –

Die Erinnerung an das einstige Leuchten der Erde wird in dem das Leuchten der anderen Sterne reflektierenden Spiegelbild erneuert; so kann »ein Sternbild Spiegel« als Benennung der Erde selbst verstanden werden:

Erde, o Erde
Stern aller Sterne
Einmal wird ein Sternbild Spiegel heißen.
Dann o Blinde wirst du wieder sehn!

Die »augenlose Stelle am Himmel« wird zum Spiegel, der das Licht der anderen Sterne auffängt und spiegelbildhaft selbst zu leuchten beginnt. Vorsichtig sei hier schon gefolgert, daß der Spiegel als Gleichnis der Dichtung zu verstehen ist, jedoch nicht im wörtlichen Sinne (als Abbild), sondern als

48

Ahnung vom einstigen Leuchten des Urbildes; dann wird der kosmische Bezug um dieser Ahnung willen hergestellt.

In der Dichtung wird die Geschichte der Erde er-innernd evoziert; so reflektiert die Dichtung ihr einstiges Licht wie in einem Spiegel (die anderen Sterne beginnen darin zu leuchten). Die Verwandlung von irdischem Staub zu Licht wird im Irdischen vollzogen, im dichterischen Raum der Erinnerung.

Aber die Erinnerungs-Aufgabe ist als fragende Klage formuliert:

O Erde, Erde
... Ist niemand auf dir, der sich erinnert an deine Jugend?
Niemand, der sich hingibt als Schwimmer
Den Meeren von Tod?
Ist niemandes Sehnsucht reif geworden
Daß sie sich erhebt wie der engelhaft fliegende Samen
Der Löwenzahnblüte? ...

Die Aufgabe der Erde (synonym der Aufgabe der Dichtung) »Engel zu bilden« scheint durch die Schrecklichkeit dessen, was auf ihr geschah, unerfüllbar. Der Hoffnungsrest, der in der Sehnsucht nach Transzendenz sich ausdrückt, wird auf die Zukunft verwiesen:

Einmal wird ein Sternbild Spiegel heißen ...

Der Zustand des Schreckens und des Todes auf der Erde ist präsent:

Dies ist der Stern
geschält bis auf den Tod –

Dies ist des Apfels Kerngehäuse
in Sonnenfinsternis gesät

Der Tod will auch die Erinnerung an das einstige Leuchten auslöschen, den Spiegel zerschlagen, der das Leuchten reflektiert. Die Henker der Hitlerzeit erscheinen als alles beherrschende Verkörperung des Todes; an ihren Händen wachsen »die kleinen Tode«:

Erde,
alle Saiten deines Todes haben sie angezogen,
zu Ende haben sie deinen Sand geküßt;
der ist schwarz geworden
von soviel Abschied und soviel Tod bereiten.
... Aber wie Pilze wachsen die kleinen Tode
an ihren Händen,
damit löschen sie deine Leuchten,
schließen die Wächteraugen der Cherubim ...

Die Identifikation der Erde mit den Opfern, den Verfolgten, geht aus einem früheren Gedicht der »Gebete für den toten Bräutigam« hervor, in dem sich ein Vers des eben zitierten, wesentlich späteren Gedichtes wiederfindet:

Wenn ich nur wüßte,
Worauf dein letzter Blick ruhte.
War es ein Stein, der schon viele letzte Blicke
Getrunken hatte, bis sie in Blindheit
Auf den Blinden fielen?

Oder war es Erde,
Genug, um einen Schuh zu füllen,
Und schon schwarz geworden
Von soviel Abschied
Und von soviel Tod bereiten?

Das Spiegelmotiv kehrt hier, unter anderem Vorzeichen, wieder und erhellt das Motiv des Blindseins der Erde (das ja nur in der ersten Ebene als konkretes Erloschensein des Planeten zu verstehen ist). Der Stein, Teil der Erde, hatte schon viele letzte Blicke der Sterbenden getrunken, mit deren Leben auch ihr Augenlicht erlosch: das Erblinden ist hier die Synekdoche für das Sterben.

Der Stein fängt als Spiegel die erblindenden Blicke der Sterbenden auf (die als Letztes den Stein gesehen haben, bevor sie starben) und wirft sie als Spiegelbild »auf den Blinden«, das heißt den sterbenden Bräutigam, dessen brechendes Auge im Sterben erlischt. »Schwarz« ist die Farbe des Todes, »blind« ist als Attribut des Sterbens erklärt worden: wenn die Erde »schwarz geworden« ist von soviel »Tod bereiten«, dann ist sie blind, also tot.

Unsterblich aber bleibt die *Kraft*, die in den erlöschenden Augen war, als Keim zu neuem Leben gespeichert; deshalb kann Tod und Leben als »Zwillingsschmuck« bezeichnet werden. Diese unsichtbare Kraftquelle zu neuem Leben ist in der Erde selbst bewahrt,

die die Seligkeit in ihrem Geheimnis trägt
Wie goldführendes Gewässer –

Gold und Licht (Geburt, Auferstehung) werden immer synonym verwendet, so ist die »goldene Weide des Lichts« metaphorisch und symbolisch, also zeichenhaft zu verstehen. Das flüssige Element der Erde, ihr Gewässer, verkörpert das Leiden als Tränenstrom des Planetengreises, der »blindgeweint« ist:

Nach innen weinst du mit den Meeresaugen
die Leidenstrümmer
in die Seelenwelt.

Das Leiden aber trägt in sich nicht nur das Sterben, sondern auch das Geheimnis der Auferstehung (»Wie goldführendes Gewässer –«). Die blinde Erde hat als Möglichkeit und als Er-innerung (im Innern Aufbewahrtes) die Lichtquelle zu

51

neuem Leben, denn alles Augenlicht, alle letzten Blicke, hebt sie spiegelhaft auf. Das Spiegelmotiv wird auch mit den Augen selbst assoziiert, in Abwandlung des bekannten Bildes vom »Spiegel der Seele«.

O ihr durchsichtigen Türen
Zu den inneren Reichen,
Über denen soviel Wüstensand liegt . . .

Als die Henker diese »durchsichtigen Türen« zuschlugen, konnten sie damit die inneren Reiche nicht zerstören – sie bestehen weiter, ihre »Seherkraft« ist Potential zu neuer Geburt:

O ihr erloschenen Augen,
Deren Seherkraft nun hinausgefallen ist
In die goldenen Überraschungen des Herrn,
Von denen wir nur die Träume wissen.

Wie der Spiegel ist das Echo als Metapher der Aufhebung im Hegelschen Sinne zu begreifen. Im Spiegel und im Echo ist das Irdische (Gestalt und Stimme) als Sichtbares zerstört und als Unsichtbares erinnernd bewahrt, deshalb sind Echo und Spiegel der Dichtung identifizierbar. Nelly Sachs hat Echo und Spiegel, da sie synonym zu verstehen sind, bild-logisch in der Synästhesie »Echobild« und »Echo der Augen« verbunden; beides sind Metaphern des Transzendenten und als solche nicht der Vergänglichkeit ausgeliefert. Sie konstituieren den Raum des Er-innerten. Die aktive Funktion des Echos für die Erinnerung wird deutlich in dem Gedicht »Land Israel«:

Land Israel,
nun wo dein vom Sterben angebranntes Volk

einzieht in deine Täler
und alle Echos den Erzvätersegen rufen
für die Rückkehrer,
ihnen kündend, wo im schattenlosen Licht
Elia mit dem Landmanne ging zusammen am Pfluge ...

Die Erzvätersegen sind in den Tälern Israels als Echo bewahrt, sie tönen für das zurückkehrende Volk Israels; das
aktive »Rufen« der Echos deutet auf die unsichtbare Kraft
des Erzvätersegens hin, er ist nicht vergänglich wie der, der
ihn einst sprach.
Spiegel und Echo (analog der Dichtung) haben auch die
Funktion, den Schrecken der Verfolgung festzuhalten und zu
erinnern, denn er soll für die Kommenden Warnung sein,
er darf nicht vergessen werden.
Der übriggebliebene Schuh eines toten Opfers, erinnernder
Zeuge, wird als »Echo« bezeichnet. »Ein Schuh« – aus dem
»Chor der verlassenen Dinge« – spricht:

Verlornes Menschenmaß; ich bin die Einsamkeit
Die ihr Geschwister sucht auf dieser Welt –
O Israel, von deiner Füße Leid
Bin ich ein Echo, das zum Himmel gellt.

Ebenso werden in Echos die Schritte der Henker bewahrt,
die sich den Opfern einst näherten und den Tod brach-
ten:

Schritte –
In welchen Grotten der Echos
seid ihr bewahrt,
die ihr den Ohren einst weissagtet
kommenden Tod?

Das Spiegelmotiv kehrt im Wortspiel der »Spiegelschrift«
wieder, auch als Funktion der Erinnerung; jedoch ist das

Erinnern nicht mehr unmittelbar möglich, es erschließt sich, indem sozusagen in Spiegelschrift rückwärts gelesen wird. Der Chor der toten Opfer kündet den Nachkommen vom Sterben unter den Händen der Henker:

Und tragen wir der Menschenhände Siegel
Und ihre Augen-Blicke eingesenkt wie Raub –
So lest uns wie verkehrte Schrift im Spiegel
Erst totes Ding und dann den Menschenstaub.

Auch die »Wahrsager des Himmels« sind nicht mehr wörtlich vernehmbar, sie sind

sternenrückwärts gewachsen
wie Spiegelschrift –

Spiegel und Echo heben das Erkannte auf; das erkannte Erkennen wird in ihnen als Erinnerung aufbewahrt und in einem zukünftigen Zeitpunkt zum Wiedererkennen; es ist gleichsam in einem Zwischenzustand der Bewegung und ein Vor-Echo für die Zukunft. So besitzen Echo und Spiegel die Erinnerungsstärke niemals endender Gegenwart, in der die Zeit aufgehoben ist.

Hermann Broch hat in seinem Roman »Der Tod des Vergil« den Bezug von Echo und Dichtung formuliert. Er begreift Stimme und Sprache als Echo eines verborgenen und neu zu findenden Urbildes, in dem Bild und Bedeutung eins waren; es war das reine Wort, das am Anfang war. Deshalb habe nur diejenige Dichtung Wert, die erfüllt sei von der echogleichen Ahnung des Urbildes aller Bilder. Diese Ahnung zu artikulieren sei Aufgabe der Dichtung, darin bestehe ihre Erkenntnisfunktion.

Das Wort, das sich gegen das tödliche Schweigen schwach und leise behauptet, und das nur echohaft als Ahnung in der Dichtung fixiert werden kann, steht, mit deutlich religiösem

Bezug, im Mittelpunkt der Dichtung von Nelly Sachs. Es ist
ständig vom Schweigen bedroht; Schweigen bedeutet: sprach-
lose Erstarrung im Tode.
Es ist das Wort der Liebe,

das die verstümmelten Silben zusammenfügt
. . . darin die Ideogramme sich küssen und heilen.

Es ist das Wort, das am Anfang war und das wiedergefun-
den werden kann, wenn »die Geistergeologie der Liebe aufgerissen« ist und sichtbar wird:

Warte
bis die Buchstaben heimgekehrt sind
aus der lodernden Wüste
und gegessen von heiligen Mündern
Warte
bis die Geistergeologie der Liebe
aufgerissen
und ihre Zeitalter durchglüht
und leuchtend von seligen Fingerzeigen
wieder ihr Schöpfungswort fand:
da auf dem Papier
das sterbend singt:

Es war
am Anfang
  Es war
    Geliebter
      Es war –

Im Nicht-Ausgesprochen-werden am Ende des Gedichtes gibt
Nelly Sachs dem Wort die größte Bedeutung – es ist das
Wort jenseits der Sprache. Das Imperfekt anstelle des er-
warteten Futurs fällt auf: ». . . bis die Geistergeologie der

Liebe ... wieder ihr Schöpfungswort *fand*: ...« Mit ihm
wird die Aufhebung der Zeit, die Rückkehr (die eine Heim-
kehr ist) des zukünftigen Wortes in seinen Anfang realisiert.
In der »Engführung«, dem letzten Gedicht aus Paul Celans
Gedichtband »Sprachgitter«, finden sich Verse, die auch »das
Wort« umkreisen, allerdings ohne die religiöse Hoffnung auf
eine mögliche Zukunft. Eine Strophe hat dieselbe typogra-
phische Anordnung wie das eben zitierte Gedicht: drei voneinander abgesetzte Zeilen, wovon die letzte abbricht und in
einem verstummenden Gedankenstrich endet:

Kam, kam.
Kam ein Wort, kam,
kam durch die Nacht,
wollt leuchten, wollt leuchten.
Asche.
Asche, Asche.
Nacht.
Nacht – und – Nacht. – Zum
Aug geh, zum feuchten.
  Zum
    Aug geh,
      zum feuchten –

Die Wiederholungen, die abbrechenden Zeilen und heftigen
Gedankenstriche des Verstummens finden wir bei Paul Celan noch häufiger als bei Nelly Sachs. Nelly Sachs umwirbt
das Wort gleichsam noch mit Bedeutungen und semantisch
teilweise nachvollziehbaren Symbolbezügen. Bei Celan spürt
man stärker die Drohung des tödlichen Schweigens; die lyrische Verkürzung ist radikaler und näher am Verstummen.
Die Tendenz zum Verstummen wird allgemein als Kriterium zeitgenössischer moderner Lyrik angesehen. Wie wenig
sie ein bloß formales Kriterium ist, erweist sich an den zitierten Gedichten. Das innere Erleben sprengt hier die tra-

ditionell abgeschlossene Form – derselbe Vorgang läßt sich an späten Gedichten Hölderlins nachweisen. Von ihm geht jene Linie der »Moderne« aus, die sich auf kein poetologisches Programm beruft.

Die andere, sozusagen programmatische, Linie der Moderne geht, wie eingangs erwähnt, von Baudelaire aus; sie läßt sich über die Surrealisten, Expressionisten, Dadaisten bis zu den Experimentellen verfolgen, sie hat ein lyrisches Manifest: die Analyse des dichterischen Schöpfungsprozesses. Die Theorien und Manifeste setzen sich mit der alten, »klassischen« Poetik auseinander und »bilden« eine neue. Freilich ignorieren nicht beide Linien der Moderne einander, sondern wirken dialektisch aufeinander, jedoch so, daß die von Hölderlin ausgehende Linie der Moderne niemals großen Wert auf eine Theorie legt. Zu ihr gehören Dichter, die in der allgemeinen literaturgeschichtlichen Einordnung nicht zusammengesehen werden:

Trakl, (der späte) Rilke, Nelly Sachs und Paul Celan. Allen gemeinsam ist der starke Einfluß Hölderlins und die Tatsache, daß sie den Literaturhistorikern Kopfzerbrechen bereiten, da sie sich in keinen -Ismus gut einordnen lassen. Die Schwierigkeit beginnt bei Hölderlin, dessen Einordnung in die Klassik ähnlich problematisch ist wie die von Trakl in den Expressionismus, wie die von Rilke in den Symbolismus, wie die von Nelly Sachs und Paul Celan in das zeitgenössische Bild der Moderne, wobei man Paul Celan gern mit dem Surrealismus zusammenbringt. Die Reflexion über Dichtung und Sprache findet sich (außer bei Trakl) immanent in ihren Gedichten, nicht in einer Theorie außerhalb des Gedichteten. Entscheidend ist, daß ihr Weg vom inneren Erleben zu dem ihnen eigenen Stil verläuft. Bei den Expressionisten scheint ein ähnliches Phänomen vorzuliegen, aber es verhält sich doch anders: Wenn bei ihnen der Ausdruck, die »Expression« des inneren Erlebens den Stil bestimmt, so geschieht auch dies programmatisch: Das Erlebnis und sein rhythmischer Ausdruck werden proklamiert, dem Schrei entspricht die Rhetorik des Schreis, also dem Pathos des Stils ein bewußtes Pathos des Lebens. So wirken Leben und Stil reziprok aufeinander.

Der Kunstwille, der die Logik zugunsten der Rhythmik (entsprechend der Lebensrhythmik) liquidiert, sprengt das syntaktische Gefüge und die traditionelle Wortbedeutung. Bei den Dichtern, die als von Hölderlin ausgehende Linie zusammengefaßt werden können (so sehr sie in der Detailbetrachtung divergieren mögen), geschieht das Aufsprengen der üblichen Wortbedeutung und des syntaktischen Gefüges mit der Intention, das Nicht-Mehr-Sagbare noch in die Sprache hereinzuholen.

Aus dieser Intention ist die Tendenz zum Verstummen zu begreifen als das Scheitern davor, das Un-Sagbare noch auszudrücken, und ebenso der sprachgestische Charakter dieser Gedichte (aus dem heraus die Satzzeichen und die Typographie starken Symbolgehalt bekommen). Auf diesen Sachverhalt reflektierte Paul Celan in seiner Büchner-Preis-Rede 1960 (eine der wenigen theoretischen Äußerungen Celans!):

»... das Gedicht heute zeigt, und das hat, glaube ich, denn doch nur mittelbar mit den – nicht zu unterschätzenden – Schwierigkeiten der Wortwahl, dem rapiden Gefälle der Syntax oder dem wacheren Sinn für die Ellipse zu tun – das Gedicht zeigt, das ist unverkennbar, eine starke Neigung zum Verstummen ... das Gedicht behauptet sich am Rande seiner selbst, es ruft und holt sich, um bestehen zu können, unausgesetzt aus seinem Schon-nicht-mehr in sein Immernoch zurück[1].«

Sprache bedeutet Leben, und die Neigung zum Verstummen, die Bedrohung durch Sprachlosigkeit, wird als tödlich empfunden: Verstummen heißt Umnachtung und Tod. Deshalb heißt Schreiben-können Überleben-können: »Hätte ich nicht schreiben können, so hätte ich nicht überlebt[2]«, sagt Nelly Sachs.

Es gilt, die mißbrauchte Sprache neu zu schaffen. Die programmatische Linie der Moderne versuchte dies, indem sie die mißbrauchten Wörter aus ihrem »Sprachschatz« ausklammerte – das schien die einzige Möglichkeit, überhaupt noch etwas zu sagen, das nicht durch Abnützung und Mißbrauch hohl und unwahr klang. Allerdings birgt dieses Verfahren, das sich gegen den Ideologiecharakter der Sprache wehrt, selbst die Gefahr der Ideologisierung, weil ganze Sprachbereiche (Landschaft, Gefühl, Religion etc.) tabuiert werden und man nur in unterkühltem Understatement von ihnen zu sprechen wagt. Andererseits werden »prosaische« Sprachbereiche erschlossen, die früher tabuiert waren (und die kräftige Erwähnung dieser Bereiche hilft mancher lyrischen Mittelmäßigkeit zur Bestätigung des begehrten Attributes »modern«); das hat die lyrische Sprache erweitert und bereichert. Allerdings auf Kosten der tabuierten Sprachbereiche.

Nelly Sachs arbeitet in anderer Weise gegen die Ideologisierung der Sprache: Sie setzt sich der mißbrauchten Sprache aus, sie versucht, ihre einstige Reinheit herauszufiltern, das »verlorene Alphabet« wiederzufinden. »Das verlorene und wieder gerettete Alphabet« ist der bezeichnende Untertitel eines ihrer Dramen[6]. Sie beweist, daß kompromittierte Wörter wie »Liebe«, »Sehnsucht«, »Stern«, »Mond«, »Gott«, »Auferstehung« oder »Heimat«, deren einstige Unschuld lange vor der Entdeckung des Schlagers zerstört wurde, im neuen Bezug wiedergeboren werden können: Sie erhalten ihre Legitimität – trotz der totalen Korrumpierung dieser »Sprachmittel« – aus der spezifischen Konstellation in den Gedichten von Nelly Sachs zurück.

Diesem Ja-Sagen zu den mißbrauchten Wörtern ist ein Gefühl tödlicher Bedrohung – Bedrohung der Sprachexistenz als Ausschlag der Existenzbedrohung – vorausgegangen. Es ist kein trotziges, eher ein zögerndes Dennoch-Sprechen vor der Folie tödlichen Schweigens, hervorgegangen aus der Erfahrung des totalen Mißbrauchs der Sprache und des Menschen; ebenso total ist die Rückgewinnung und Neufindung der Sprache, die keinen Sprachbereich tabuierend ausschließt.

Die verbrauchten und mißbrauchten Worthülsen werden zu neuen spannungsgeladenen Wortfeldern, Zeichenkonstellationen, Symbolbezügen und Metaphern zusammengefügt, zusammengefügt auf Widerruf, denn sie sind vom Zerspringen bedroht.

Nachdem geschah, was man sich nicht vorstellen konnte (nämlich der totale Mißbrauch von Mensch und Sprache), geschieht bei Nelly Sachs, was man sich nicht mehr vorstellen kann: der verhunzten, prostituierten Sprache wird ihre Unschuld wiedergegeben.

Nelly Sachs wählt hierzu nicht den Weg der immanenten Sprachkritik, der Enthüllung des umgangssprachlichen Klischees, sie tastet sich vorsichtig in den zerstörten, entwürdigten Sinnbereich der Sprache vor und fügt aus den entwerteten Worthülsen »das neue Alphabet«. Das »erschwiegene Wort« (Celan) ist aus dem »Schon-nicht-mehr der Sprachlosigkeit« in das Gedicht zurückgeholt. Vor dem Hintergrund von tödlichem Schweigen vollzieht sich die Geburt des neuen Wortes, die die Wiedergeburt des alten Wortes ist.

Es war
am Anfang
    Es war
        Geliebter
            Es war –

Die Assoziationskomplexe in den Gedichten von Nelly Sachs sind diesem Modell zugeordnet: »Wort«, »Buchstabe«, »Hieroglyphe«, »Sprache« beziehen sich deutlich auf Leben, Wiedergeburt, Auferstehung, ebenso auf das entsprechende Zeichenfeld »Gold«, »Licht«, »Musik«, »Same«, »Knospe«,

»Atem«, »Wind«, »Hauch«. Antipodisch hierzu beziehen sich »Schweigen«, »Sprachlosigkeit«, »Verstummen«, »Taubheit« auf den Zeichenkomplex des Todes. Auch in der menschlichen Anatomie spiegelt sich dieses Verhältnis von Leben und Tod (den die Henker bringen). In der Form der Synekdoche stehen einzelne Teile für ein Ganzes: »Auge« (im Gegensatz zu blicklos, augenlos, blind, das heißt tot), »Ohr« (das lauschend die »neue Sprache« vernimmt), »Herz« (das liebend die Buchstaben heimführt), und »Kehle« (die eigentlich stimmtragende, die von den Henkern zerschnitten wird) haben die Funktion, das »goldene Geburtengeheimnis« zu sehen, zu erlauschen, zu erfühlen und zu singen (Dichtung) – ihnen entgegen arbeiten die todbringenden Instrumente der Mörder, die das Leben zerstören: »Finger«, »Hände«, »Zahn«, »Gebiß«:

und im Geheg der Zähne hält
der Henker den letzten Fluch –

Das konkrete Geschehen der Verfolgung der Juden unter Hitler ist als Henker-Opfer-Beziehung dem allgemeinen Verhältnis von Tod und Geburt zuzuordnen, weil es dieses, wie das Verhältnis von Schweigen und Sprache, ändert.
Nirgends ist die Henker-Opfer-Beziehung deutlicher als hier, aber es hat sie immer schon gegeben.
Im Bild der »Schritte« des sich nähernden Verfolgers ist dieses Verhältnis evoziert:

Schritte –
Urzeitspiel von Henker und Opfer,
Verfolger und Verfolgten,
Jäger und Gejagt –

in dem heftigen Gedankenstrich des Verstummens mitten *im* letzten Wort, wird das Gefühl des Gewohnten, Unabänderlich-Scheinenden, des schon nicht mehr gräßlichen Schreckens, den wir mit den bekannten Gegensatzpaaren assoziieren, schockartig unterbrochen: Das Grauen dieses »Urzeitspiels« trifft plötzlich und ganz unvermittelt; dies ist erreicht nicht etwa durch ganz ungewohnte Wörter, die uns aus dem Feld der Gewohnheit locken, sondern mit einer *Sprachgeste* im gewohnten Sprachablauf, der so unterbrochen wird. Der sprachgestische und -mimische Charakter der Gedichte von Nelly Sachs wird auch für die Klangsemantik relevant, welche die Lautqualitäten im Detail des Einzellautes reflektiert, nicht nur unter dem Aspekt der Lautmalerei *ganzer* Wörter. (Die Vorliebe für Dentale z. B. für Leid- und Todeskomplexe: »Zenit des Schmerzes«, »abschiedsschwarz«, »Auch *Schechina* kannst du sagen, / die Staubgekrönte, / die durch Israel Schluchzende«.

Dem Henker-Opfer-Verhältnis sind antipodisch Assoziationskomplexe zugeordnet, wobei der Wortkomplex, der »Henker« betrifft, immer dieselbe symbolische Bedeutung hat, nämlich Mord und Tod: Jäger, Mörder, Häscher, Räuber, Marionettenspieler, Todesgärtner, Hände, Finger, Zähne, Messer, Schritte, Angler, Kain (der erste Mörder). Der Wortkomplex, der »Opfer« betrifft, ist offener: Flüchtling, Gejagte, Verfolgte, Füße, Auge, Schrei, Seufzer, Fisch (Kieme), Koralle, Kinder, Herzen, Nachtigall (Kehle, Flügel).

Die Nachtigallen, für die als Synekdoche oft nur die »Kehlen« stehen, werden als »gefiederte Erben des toten Volkes« Israel bezeichnet; Israel ist Gottes »Mitternachtssängerin«. Nachdem die »Schatten des Schrecklichen fielen«, sind die Nachtigallen nur noch Boten des Schmerzes:

Wegweiser der gebrochenen Herzen,
Die ihr euch füllt am Tage mit Tränen,
Schluchzet es aus, schluchzet es aus
Der Kehle schreckliches Schweigen vor dem Tod.

Nur noch für die Liebenden (die neben den Engeln als reine Wesen erscheinen, nicht verstrickt in Schuld) singen die Nachtigallen:

Geschirmt sind die Liebenden
und nur für sie schlagen noch die Nachtigallen
und sind nicht ausgestorben in der Taubheit ...

Am Bild der Nachtigall zeigt sich, daß der Begriff des Symbolfeldes, der für den Wortkomplex »Henker« – stereotyp, entsprechend der Statik des Todes, gebraucht – genügt, für den Wortkomplex »Opfer« nicht mehr ausreicht. Denn Nachtigallen (und als Synekdoche »Kehlen«) symbolisieren nicht nur die hilflosen Opfer. Im Gegensatz zu den stummen Fischen als Symbol des Opfers sind sie zugleich die Inkarnation des reinen Gesanges und der Musik, ihre Kehlen sind die Stimmträger des Liedes, sie haben also teil an Auferstehung und Geburt. Wichtig ist auch, daß sie Flügel haben und also fliegend die Erdenschwere überwinden; so stehen sie zeichenhaft für die Überwindung des Irdisch-Vergänglichen und weisen damit wieder auf den Gesang zurück: ihr Fliegen kündet als symbolische Handlung, wovon sie singen: vom Ende des Vergänglich-Sterblichen und der Verwandlung in Musik (die unsichtbare Auferstehung). Und wiederum ist diese symbolische Handlung modellhaft zu verstehen für die Aufgabe der Dichtung: das geschehene Leid klagend zu erinnern.
Der beschwörende Anruf an die »Erben des toten Volkes«

O ihr Nachtigallen in allen Wäldern der Erde!
Gefiederte Erben des toten Volkes ...

gilt den in allen Völkern der Erde überlebenden jüdischen Dichtern, denn »Israel, / Gottes Mitternachtssängerin« ist namenlos geworden und »verging im Dunkeln«.

So sprengt das Bild der Nachtigall (als Beispiel für viele) durch die Vieldeutigkeit den nachvollziehbaren symbolischen Bezug nicht nur wegen der Vielzahl der Symbole, die es enthält (Opfer, Israel, Dichtung, Transzendenz, Musik), sondern auch, weil das Bild der Nachtigall zeichenhaft steht für die Bewegung der Dichtung (besonders der von Nelly Sachs, die Stefan Zweig als »ekstatisch aufsteigende Linie« bezeichnete[7]); wie sie erhebt sich die Dichtung vom Irdischen in den kosmischen Bezug. Der Weg vom Gegenstand zum Bezug ist kennzeichnend für die Gedichte von Nelly Sachs: Die schon gegenstandslos gewordene Empfindung, die das Irdische übersteigen will, treibt über sich selbst hinaus.

Das Zeichen (das mit dem Bild »Nachtigall« evoziert wird) birgt nicht, im Unterschied zum Symbol, in sich den Hinweis auf das, wofür es steht, es ist kein Zusammengeworfenes (»sym-bolon«) von Bild und Bedeutung. Das Zeichen oszilliert mehr als das Symbol, es ist zaghafter, offener, ohne den Hintergrund einer geschlossenen Anschauungswelt. Nelly Sachs selbst versteht ihre Gedichte als »Zeichen im Sand«.

Das Zeichen in sich ist nicht bedeutungsgeladener als irgendein Wort. Auch wenn es symbolische Momente in sich faßt, so sind diese doch nur in der spezifischen Konstellation der Wortumgebung, in der das Zeichen steht, relevant.

Die unvollständige Bestimmtheit, daher vieldeutigere Interpretationsmöglichkeit unterscheidet das Zeichen vom Symbol.

Die Doppelnatur des Zeichens erweist sich in seiner dialektischen Struktur: Als Funktionswert in einem spezifischen Zusammenhang ist es präzise definierbar, in zweiter Ebene bleibt es zugleich dunkel und offen. Das präzis Definierbare am Bild der Nachtigall ist ihr Symbolwert als hilfloses Opfer. Die Identifizierung mit den überlebenden jüdischen Dichtern ist schon nicht mehr eindeutig und präzise, und als Bild der Transzendenz ist »Nachtigall« nur mehr offen assoziierbar. Das Zeichen »Nachtigall« wirkt auf andere Wortfelder,

in die es mit seiner Bedeutung hineinreicht und bringt diese
dadurch in Bewegung, löst ihren strengen Symbolbezug. Musik als Symbol der Auferstehung und des Übergangs in
kosmische Zusammenhänge bleibt zunächst abstrakt; aber
sobald die Nachtigall zur Verkörperung der Musik wird,
wird das Symbol sinnlich bereichert und kann – offener geworden – mit anderen Wortfeldern in Beziehung treten: Das
Zeichen ist besetzbar von Bedeutung, weil es in viele Bedeutungen hineinreicht. Im Gegensatz zur Metapher wird es
nicht identisch wiederholt, sondern erscheint an verschiedenen Stellen unter verschiedenen Konstellationen; das macht
es vieldeutiger und vieldimensionaler und für die Beschreibung des Unbeschreiblichen relevanter als einerseits das Symbol (das durch seinen sinnbildlichen Charakter je schon eine
gesicherte Realitätsordnung voraussetzt) und andererseits die
Metapher, die als verhältnismäßig isolierte gegenständliche
Entsprechung eines Zustandes oder spezifischen Bildes kaum
mehr symbolische Elemente enthält als das Zeichen.

H. O. Burger bildete (gegenüber dem adäquaten Symbol)
den Begriff des »evokativen Äquivalents«[8]: Der Dichter
spreche weltaufbrechende exorbitante Erlebnisse, hinter denen im modernen Gedicht meist keine »Weltanschauung«
mehr stehe, in Bildern und Klängen aus, die nicht mehr als
Symbole, sondern als evokative Äquivalente zu kennzeichnen
seien. Das evokative Äquivalent ist ungefähr zwischen der
Metapher und dem Zeichen anzusiedeln. Die Evokationskraft
in den Gedichten von Nelly Sachs besteht in der Konstellation innerhalb der Gedichte, das heißt im Gedicht-Raum. Die
zeichenhafte Konstellation geht über den symbolischen Bezug
deshalb hinaus, weil sie nicht nur hinweisende Funktion hat,
sondern auch sprachverändernde; Bedeutungen werden um-
gebogen (innerhalb der Zeichen), bekannter Sinn wird durch
die Konstellation aufs neue verschlüsselt, Disparates wird
zusammengezwungen, aber als Folie (gegen die und mit der
gearbeitet wird) dient immer noch die ursprüngliche Bedeu-

tung, das heißt, durch das Zeichen wird auf sie zurückgeführt.

Auch das Opfer-Symbol Fisch hat außer dem symbolischen noch zeichenhaften Charakter: er verweist, als Tier des Meeres, auf das Meer als Symbol des Leids und der Tränen; dies erhellt den Symbolcharakter von Fisch, Kieme und Koralle wiederum umgekehrt, vom Meer, dem »Element des Leidens« aus (seine Geschöpfe sind Opfer): »Was schweigt im Element des Leidens / der Fisch zappelnd zwischen Wasser und Land?« Der Fisch an der Angel des Mörders ist ein anschauliches Bild für die Hilflosigkeit des ausgelieferten Opfers, das sich überhaupt nicht wehren kann.

Der kosmische Zusammenhang der Elemente Erde und Meer wird personalisierend verwoben. Vom »Planetengreis« heißt es:

Nach innen weinst du mit den Meeresaugen
die Leidenstrümmer
in die Seelenwelt.

Von den Mördern heißt es:

Der Greise
Ausgetrocknetes Auge
Habt ihr noch einmal zusammengepreßt
Bis ihr das Salz der Verzweiflung gewonnen hattet –

Salz steht zeichenhaft für die Versteinerung und Erstarrung, zugleich für die Essenz des Schmerzes (von Meer und Träne). Durch die Personifizierung der Erde als Planetengreis mit blindgeweinten Meeresaugen und dem »Wind als Blindenhund« wird das Sich-Verflüchtigende kosmischer Zusammenhänge im menschlichen Gleichnis festgehalten und andererseits der »namenlose« Schrecken der Verfolgung nachvollziehbar evoziert.

Das Henker-Opfer-Verhältnis pervertiert das natürliche Verhältnis von Tod und Geburt. Die Kinder beginnen nicht richtig zu leben, und die Greise können nicht ruhig sterben.

Durch den Massenmord ist das Henker-Opfer-Verhältnis so beherrschend geworden, daß von sinnvollem Tode zu sprechen zum Zynismus wird.

Deshalb ist die Verwandlung ins Unsichtbare bei Nelly Sachs trotz mancher Analogien anders zu begreifen als die Introversion des Irdischen in den Rilkeschen »Weltinnenraum«, der die Todesbejahung,· das Mit-Hineinnehmen des Todes ins Leben als Aufgabe der Verwandlung sieht.

Angesichts des Massenmordes kann Tod nur noch als unfaßbares Grauen aufgefaßt werden, jede andere Betrachtung wäre ein Hohn auf die Opfer. Ein Gedicht »nach Auschwitz« muß dieses Wissen enthalten.

Nelly Sachs reflektiert in ihren Gedichten diesen veränderten Zustand der Welt qua Veränderung; auch wenn das »goldene Geheimnis der Geburten« als religiöse Hoffnung den Mord übersteigt, wenn Sehnsucht immer transzendierende Elemente in sich birgt, so macht das Tod und Leid noch nicht sinnvoll; es ist als »Seufzen der Kreatur« zu verstehen, die in ihrem Glauben an Gerechtigkeit den Ort emotionaler Sicherheit, der in dieser Welt des Massenmordes nicht sein kann, in ein Unsichtbares verlegt.

Aus der Schuld am »künstlichen«, mechanisierten Tod werden die Henker angesprochen, die die Greise nicht ruhig sterben ließen:

Auch der Greise
Letzten Atemzug, der schon den Tod anblies
Raubtet ihr noch fort.
Die leere Luft . . . habt ihr beraubt!
. . . O ihr Räuber von echten Todesstunden,
Letzten Atemzügen und der Augenlider Gute Nacht . . .

Der Tod, von dem Rilke spricht als dem Element, das ins Dasein einbezogen werden soll, wird Nelly Sachs als »natürlicher« Tod, (»Wiegenkamille Tod«), der mit uns wächst, in Gegensatz gestellt zum geplanten, künstlichen Tod (»Treibhausungeheuer Tod«) – dieser Tod läßt keine Reflexion mehr darüber zu, ob er sinnvoll sein könnte:

Hände
Der Todesgärtner,
Die ihr aus der Wiegenkamille Tod,
...Das Treibhausungeheuer eures Gewerbes gezüchtet habt...
Was tatet ihr,
Als ihr die Hände von kleinen Kindern waret?

Der natürliche Tod, der Objekt war, und den die »lautlosen Schläge der Zeit« füllten, wird zum Subjekt, zum alles beherrschenden Massenmord; Tod, der nicht mehr von der Zeit gefüllt wird, sondern der die »Stundenuhr« jeden Augenblick füllt, das Verhältnis von Subjekt und Objekt hat sich umgekehrt und damit die gesamte Ordnung der Welt, die in diesem Verhältnis modellhaft vorgebildet war (die Syntax ist das sprachliche Modell dieser Ordnung):

Lange schon fielen die Schatten.
Nicht sind gemeint jetzt
Jene lautlosen Schläge der Zeit
Die den Tod füllen –
Des Lebensbaumes abgefallene Blätter ...

Während der kurzen Trennung
Zwischen deinem Blut und der Erde
Haben sie Sand hineingespart wie eine Stundenuhr
Die jeden Augenblick Tod füllt.

Die Zeit, einst bestimmend, ist untergegangen im Tod, der einzig sie bestimmt.

Auch die Nacht hat in diesem Zusammenhang ein anderes Gesicht bekommen. Nelly Sachs reflektiert ihren einstigen positiven Wert, den sie von den Romantikern bis zu Rilke hat. Die Nacht stand zeichenhaft für das Innere und Transzendente, das sie evozierte. Novalis nennt sie die »Tageszeit der Seele«, weil in ihr die Gegenständlichkeit (als Gegeneinander-Stehen der Dinge) aufgehoben wird und die Dinge – nicht mehr durch harten Umriß voneinander trennend abgegrenzt – miteinander in Beziehung treten können.

Die Nacht ist auch die Tageszeit der Liebenden (bei Novalis und bei Rilke), denn keine Unterschiedlichkeit und Abgrenzung trennt sie mehr, in ihr ist Identität möglich – auch bei Nelly Sachs finden wir diese Seite der Nacht als der Zeit der Liebenden, sie wird als vergangene evoziert, hier sind die Liebenden dem natürlichen Tod nah, sie üben

in den Nächten lächelnd das Sterben,
den leisen Tod
mit allen Quellen, die in Sehnsucht rinnen.

Dieser vergangene Zustand der Zeit und der Nacht bleibt als leise Hoffnung für die Zukunft, er bleibt auch als Hoffnung für den unsichtbaren Bereich jenseits von Tod und Vergänglichkeit. Dem Tod wird es nicht immer gelingen, die Zeit zu überholen und sich zum dienstbaren Objekt zu machen, denn:

Im Morgengrauen,
Wenn ein Vogel das Erwachen übt –
Beginnt die Sehnsuchtsstunde allen Staubes
Den der Tod verließ.

Diese Sehnsuchtsstunde jenseits des Todes unterliegt nicht mehr dessen Zeitmaß, in ihr ist die Zeit aufgehoben und »Qual, Zeitmesser eines fremden Sterns« wird aufhören; für den Gequälten ist Tod nicht mehr furchtbar, sondern er wird als Erlösung von aller Qual herbeigesehnt:

O Zeit, die nur nach Sterben rechnet,
Wie leicht wird Tod nach dieser langen Übung sein.

Mit der Erfahrung der Qual, die schlimmer ist als die des Todes selbst, überwindet Nelly Sachs den Erfahrungshorizont ihrer Generation und die Philosophie der zwanziger Jahre, für die Hannah Arendt als kennzeichnend feststellt, daß aus dem Kriegserlebnis heraus »die Todeserfahrung zu einer vorher nie gekannten philosophischen Dignität gelangte«9. Nach Auschwitz aber wissen wir, daß Qual schlimmer sein kann als Tod, ja, daß, mit ihr verglichen, Tod Erlösung sein kann.

Wir wissen heute, schreibt Hannah Arendt,

»daß Mord bei weitem nicht das Schlimmste ist, was der Mensch dem Menschen antun kann, und daß andererseits der Tod keineswegs das ist, was der Mensch am meisten fürchtet. Der Tod ist nicht ›der Inbegriff alles Furchterregenden‹, und die Todesstrafe kann leider sehr wohl verschärft werden, denn der Satz: ›gäbe es keinen Tod, es gäbe keine Furcht auf Erden‹ ... müßte nicht nur dahin geändert werden, daß neben den Tod der unerträgliche Schmerz tritt, der unerträgliche Schmerz wäre dem Menschen überhaupt untragbar, wenn es keinen Tod gäbe ... Es wäre angesichts unserer Erfahrungen vielleicht an der Zeit, die philosophische Dignität der Schmerzerfahrung zu entdecken ...9.«

Die Schmerzerfahrung ist Ausgangspunkt für das Angstphänomen, das zwar den Tod zum Anlaß hat, jedoch den tausendfachen, der die Zeit fassungs-los erstarren läßt und die Menschen sprachlos macht und sie nur noch Fragen stammeln läßt:

Welche geheimen Wünsche des Blutes,
Träume des Wahnes und tausendfach
Gemordetes Erdreich
Ließen den schrecklichen Marionettenspieler entstehen?
Er, der . . . Furchtbar umblies
Die runde, kreisende Bühne seiner Tat
Mit dem aschgrau ziehenden Horizont der Angst!

An diesem Horizont steht das Gestirn des Todes, das die Zeit sich unterwarf:

Und am ziehenden aschgrauen Horizont der Angst
Riesengroß das Gestirn des Todes
Wie die Uhr der Zeiten stehend.

Gestirn des Todes ist der Mond, der einst positiv war wie die Nacht. Die Angst ist nicht nur die vor dem Tod, es ist die Angst vor dem (zum Tode führenden) Verrat, die auch »die Geretteten« nicht verläßt, weil dieser Ort Erde, auf dem so Schreckliches geschah, keine emotionale Sicherheit mehr bieten kann: »Wir Geretteten, / Immer noch essen an uns die Würmer der Angst.«
Was kann Garantie dafür gewähren, daß der Schrecken unwiederholbar sei? Vielleicht kann man ihn für die Zukunft verbannen, indem man ihn warnend beschwört. Dies ist nicht nur Aufgabe der er-innernden Dichtung, die gegen das Vergessen arbeitet, es wohnt auch etwas Magisches in solcher Beschwörung – das instinktive Gefühl, etwas zu verhindern, das man für die Zukunft vorwegnimmt, indem man es ästhetisch realisiert. (Der Sinn der negativen Utopie.)
Innerhalb dieser Beschwörung ist der Verrat ein wichtiges Motiv, der für die Zukunft verbannt werden soll.
Der Verrat war so total, daß er auch die Sprache absorbieren konnte. Nelly Sachs untersucht ihn bis hinein in seine scheinbar belanglosen Äußerungsformen, bis hinein in den kleinen, den alltäglichen Verrat; zum Beispiel in dem Drama

Simson fällt durch Jahrtausende ist es der »alltägliche« Verrat Ninas an ihrem Mann Manes, der sie schließlich aus Gewissensqual gänzlich verstört und hektisch macht. Symbol des Verrats ist, in Anspielung auf den Verrat von Petrus an Jesus, der Hahn, beziehungsweise der Hahnenschrei in der Morgendämmerung – sie ist die »Zeit« des Verrats, »die unser Wohnort« ist:

O Israel,
...

O das spitze Messer des Hahnenschreis
der Menschheit ins Herz gestochen,
o die Wunde zwischen Nacht und Tag
die unser Wohnort ist!

Im Zusammenhang einer konkreten Situation in einem Vernichtungslager erscheint der Hahnenschrei deutlich als Signal des Verrats; zugleich wird von der direkten Situation und deren informativer Sprachebene ausgegangen: einem beginnenden Morgen im Lager, an dem die in der Nacht getöteten Menschen (»nachtgeronnen Blut«) auf einem Scheiterhaufen verbrannt werden, während irgendwo ein Hahn kräht:

Wächter
Wächter
sage deinem Herrn:
Es ist durchlitten –

und
Zeit den Scheiterhaufen
anzuzünden
der Morgen singt
und nachtgeronnen Blut
im Hahnenschrei
soll fließen –

Das biblische Pathos der Anrede (die psalmartige Wiederholung der Anrede und das Vokabular der Bibelsprache: »Es ist durchlitten« mit deutlicher Anspielung auf das Leiden und Sterben von Jesus) wird durch die folgende Strophe aufgehoben, in der das Grauenhafteste als nüchtern-informative Feststellung erscheint und dadurch noch grauenvoller wirkt (die Wirkung der Dichtung Kafkas geht von solchen Modellen aus).

Das doppelt zu beziehende »es ist« »durchlitten / *und* / Zeit den Scheiterhaufen / anzuzünden« hebt den Kontrast der Situation der Opfer (»durchlitten«) und der Henker (»Zeit den Scheiterhaufen anzuzünden«) besonders hervor: Gerade indem die Henker ganz undämonisch erscheinen (und dieses Bild ist ganz realistisch), gerade in der Nüchternheit, mit der das Todeshandwerk wie Tageshandwerk betrieben wird, liegt die starke Wirkung des Grauens. Der Verrat (Hahnenschrei) ist zum alltäglichen Geschehen geworden.

Das »Gerede«, der Verrat in der Sprache, wird über den schmerz- und todverschlossenen Mund der Opfer hinweg veranstaltet, um das Todesschweigen zu »über-reden« und zu verhüllen:

O du Drama schwarze Zeit
mit unendlichem Gerede
hinter dornverschlossenem Mund.

Verrat war es, der einst zur Sprachverwirrung führte, zum »doppelzüngigen« Wort, das der mörderischen Tat vorauseilte, um sie zu verhüllen.

Gegen den Verrat in der Sprache, mit dem die verräterische Tat vorbereitet wird und — so darf man aus dem konkreten Bezugnehmen der Gedichte zum Faschismus folgern — gegen die Ideologisierung der Sprache, die Verrat an ihrem metakommunikativen Wert bedeutet und die

Menschen entzweit, ermahnt Nelly Sachs die Völker der
Erde:

Völker der Erde
... die ihr in die Sprachverwirrung steigt
wie in Bienenkörbe,
um im Süßen zu stechen
und gestochen zu werden –

Völker der Erde,
zerstöret nicht das Weltall der Worte,
zerschneidet nicht mit den Messern des Hasses
den Laut, der mit dem Atem zugleich geboren wurde.

Völker der Erde,
O daß nicht Einer Tod meine, wenn er Leben sagt –
und nicht Einer Blut, wenn er Wiege spricht –

Völker der Erde,
lasset die Worte an ihrer Quelle,
denn sie sind es, die die Horizonte
in die wahren Himmel rücken können ...

Die Kosmologisierung und Personalisierung von Sprache ist
ein »modernes« Phänomen. Sie findet sich vor allem bei den
von Hölderlin beeinflußten Dichtern der Moderne. Sie zeigt
das Problematisch-Werden von Sprache selbst, die nicht
mehr als »Instrument« beherrscht werden kann. In einem
Gedicht Rilkes, das bezeichnenderweise Hölderlin gewidmet
ist, heißt es:

Wie sie doch alle
wohnen im warmen Gedicht,
häuslich und lang
bleiben im schmalen Vergleich ...[10]

74

In dem zitierten Gedicht »Völker der Erde« äußert sich die Personalisierung von Sprache noch als bewußte Beschwörung; der Vergleich mit der anthropomorphen Ebene wird – meist in Genitivmetaphern* – als Vergleich sichtbar gemacht.

Später verschmelzen Landschaft und Sprachlandschaft. Jede Ortschaft wird – wie es in einem Gedicht Rilkes heißt – »Ortschaft der Worte«[11]. Wegspur und Sprachspur werden identisch, wie bei Paul Celan** oder bei Günter Eich***.

Der verkürzte, immer noch entschlüsselbare Vergleich in den Genitivmetaphern der frühen Gedichte von Nelly Sachs ist in den späten Gedichten zur unmittelbaren Identifizierung disparater Bereiche in »absoluten« Metaphern reduziert. Hugo Friedrich spricht von der »sinnlichen Irrealität«[15] der absoluten Metapher, die nicht mehr bloß eine Vergleichsfigur ist, sondern »eine Identität schafft«[15]. Deshalb wäre es falsch, den Stellenwert von symbolischen Metaphern in den frühen Gedichten auf die späten Gedichte anzuwenden. »Meer« ist nicht mehr eindeutig mit »Leid« identifizierbar; »Sand« eröffnet in den späten Gedichten weitere Dimensionen als die der Vergänglichkeit. Die Vieldimensionalität der absoluten Metaphern, die eine »neue« Identität schaffen, verhindern das *gewohnte* Identifizieren in Denk- und Gefühlsschemata. Th. W. Adorno spricht angesichts moderner schwerverständlicher Texte vom »Schock des Unverständlichen«[16]: der Leser sieht sich ohne den Anschauungshintergrund gewußter Symbole und nach solchem ersten Kommunikationsbruch kann eine neue Kommunikation nur hergestellt werden, wenn der Leser auf solchen Anschauungshintergrund verzichtet, wenn er sich der Offenheit der poeti-

---

* »Weltall der Worte«, »in den Wäldern der Sprache«, »taubstumme Schrift aus Abendblut« etc.
** »Schwer-, Schwer-, Schwer- / fälliges auf / Wortwegen und -schneisen.«[12] »am Handgelenk schießen / blinkend die Satzzeichen an, / durch die zum Kamm gespaltene Erde / kommen die Pausen geritten«[13]
*** »Satzgegenstände, begriffen / von allen Händen . . .«[14]

schen Zeichen überläßt, die ihre Identität erst in der dichterischen Konstellation erhalten. In dieser Situation kann auch ein religiöser Bereich nicht mehr fixiert und unmittelbar beschworen werden. Die Metapher »Gottdurchlässig«[17] aus einem der jüngsten Gedichte von Nelly Sachs zeigt diese veränderte Situation, in der die Grenzen zwischen konkreten, identifizierbaren und transzendenten Bereichen »durchlässig« geworden sind, durchlässig wie die Grenzen des eigenen lyrischen Ichs; das lyrische Ich, sagt Gottfried Benn, ist ein »durchbrochenes Ich, ein Gitter-Ich«[18]. Wir haben keine »Lederhaut«, die uns gegen die Umwelt abdichtet, stellt Dylan Thomas in einem Brief fest. Dylan Thomas, der Nelly Sachs vor allem in den späten Gedichten oft verwandt ist, beschreibt seine dichterische Arbeit selbst als »dialektische«:

... Jedes Bild trägt den Keim seiner Zerstörung in sich. Meine dialektische Methode, wie ich sie verstehe, besteht in einem ständigen Aufbauen und Niederreißen von Bildern, die aus dem Zentrum kommen, das zerstörerisch und schöpferisch zugleich ist ...[19]

Wir sind selbst »durchlässig« geworden wie die poetischen Zeichen, die diese Situation »zeigen«.

In den späten Gedichten von Nelly Sachs werden die Metaphern nicht mehr in einen Symbol- und Metaphernkatalog integriert wie früher; die Identität des Ichs nicht weniger als die der Dinge ist ins Wanken geraten; mit der Gefahr des Identitätsverlustes wird das Nichtidentische freigegeben und die ästhetische Identitätserweiterung erreicht. Das Gedicht »Im Meer aus Minuten«[20] spricht diese Erfahrung aus. Das »Fallen der Ich-Grenzen«, von dem in der Psychoanalyse die Rede ist, wird in der Bildlogik dieses Gedichtes (Untergang, haushoch verschlungene Worte, Meer aus Minuten) sehr genau evoziert:

Im Meer aus Minuten / jede einzelne verlangt Untergang /
Rettung-Hilfe haushoch verschlungene Worte / nicht mehr
Luft / nur Untergang / raumlos / nur Untergang . . .[20]

Der persönliche und traditionsverpflichtete Ton elegischer
Klage ist einem unpersönlicheren Ton des Registrierens einer
unveränderlichen Lage gewichen, der das persönliche Betrof-
fensein hinter die Dinge und hinter die Sprache selbst zurücknimmt. In solcher Situation läßt sich nichts mehr beschreiben und beschwören. Die Klage selbst wird erstickt vom
gehetzten Rhythmus eines gleichsam stichwortartigen Proto-
kollierens. Der Protokollierende selbst gleicht dem Ertrinken-
den im »Meer aus Minuten«. Die »dialektische Methode« der
modernen Kunst bewegt sich zwischen Identitätsverlust und
Identitätserweiterung. In dem Roman *L'Emploi du Temps*
registriert Michel Butor diese Situation – die Bildlichkeit erinnert, trotz der Verschiedenheit der Assoziation, an das Gedicht von Nelly Sachs; beiden liegt die Erfahrung der Gefahr des Identitätsverlustes zugrunde:

Ich fühle, wie um mich her die Kettenfäden gleich der stei-
genden Flut den Schußfaden überwallen, und bald werden
meine Hände ganz in diesem Gewebe gefangen sein, und ich
werde, an diesen Webstuhl gefesselt, den Hebel nicht mehr
finden, um das Muster zu bewahren.[21]

Die im Futur formulierte Situation ist bei Nelly Sachs bereits Gegenwart: »... nicht mehr Luft / nur Untergang /
raumlos / nur Untergang ...«[20]
In den frühen Gedichten von Nelly Sachs finden wir vor
allem die anaphorische, vom Stil der Bibel beeinflußte Wiederholung am Zeilenbeginn. Aber der lange Atem für die
beschwörende anaphorische Wiederholung ist einer sozusagen atem-losen Spannung gewichen, welche die Worte her-
vorpreßt; die immer kürzere Wiederholung führt hier – wie

in Celans Todesfuge – zu einer »Engführung« der Themen: die Zeile »nicht mehr Luft« und die Zeile »raumlos« werden so fast simultan evoziert (luft-raum-los). Der »Untergang« konkretisiert sich zu einem Ertrinken im »Meer aus Minuten«: das im wörtlichen Sinne zu verstehende Atemlos-Werden ist zugleich rhythmisch-artikulatorisch verifiziert. Wurde früher »Atem« – beeinflußt von der griechisch-lateinischen Tradition (pneuma-anima) in den Gedichten Hölderlins – zusammengesehen mit »Wind«, »Seele«, »Hauch« und mit allem Positiv-Lebendigen assoziiert, so finden wir diese Assoziation (die in sich gleichgeblieben ist) fast nur noch negativ formuliert; oft ist sie verbunden mit dem für die späten Gedichte typischen unpersönlichen Infinitiv-Stil:

... zum Meer laufen / atemlos werden / das Blühen verweigern ...[22]

heißt es in dem Gedicht aus den »Glühenden Rätseln«: »Schneller Zeit schneller ...«[22] – hier ist bereits in der ersten Zeile die Funktion der Wiederholung spürbar: der durch die Wiederholung schon zu Beginn *beschleunigte* Rhythmus drängt die Wörter fast zur Gleichzeitigkeit zusammen.
Zusammenhänge werden nur noch stichwortartig skizziert oder neu und überraschend gesetzt, indem disparate Bereiche und Sprachschichten zu neuen Konstellationen zusammengezwungen werden wie in den *Epiphanien* von James Joyce:

Diese Jahrtausende
geblasen vom Atem
immer um ein zorniges Hauptwort kreisend
aus dem Bienenkorb der Sonne
stechende Sekunden
kriegerische Angreifer
geheime Folterer ...[17]

78

Hier sind verschiedene Sprachebenen ineinander verschränkt; die Zeitebene (»Jahrtausende« in dialektischem Gegensatz zu »Sekunden«) ist verschmolzen mit dem Bildhintergrund »Bienenkorb« – »stechende« – »kriegerische Angreifer«; »kriegerische Angreifer« beziehen sich zunächst auf »stechende« Bienen innerhalb des Bildhintergrundes; das heißt »Bienen« werden unbewußt mit »Sekunden« identifiziert aus der hier gesetzten Konstellation (die keinen symbolischen Anschauungshintergrund mehr hat). So werden die »Jahrtausende« (»geblasen vom Atem«, der zeitlich den Sekunden entspricht) zu einer unendlichen Zahl stechender, *zugleich* existierender Sekunden *verräumlicht.* Die kriegerischen »Angreifer« sind aber gleichzeitig mit der anthropomorphisierten Sprachebene in diesem Gedicht vermittelt (»zorniges Hauptwort« – »geblasen vom Atem« – »kriegerische Angreifer« – »geheime Folterer«); »kriegerische Angreifer« und »geheime Folterer« werden als synonym empfunden, obwohl sie gegensätzlich strukturiert sind (mit Angreifern verbindet sich die Assoziation eines offenen und nicht geheimen Kampfes). Der identifizierende und zugleich gegensätzliche Bezug dieser beiden Zeilen wirkt auf die vorhergehende Zeile zurück: »kriegerische Angreifer« und »geheime Folterer« paraphrasieren die mit »Bienen« assoziierten »stechenden Sekunden« (die ihrerseits in die anthropomorphisierte Sprachebene hineinreichen).

Die aus der sprachlichen Konstellation erzwungene Identifizierung von »Bienen« und »Sekunden« wird durch den Bezug der beiden folgenden Zeilen notwendig und nachvollziehbar. Es entsteht die Assoziation eines nicht endenden (»Jahrtausende«) ständig stechenden Schmerzes; die »stechenden« Sekunden sind, da sie sich zu einer qualvollen Zeit summieren, »geheime Folterer«; zugleich sind sie durch die Aggressivität des stechenden Schmerzes »kriegerische Angreifer« in der Art stechender Bienen.

In der Analogie zu »Bienen« entsteht im Gesamtzusammen-

hang das Bild eines riesigen Bienenschwarms (die Zeit von
»Jahrtausenden« ist verräumlicht durch die Identifizierung
von Bienen mit Sekunden), der (vielleicht provoziert?)
aggressiv um einen Bienenkorb kreist. Die Zeitebene (Jahrtausende) und die Sprachebene (Hauptwort) wird mit diesem
Bildhintergrund verschmolzen. Der »Bienenkorb der Sonne«
verbindet sich durch das Partizip »kreisend« mit »Hauptwort« ohne einen unmittelbaren Zusammenhang herzustellen. »Sonne« bleibt innerhalb der verschränkten Sprachschichten fast isoliert, sie ist einzig mit dem Partizip »stechend«
bildlogisch verknüpfbar; die positive Farbassoziation, die
sich durch die Analogie »Bienenkorb« (Honig – honigfar-
ben) und »Sonne« vielleicht kurz einstellt, wird durch
die Festlegung auf die *negative* Eigenschaft der Bienen (stechen) abgelenkt.

Eine »stechend« heiße Sonne wird sprachpsychologisch mit
Bienen und Sekunden verbunden; in dem Partizip »stechende« fallen also drei Sprachschichten zusammen, die aufeinander und auf die übrigen Sprachebenen wirken:
Die Zeit wird als unendliche Menge gleich schmerzhafter Au-
genblicke verräumlicht; der dauernde »stechende« Schmerz
unendlich vieler Sekunden (»Jahrtausende«) verbindet sich
mit »stechender« Sonnenhitze, »stechenden« Bienen und erinnert durch die anthropomorphisierten Attribute an menschliche Folterer und Angreifer. In dieser Gedichtstrophe eines
der jüngsten Gedichte von Nelly Sachs ist die Simultaneität
als Gleichzeitigkeit verschiedener Sprach- und Bildschichten,
Bewußtseinsebenen und gegensätzlicher Sinnesbereiche verifiziert. *Simultaneität* ist das Hauptmerkmal der Moderne;
sie kennzeichnet das veränderte Bewußtsein zur Dimension
von Zeit und Raum und zur Funktion der dichterischen
»Vision« und Erinnerung. Die von James Joyce definierte
»Epiphanie« ist das dichterische Erscheinungsbild moderner
Simultaneität. Im angestrebten *Nebeneinander* verschiedener
Eindrücke ist die Epiphanie der Brennpunkt aller bis dahin

unzusammenhängenden Vorstellungs-Geraden. Am Partizip »stechende« entzündet sich in dem Gedicht »Diese Jahrtausende« die Epiphanie, in der sich die verschiedenen Sprachschichten überschneiden und einander erhellen. Walter Höllerer hat die Epiphanienlehre von Joyce erläutert:

Was durch die Sinne in einem bestimmten, konzentrierten Moment wahrgenommen wird, nimmt als Erscheinung Umrisse an. Im gleichen Vorgang aber wird Epiphanie als wahrgenommener Moment auch schon Erscheinungs-Vision, vorgestellter Moment, der die einzelne Wahrnehmung von einem avisierten Ganzen her aufleuchten, ›strahlen‹ läßt. Erinnerung und Erwartung verknüpfen die äußere Erscheinung mit den älteren Menschheitserfahrungen und -träumen und den jüngsten vortastenden Entdeckungsversuchen. Augenblick und Einzelding werden so, wie bisher kaum je, betont.[23]

An die Stelle eines oft scheinkommunikativen, vergleichenden Vorverständnisses tritt die Epiphanie als, wie Joyce selbst sagt, »plötzliche geistige Manifestation«[23], die nur für *diesen* Augenblick gültige Konstellation, die *hergestellt* wird und nicht als symbolischer Kairos gegeben ist.

Der Unterschied von traditionellem, nachvollziehbarem Vergleich und moderner, zeichenhafter Epiphanie wird deutlich, wenn wir mit dem erläuterten späten Gedicht von Nelly Sachs »Diese Jahrtausende«[17] das erwähnte frühe Gedicht »Völker der Erde« aus dem Zyklus »Sternverdunkelung« vergleichen, in dem eine ähnliche Thematik noch deskriptiv »behandelt« wird*. Das Gedicht bedient sich sogar einer ähnlichen Bildlichkeit, aber liefert sozusagen einen Kommentar mit durch vergleichende Begriffe, die die Bilder »entschlüsseln«:

---

* Claus Bremer sagte einen für die Moderne programmatischen Satz:
»Thema in Sprache umzuwandeln, ist die Arbeit des Dichters.«[24]

Völker der Erde . . . die ihr in die Sprachverwirrung steigt /
wie in Bienenkörbe, / um im Süßen zu stechen / und gesto-
chen zu werden –

Das späte Gedicht verzichtet auf ein unmittelbar ansprech-
bares Gegenüber, auf persönliche Klage und warnende Beschwörung. Der Zustand der babylonischen Sprachverwirrung als Modell für den Sprachverrat, der dem Verrat in
der Tat vorausgeht, wird nur sehr indirekt, gleichsam at-
mosphärisch evoziert. Erst die letzte Strophe nimmt die unmittelbar nicht identi-
fizierbare Metapher »zorniges Hauptwort« wieder auf. Der
Zustand hilfloser Sprachverwirrung (»in allen Sprachen«)
wird gezeigt (nicht ausgesprochen) und die spürbare persönliche Intention wird in die Sprache selbst projiziert:

Vokale und Konsonanten
schreien in allen Sprachen:
Hilfe![17]

Das Modell der Sprachverwirrung heute ist in der »Sprache
der totalen Verwaltung«, wie Herbert Marcuse sie definiert,
gegeben. Die Sprache der modernen Dichtung widersteht gerade durch ihre Schwerverständlichkeit, durch den »Schock
des Unverständlichen«[16], den sie auslöst, der Sprache des
gesellschaftlichen Verwaltungsapparates. Diese zeugt, wie H.
Marcuse feststellt,

von Identifikation und Vereinigung, von systematischer För-
derung positiven Denkens und Handelns, von dem planmä-
ßigen Angriff auf transzendente, kritische Begriffe. In den
herrschenden Sprechweisen erscheint der Gegensatz zwischen
zweidimensionalen, dialektischen Denkweisen und technolo-
gischem Verhalten oder gesellschaftlichen ›Denkgewohnhei-
ten‹. ... Das Wort wird zum Cliché und beherrscht als

Cliché die gesprochene oder geschriebene Sprache; die Kommunikation beugt so einer wirklichen Entwicklung des Sinnes vor[25].

Gegen die Sprachlenkung durch den Apparat der verwalteten Gesellschaft, der die Sprachverwirrung und Sprachlüge bewußt fördert, um das Individuum manipulierbar zu machen, arbeitet das moderne Gedicht. Die Vieldimensionalität und Nichtidentifizierbarkeit seiner Metaphern und Zeichen widerlegt das vom Apparat gesteuerte »eindimensionale« Denken, das durch die Leistungsfähigkeit und Produktivität des Apparates den Schein von Rationalität und Wahrheit erhält; so gesehen ist Kunst, wie Herbert Marcuse sagt, »die Große Weigerung – der Protest gegen das, was ist«[26]. In den späten Gedichten von Nelly Sachs öffnet sich eine neue Dimension der Transzendenz: jene Dimension, die das Bestehende und Etablierte, »das, was ist«, transzendiert; die durch neue Konstellationen Denk- und Gefühlsgewohnheiten sprengt, die, wie Nelly Sachs sagt, »einbricht« in »die Felder der Gewohnheit«.

Die in den frühen Gedichten formulierte Aufgabe der dichterischen Erinnerung gegen jede Form des Vergessens – auch die der einordnenden Gewohnheit – wird in den späten Gedichten unausgesprochen realisiert: vielleicht kann in ihnen, was Herbert Marcuse von der Kunst erhofft, die Freiheit »überwintern«.

1 F. Nietzsche: »Unschuld des Werdens«, II, Nachlaß 1931; Ecce homo 1. 4
2 Nelly Sachs: Brief an die Verf. 12. VII. 1966
3 Nelly Sachs: »Leben unter Bedrohung« in: »Ariel« Heft 3, Darmstadt 1956
4 Paul Celan: »Sprachgitter«, Gedichte, Frankfurt 1961
5 Paul Celan: »Der Meridian« Rede anläßl. d. Verleihung d. G.-Büchner-Preises 1960, Frankfurt 1960
6 Nelly Sachs: »Zeichen im Sand. Die szenischen Dichtungen der Nelly Sachs«, Frankfurt 1962
7 »Nelly Sachs zu Ehren. Gedichte, Prosa, Beiträge«, Frankfurt 1961,

zitiert nach W. A. Berendsohn: »Nelly Sachs. Der künstlerische Aufstieg der Dichterin jüdischen Schicksals.«
8 H. O. Burger / R. Grimm: »Evokation und Montage«, Göttingen 1961
9 Hermann Broch: »Dichten und Erkennen. Essays« Bd. I, Einleitung von Hannah Arendt, Zürich 1955
10 R. M. Rilke: »Werke in drei Bänden«, eingel. v. Beda Allemann, Bd. II »Gedichte und Übertragungen«, Frankfurt 1966
11 R. M. Rilke: a. a. O.
12 Paul Celan: »Niemandsrose«, Gedichte, Frankfurt 1963
13 Paul Celan: »Atemwende«, Gedichte, Frankfurt 1967
14 Günter Eich: »Zu den Akten«, Gedichte, Frankfurt 1964
15 Hugo Friedrich: »Struktur der modernen Lyrik«, von Baudelaire bis zur Gegenwart, Hamburg 1956
16 Th. W. Adorno: »Engagement«, in: »Noten zur Literatur III«, Frankfurt 1965
17 Nelly Sachs: »Glühende Rätsel«, IV. Teil, Insel Verlag
18 G. Benn: »Probleme der Lyrik« in: »Essays, Reden, Vorträge«, ges. Werke in 4 Bd., hsg. v. D. Wellershoff, I. Bd., Wiesbaden 1959
19 Dylan Thomas, Brief, zit. n. Günter Blöcker: »Zu Dylan Thomas' ›Unter dem Milchwald‹«, in: Akzente 1/1959
20 Nelly Sachs: »Späte Gedichte«, Frankfurt 1965
21 Michel Butor: »L'Emploi du Temps«, zit. n. G. Zeltner-Neukomm: »Die eigenmächtige Sprache, zur Poetik des Nouveau Roman«, Freiburg und Olten 1965
22 Nelly Sachs: »Späte Gedichte«, a. a. O.
23 W. Höllerer: »Die Epiphanie als Held des Romans« (II) in: Akzente 3/1961
24 Claus Bremer: »Materialien« in »Mein Gedicht ist mein Messer«, Lyriker zu ihren Gedichten, hsg. v. H. Bender, München 1961
25 Herbert Marcuse: »Der eindimensionale Mensch«, Studien zur Ideologie der fortgeschrittenen Industriegesellschaft, Neuwied und Berlin 1967
26 Herbert Marcuse: a. a. O.

Konkrete Kunst und Gesellschaft*

Kunst war und ist ein gesellschaftliches Phänomen: wie die Gesellschaft selbst befindet sie sich in ständiger Veränderung. Wie frühere Formen ist die gegenwärtige Form der Gesellschaft vom Besitzdenken geprägt. Dieses Besitzdenken hat alle Formen des menschlichen Verhaltens bestimmt, ebenso dessen Ausdruck in der Sprache: Das ist *mein* Auto, das ist *meine* Frau, das ist *meine* Tochter. Die Sprache ist also von der menschlichen Gesellschaftsform vor-geprägt, weil menschliches Denken sich in ihr artikuliert.

Auch wer sich mit Sprache als Medium (und nicht als einem Instrument der Verständigung) beschäftigt, beschäftigt sich mit gesellschaftlich Vorgeprägtem.

Die Menschen, die sich allgemein der Sprache bedienen, haben das Vorgeprägte der Sprache so sehr internalisiert, daß sie glauben, sich der Sprache spontan zu bedienen; sie glauben, aus dem Sprachmaterial spontan Worte zur Kommunikation zu wählen, so wie sie glauben, aus dem ihnen angebotenen Konsummaterial spontan zu wählen, „was ihnen gefällt".

Die sogenannte „engagierte" Kunst will den Zwangscharakter dieser Konsumwelt enthüllen und will mit Hilfe der Sprache die Gesellschaft ändern. Sie läßt dabei aber die Vorgeformtheit der Sprache unangetastet. Sie revolutioniert nicht die vom Besitzdenken geprägte Sprache, sondern glaubt, diese Sprache unverändert für die Revolutionierung der Gesellschaft *gebrauchen* zu können. Dieser Glaube endete im sozialistischen Realismus. Die Sprache, nicht miteinbezogen in den revolutionären Prozeß, prägt vielmehr umgekehrt die teilrevolutionierte Wirklichkeit und verhindert eine totale Revolution (die Geschichte zeigt es).

Die Kunst (auch agitprop) kann nicht unvermittelt die gesellschaftliche Wirklichkeit verändern. Von dieser Einsicht geht konkrete Kunst aus. Einer der Theoretiker (wohl der beste deutsche) der Konkreten, Franz

* Text und Kritik „Konkrete Poesie", Nr. 25, 1970

Mon, sagt in seinen „Überlegungen zu einer Theorie der modernen Künste":

Eine unmittelbare Beeinflussung findet weder von der Kunst auf die Realität, noch umgekehrt statt. Die Kunst hat keinesfalls die Kraft, die zivilisatorische Entfremdung selbst aufzuheben. Es genügt, daß sie jene Existenzform des volldimensionierten Subjekts am Leben erhält und durch die Analogiebezüge hindurch der zivilisatorischen Physiognomie das unerwartete und doch begründete Gesicht der Freiheit, des Spiels, des neuen „Ganzen" zeigt und vermutlich dadurch, daß sie die Fähigkeit der Negation des Protestes übt, an der Fortdauer des Problembewußtseins, auf dem der Bestand der zivilisatorischen Welt beruht, beteiligt ist. (Lesebuch: 111 f)

Die Hauptfunktion experimenteller Kunst besteht darin, eindimensionale Denk- und Sprachformen aufzusprengen und die Vieldimensionalität konkreter Wirklichkeit zu *zeigen.*

In der konkreten Wirklichkeit (im Unterschied zum kontinuierlichen Nacheinander alter Roman-„Wirklichkeit") begleiten unendlich viele unartikulierte – sprunghaft alogische und traumhaft vage – und artikulierte Gedankenvorgänge gleichzeitig unendlich viele Handlungsvorgänge, während die Umgebung, in der sie stattfinden, sich selbst ständig verändert.

Die Idee von der fortwährenden Veränderung und Gleichzeitigkeit unendlich vieler Vorgänge (McLuhan spricht von der *all-at-once-ness*) hat die Idee von den *statischen, hinterlassungsfähigen Gebilden* der Kunst (Benn) gründlich in Frage gestellt:

Die Gedanken der konkreten Kunst widerstreben jeglicher Statik. Sie sind nicht nur konzipiert in Richtung auf etwas zu Veränderndes, sondern begreifen die konkrete Kunst selbst als etwas Veränderliches. (rolf wedewer: 69)

Die konkrete Kunst setzt moderne „Stilmittel" bereits als Material voraus:

Die Analogie wird gründlich gestört, statt Wiederholungen und bloßen Spiegelungen entstehen in der Arbeit der Negation Gebilde, die als unerwartet-erwartet, als negative Erinnerungen auf die vorhandenen und

bekannten zukommen und deren fatale Notwendigkeit desavourieren.
(Franz Mon, Lesebuch: 111)

Die Metapher fungiert in den Gedichten von Chris Bezzel, wie Heißenbüttel feststellt, *nur noch als entfremdete Metapher und springt immer
wieder ins Wortwörtliche zurück.* (Chris Bezzel, Grundrisse: 76) Zwar
arbeiten auch der Surrealismus und Dadaismus mit der „Entfremdung"
der Metapher, neu aber ist, *daß auch diese Entfremdung der Metapher
nur noch als Reminiszenz erscheint.* (a. a. O.)

Diese Entfremdung entsteht zunächst durch die Trennung von Wörtern
(Metaphern) aus ihrem normalen Funktionsgeflecht in der Sprache.

Durch die Isolation von Wörtern aus dem gewohnten „Ablauf" der
Sprache erscheint das Selbstverständliche der Sprachgewohnheit plötzlich neu, fragwürdig, unverständlich; die internalisierten Sprachgewohnheiten werden aufgebrochen.

Das ästhetische Nicht-Selbstverständlichnehmen des Selbstverständlichen könnte modellhaft sein für das gesellschaftliche Nicht-Selbstverständlichnehmen des Gewohnten, „Normalen".

Der Vorgang der Trennung aus der Sprachgewohnheit beginnt beim
„Gewöhnlichen" der Umgangssprache, bei Redensarten, Sprichwörtern,
Schlagwörtern, internalisierten Sprachklischees, die in der Ablösung aus
der Sprachgewohnheit ihrer ideologischen oder schlicht stumpfsinnigen
Charakter enthüllen.

Bei Jandl wird die Unlogik von Redensarten ins Absurde getrieben:
die sonne ging auf und zu (47), die Unmenschlichkeit einer Redensart
wird durch Variation enthüllt: *ich/brech/dich/doch/noch/liebervaterbit-
tebiegmichlieber* (sprechblasen: 33)

Friederike Mayröcker banlisiert Bibelsprüche, zeigt damit, *wie* banal
sie längst geworden sind: *an ihren zitzen/sollt ihr sie erkennen* (158).
Chris Bezzel stellt Leerformen von Redensarten unergänzt nebeneinander und zeigt damit ihre Leerheit: *zu sagen ist/zu sagen daß/ich weiß
daß/du weißt das/ich weiß daß du weißt du/tritts . . .* (33)

Bei Franz Mon werden Sprichwörter miteinander gemischt und in Analogie zu anderen weitergeführt:

reim dich oder ich freß dich/selberessen macht fett . . . und wohin mit
der suppe/ist sowieso kein haar mehr drin/ ich seh noch eins/ein haar
macht noch keine suppe . . .(Lesebuch: 78)

Auch an den verblaßten Ursprung von Sprichwörtern wird erinnert: *zwei
rechts zwei links/verlier den faden nicht* (Lesebuch: 10)

Unausgesprochene Sprichwörter werden beim Leser durch Klanganalo-
gie assoziiert: *feucht euch des klebens* (Jandl: 77). Klanganalog verändert Friederike Mayröcker „Reader's Digest" und erzeugt durch Vieldeutigkeit eine parodistische Aussage: *RANGERS'S digest & morgen-
wellen* . . . (187) Ranger ist der Titel für Aufseher und der Name der
amerikanischen Anti-guerilleros in Südamerika (die Reader's Digest
ohne Frage „verdauen").

Es besteht aber bei den Konkreten die Gefahr, daß das Spiel mit Sprichwörtern und Redensarten *zu harmlos* bleibt, wenn der Akt der Isolierung aus dem Sprachgewohnten zu wichtig genommen wird.

Während eine Folge bei Franz Mon wie: *aus den augen/aus dem sinn/
aus der traum* nach dem Akt der Isolierung aus dem Gewohnheits-
sprachgeflecht eine *neue,* ungewohnte Konstellation herstellt (das
Überraschungsmoment liegt in dem anaphorischen Parallelismus, den
man zunächst für grammatischen Parallelismus hält: dieser aber schlägt
dialektisch um durch den grammatikalisch neuen Nominativ-Bezug der
letzten „Redewendung"), wird die Sprichwörter-Isolierung manchmal
weitergeführt, ohne wirklich neue Konstellationen herzustellen: . . .*der
lacht nicht, er lügt nur/lügen haben kurze beine . . . übers ohr haun/die
ziehn ihm das fell über die ohren und lassen ihn liegen* . . . (Lesebuch:
67).

Der positive, aus Sprachklischees befreiende Akt der Trennung hört auf,
dem Leser (der ja Mitspieler sein soll) Spaß zu machen, wenn klar wird:
das ist die Methode, so geht das Sprachenspiel jetzt weiter.

DAS NICHTIDENTISCHE, DAS FREI WERDEN SOLLTE IM
BEFREIENDEN AKT DER TRENNUNG AUS DER SPRACH-
GEWOHNHEIT, SCHLÄGT DURCH SYMMETRISMUS UM INS
IDENTISCHE, WIRD WIEDER (NEUE) SPRACHGEWOHN-
HEIT, STATT NEUES, UNERWARTETES, UNBEACHTETES,
ALSO NICHTIDENTISCHES EINZULASSEN. Der Text ist nicht

mehr dynamisches Potential für den Leser, um bei ihm Assoziationen zuzulassen – der Leser ist kein „freier" Mitspieler mehr, weil die Spielregeln zu eng sind.

Die andere Gefahr, die ebenfalls auf dem Zu-Wichtignehmen des Trennungsaktes beruht, ist die der Beliebigkeit, die sich durch zu weite Spielregeln ergibt:

man zerschneide und arrangiere die Stücke zu jeder beliebigen Kombination ... man zerschneide und arrangiere die Stücke in jeder beliebigen Kombination (Textbuch 6:21) –

Diese Anweisung steht innerhalb eines Textes von Heißenbüttel: „über einen Satz von Sigmund Freud" – ihr wird in diesem Text gefolgt. Es entsteht eine interessante Montage, aber ohne artikulatorische Überraschungen.

Im folgenden Text dagegen, „eine 45 Jahre alten Engländerin aus Birmingham" (23), wird das Mechanisch-Beliebige der reinen Montage verhindert durch die Verbindung der in sich interessanten Montage-Methode mit dem disparaten Ablauf individueller Erinnerungsreste. Durch das freie Spiel mit semantischen und klanglichen Analogien und Assoziationen wird der Text artikulatorisch dichter und semantisch vieldimensionaler:

einige meiner Träume an die ich mich erinnere vergessene Träume die Kugelbäume Karl Walsers die Kegelbäume Kate Greenaways stehend hingefallen sein . . . regenbogenfarbene Ölflecke nach Gewitterregen Rotblautöne nasser Plakatanschläge Befriedigung des Winds auf Landstraßen dritter Ordung ... (Textbuch 6:25)

Wird dem Leser dagegen „alle Freiheit" gegeben und ihm ein Text bewußt als Sprachmaterial zum beliebigen Permutieren angeboten, so stellt sich die Frage, weshalb er dazu nicht Plakate, Todesanzeigen oder Kursbücher wählen soll. Allerdings: würde der Leser durch konkrete Texte befähigt, Plakate oder Kursbücher ästhetisch zu lesen, dann wäre die konkrete Kunst an ihrem Ziel. Aber diese Fähigkeit erwirbt der Leser nicht, wenn ihm unvermittelt „alle Freiheit" gegeben wird.

Es besteht in der konkreten Kunst eine Tendenz, den kategorischen Imperativ aufzustellen: Sieh, lies, höre so, als seiest du jederzeit ein konkreter Künstler.

Die gesellschaftlich berechtigte Frage nach der Kommunizierbarkeit von Texten (Sprache hat dialogiscchen Charakter) ist aber weder durch einen Rückfall in sogenannte Verständlichkeit zu lösen, wie er bei den Engagierten vorliegt, noch durch den abstrakten Imperativ: lerne ästhetisch zu leben, durchbrich die Klischees der Denkgewohnheiten!

Natürlich geht es, wie Breton fordert, darum, Poesie zu *praktizieren*. Indem ästhetisch gegen die auch ideologische Fixierung der Sprachgewohnheit die *Fähigkeit der Negation, des Protestes* (Mon, Lesebuch: 111) geübt wird, entwickelt sich diese Fähigkeit zu einer gesellschaftskritischen. Wenn dem Leser in der Epiphanie, dem von Joyce definierten Erscheinungsbild in der künstlerischen Konstellation, der Brennpunkt von Assoziationslinien gezeigt wird, die sich bis dahin in der Vorstellung des Lesers nicht kreuzten, die er aber dennoch nachvollziehen kann, so wird er eingeübt in der „Kunst" der Trennung aus dem sprachlichen Gewohnheitszusammenhang und der Verknüpfung des so Isolierten, Disparaten, in einen neuen Zusammenhang. Er wird fähig, Wirklichkeitsgeschichten, die ihm beliebig, zufällig, isoliert voneinander erschienen, in *einem Augenblick* (dem der „aufleuchtenden" Epiphanie) simultan zu erkennen. Nicht die benennende Aufzählung von Sprachschichten (Gefahr der Statistik in konkreten Texten) und nicht die bloß willkürliche Zusammensetzung von Schichten bringt diese Wirkung hervor; denn in der Epiphanie erscheinen *gleichzeitig* verschiedene Bilder und Vorstellungsebenen (-zeiten, -räume) vermittelt. Die Vermittlung aber geschieht durch das Subjekt, ob Künstler oder Leser.

Konsequenterweise wäre der ideale Leser jener, der auf den Text verzichten könnte, für den die konkrete (Sprach-)Wirklichkeit zum konkreten Kunstwerk würde: natürlich ist die Identität von Leser und Künstler so utopisch wie das *Reich der Freiheit jenseits der Notwendigkeit.*

Das konkrete Kunstwerk strebt aber auf diesen utopischen Zustand zu – auf seine Aufhebung in der konkreten Wirklichkeit.

Literatur:

Bezzel, Chris: „Grundrisse", Luchterhand-Druck 3, Mit einem Nachwort von Helmut Heißenbüttel, Neuwied 1968

Heißenbüttel, Helmut: „Textbuch 6", Neuwied 1967

jandl, ernst: „sprechblasen", gedichte, Neuwied 1968

Mayröcker, Friederike: „Tod durch Musen. Poetische Texte", Mit einem Nachwort von Eugen Gomringer, Reinbek bei Hamburg 1966

Mon, Franz: „Lesebuch", Mit einem Nachwort von Helmut Heißenbüttel, Neuwied 1967 (Luchterhand-Druck 1)

wedewer, rolf: „material und theorie – versuch einer ästhetik der technischen kultur", in: „die sonde, zeitschrift für kunst und versuch", vierter jahrgang 1964

Die Decollage der blinden Synthese
Zu Texten von Friederike Mayröcker*

Die Texte von Friederike Mayröcker sind gleichzeitig Collage und Decollage. Friederike Mayröcker reißt, allerdings behutsam und ohne grossen Eklat, kleine Fetzen aus dem „Sprachzusammenhang": dieser Zusammenhang, den sie voraussetzt, ist bereits eine Collage aus vielen Sprachschichten, die sie sozusagen quer durchschneidet, um damit ihre Gleichzeitigkeit zu zeigen. Sie zeigt also nicht nur, daß es "den" roten Faden eindimensional-realistischer Erzählung nicht gibt, das hat sich herumgesprochen, wenn auch nicht bei allen; sie zeigt, daß beim Abtragen und Einreißen der gleichzeitigen Sprachschichten sich dauernd ein neues Sprach-Bild herstellt: daß jedes Wort geladen ist mit seiner Geschichte und daß es dauernd zu Assoziationen neuer Geschichten einlädt, wenn man es in einer ungewohnten Sprachumgebung wahrnimmt, wo es nicht, wie gewohnt, als Informationsartikel funktioniert. Erst wenn es nicht mehr funktionieren muß, wird es wieder sinnlich wahrnehmbar (und nicht nur das Wort). In der Decollage wird das künstlich Synthetisierte nochmals zerstückelt und es entsteht in der Destruktion ein neues Bild. Die Decollage *zeigt* den Zerfall, das Fragmentarisierte, das Zerbrochene und zeigt gleichzeitig, daß es keine „Sinnentleerung" gibt (von der die Kritiker, die keine Ahnung von der Moderne haben, so viel schwätzen) – auch das Zerfetzte „Decollagierte" gibt einen neuen Sinn – immerzu stellt sich im Abbruch des alten ein neuer Sinn her.

„Das ist es ja", sagt Gerhard Rühm, „es gibt wirklich kein anarchisches Denken" – Wörter, Silben und Bilder, ja Bilderfetzen sind bedeutungsschwanger, ja, je weniger eindeutig die Bilder, je zerfetzter, zerkleinerter, desto bedeutungsgeladener werden sie in der Decollage: „erst würden wir, sagte er, alles dekollagieren, sagte er" (Mayröcker: 10)

---

* auszugsweise veröffentlicht in: „jardin pour friederike mayröcker", neue texte 20/21, linz 1978, hsg. heimrad bäcker, und in: Konkursbuch 4 „Kunst", Tübingen 1979.

„eine reise, sagte er, eine in viele kleine stücke zerfetzte reise. ich leide darunter dasz ich sie nicht werde erleben können, ich leide darunter, dasz ich sehe wie sie zerfällt indem ich sie erlebe" (68).

Dem Zerfall, der sich als Synthese tarnt und uns zu todgeweihten Objekten macht, entgehen wir durch aktives Zerfällen – erster Schritt auf dem Weg zur neuen Sprache. „ich leide darunter, sagte er, wie ich darunter leide auf der Suche nach einer neuen Sprachmagie" (65). Das ist keine Frage des Stils, sondern eine Frage des Lebens. Denn es geht nicht um neue Stile in der Moderne, sondern um Übersetzunsprobleme des Komplexes Leben – Kunst. Dies ist ein Stadium *nach* der Collage, nach Gaudi, Braque, Picasso. Die Collage (und auch die Wortcollage) ist, wie man nicht nur an der Werbung sieht, zu einem Maß scheinintegriert, daß sich neue Übersetzungsprobleme stellen. Die Collage ist schon wieder zu einer neuen Identität geronnen (freilich nicht der alten bürgerlichen), die Kinder von Marx und Cocacola leben mit ihr, sie sind von ihr umgeben, einer Collage aus zerbröckelter Erinnerung an „bürgerliche Kultur", aus Hochhäuserscheußlichkeit, aus permanenten Baustellenlandschaften in allen Städten und aus modisch aufgepeppten Altstadtfassaden, die als Fußgängerzonen Reservat einer aussterbenden Spezies (Fußgänger) bilden.

Das architektonische Bild ließe sich auf andere Lebensbereiche übertragen; wichtig bleibt die nicht mehr durchschaubare Verschmelzung der Elemente zur Fiktion einer neuen Wirklichkeit – im Unterschied zur künstlerischen Collage, die das Zusammengesetzte als Zusammengesetztes *transparent,* als künstlich Hergestelltes, nachvollziehbar macht, die einlädt zum subjektiven Synthetisieren der Fragmente aus verschiedenen Bereichen. Dagegen lädt die Fiktion der uns umgebenden Wirlickeitscollage zu neuen Identifikationen ein – nicht zum subjektiven Akt (der künstlerische Handlungsakt *als* exemplarische Handlung zu verstehen) des Synthetisierens, sondern zum schlampigen Identifizieren der Bereiche, die als Fertigfutter differenzierungslos eingeschlürft, „konsumiert" werden. Die Fernsehcollage aus Nachrichtenzubereitung, hartem Krimi, Gruselbericht „dokumentarisch" inszeniert aus der Dritten Welt wirkt wie eine in sich sinnvolle Komposition durch das einebnende Medium Fernsehen. Die Dokumentation wirkt unwirklich wie der Krimi und der Krimi erinnert unbewußt an reale Zustände im Autoverkehr oder an Geschäftsmethoden, die inzwischen real sind, auch wenn man nicht direkt mit ihnen zu tun hat.

Der Pluralismus des Dargebotenen, der die Langeweile töten (töten!) soll, entspricht dem Pluralismus des inzwischen käuflichen Fernsehgebäcks „Hausbar", dem bunten Allerlei (dem doch immer Gleichen), das die Stupidität der Salzstangen ablöst.

Die bewußtlose Synthese des Tauschzusammenhangs nähert sich ihrem Höhepunkt, *einer Art dauernarkotisierter Überlebenszustand,* der die Leute nur noch vegetieren läßt und ihnen das als Konsum-Paradies verkauft, was sie am Leben hindert. Natürlich gibt es Gegenbilder und es gibt Murrende und es gibt solche, die versuchen auszusteigen und es gibt die Ungleichzeitigkeit (der Ersten, Zweiten und Dritten Welt), die aus der Konsumnarkose manchmal hochschrecken läßt trotz der Dauerberieselung. Sonst wäre ja wohl das Niederschreiben sinnlos und unmöglich, geschweige denn das Ausdenken von Gegenmodellen.

Die moderne Kunst (auch die alte hatte nie unmittelbare Einflußmöglickeiten) entwirft Bilder solcher Gegenmodelle und diese „ästhetischen" Bilder sind dynamisch, sind übersetzbar in Lebensmöglichkeiten *statt* Überlebensstrategien. Das Zerbrechen des Tauschzusammenhanges geschieht bereits in einer utopischen Spannung zu einem „Reich der Freiheit", das vorläufig als das lyrische jenseits des realen erscheint, dennoch *als* real mögliches. Der tschechische Strukturalist Karel Teige hat 1930 das Bilderverbot, das später noch Adorno über die Utopie verhängt, durchbrochen und das real Mögliche spielerisch aufgezeigt:

„Wenn die Gesellschaft ganz die Unterdrückung der Libido beseitigt und auf keine Weise die sinnlichen und erotischen Energien paralysiert, wenn es keinen Druck der refutierten Sexualität gibt, die ihre souveräne Freiheit nicht nur in der dichterischen Imagination, sondern auch in der erotischen Realität findet, wird die Kunst als Sublimierung der Libido überflüssig, verschwindet auch die besondere psychologische Konstitution der Dichter, und die Schönheit wird kein künstlerisches Produkt des Gedichts mehr sein, sondern ein Epiphänomen aller Lebenserscheinungen" (Teige: 126).

Spielerisch das Unmögliche denken, das Undarstellbare darstellen, das Nichtgesehene (weil hinter dem Horizont des Bestehenden) sehen heißt Einüben ins Mögliche: „Seien wir realistisch, verlangen wir das Unmögliche" hieß es im Pariser Mai 68. Wenn das Mögliche als Mögliches d. i. Realisierbares in den Wahrnehmungshorizont „tritt", entstehen Impulse, etwas ändern zu wollen (z. B. den Zustand des Über-Lebens, der angesichts des Möglichen nicht mehr die Attraktion einer Alternative erhalten kann). Wenn man, auch nur in Augenblicken – der Liebe, des ästhetischen Zustandes, des Erlebens von Solidarität, des Wahrnehmens von „Schönheit" – das Mögliche realisiert hat, kommt man vielleicht zu einem Punkt, wo man nicht mehr hinter seine Ansprüche zurückfallen will/kann. Dann ändert man vielleicht etwas. Und selbst, wenn die gutwilligen Reformer und emanzipatorischen Revolutionsstrategen dies als „symbolische Handlung" denunzieren wollen, weil sie vielleicht im pragmatischen oder konkretistischen Sinn keine „reale" ist, hilft sie, *die* Phantasie wachzuhalten, die sich nicht technokratisch verwerten läßt zum noch besseren Gelingen des vorgeschriebenen Narkose-Glücks. Die Inszenierung des Tauschzusammenhangs durchsichtig zu machen (die Blindheit des technokratischen „Schicksals" zu durchschlagen) kann eventuell im künstlerischen Akt symbolisch gelingen. Allerdings hätten es damit heute sogar die Surrealisten schwer, die noch mit keiner Phantasieperfektion konfrontiert waren. Die Decollage versucht diese Blindheit zu zerschlagen, die Frauen vor allem beginnen, aus der Perfektion, zu der sie als schöne Maske gehören, auszubrechen, sie versuchen, sich zu bewegen aus dem Bild, das man von ihnen gemacht hat.

Friederike Mayröckers „Erzählung" „je ein umwölkter Gipfel" enthält die Poetologie der Decollage (der Decollage des Tauschzusammenhangs) und diese ist nicht zufällig von einer Frau:

„erst würden wir, sagte er, alles dekollagieren, sagte er, aber denk' doch, sagte sie, jeder ist froh in einem haus unterzukommen, auch wenn es häszlich ist, und wenn man abends heimkehrt, am krankenhausgarten vorbei, sagte sie, lehnt da immer eine baszgeige im fenster in der ersten etage" (10).

Der Einwand, den „sie" bringt, wird nicht in denunziatorischer Absicht zitiert – er betrifft uns alle. Der ganz legitime Wunsch nach Nähe, Wärme, Vertrauthiet, einem heimatlichen Wiedererkennen und Zuwinken ist nicht spießiges Sicherheitsbedürfnis. Auch das Einlassen auf neue Wahrnehmungs- und Erlebnisweisen wird entlang bekannter realisiert. Deshalb ist die alte Methode Verfremdung immer noch aktuell. Es geht nicht um neue Gegenstände, sondern darum, die alten neu wahrzunehmen. Unsere Hirn- und Sinnesorgane sind durch die vorfabrizierten Bilder abgestumpft, so daß wir mit vorfabrizierter Wahrnehmung die Welt sehen, d. h. nicht sehen, sondern wie Šklovskij bemerkt, unser Sehen ist ein bloßes Wiedererkennen: was nicht wiedererkannt werden kann, wird aus der Wahrnehmung ausgeschieden.

„wollen die denn immer spiegel sehen wenn die ein buch oder sonstwas lesbares greifen, sagte er, wollen die immer nur sich selbst finden, und wenn auch nur in einem scherben" (11).

Was als „narzißtische Störung" behandelt wird, ist im Grunde die „Pathologie der Normalität" (Fromm). Dagegen wäre der positive Narzißmus die ständige künstlerische Handlung als ständige Ichwerdung – jedes „Ich" ein Provisorium, Durchgangsstadium zu einem neuen, ein aufgefächertes, poröses, dehnbares, das in die Welt strömt und durch das die Welt strömt, Ich und Welt in dauernder Änderung, kein festes Haus mehr nötig, weil man überall zu Hause sein könnte, wo die Phantasie nicht in die Knie gezwungen würde, um die Realität anzubeten. Der radikale Zweifel an dem, was wir als Identität erlernt haben, ist Voraussetzung für diese Möglichkeit, eine Art erkenntniskritischer Decollage; die sicheren Schritte aufgeben, die häßlichen Identitätshäuser, die anerkannte Persönlichkeit, zu der man sich durchgerackert hat auf Kosten der Phantasie – rücksichtslos gegen das Wunderbare, das man manchmal hätte sehen können. Decollage des Identischen, auch der eigenen Identität.

Neu gehen sehen lieben lernen, Aufbrechen der Identitätsgrenzen ins Neue, Rückblick nur auf jene Momente, wo wir dieses Auflösungsgefühl kannten (und uns schnell wieder verschlossen oder, schlimmer, einen reingehauen bekamen in die bloßgelegten psychischen Weichteile und danach die Schalen um so fester zogen).

Der Spiegel ist für die Frau etwas anderes als für den Mann, für den er in Form der Frau existierte: sie war für ihn schön, weich, lyrisch. Nadja ermöglicht Breton, Dichter zu sein, sie lebt, was er schreibt. Schreibende Frauen verwirren diese Arbeitsteilung, vor allem, wenn sie „kompliziert" schreiben wie Friederike Mayröcker. Die schreibende Frau, die sich weder zur Muse noch zur Agentin des Patriarchats reduzieren läßt, ist ein Skandal fürs Bestehende. Dieser Skandal wird schlimmer, wenn es, wie gegenwärtig, die einander sich erkennenden und anerkennenden Frauen gibt; die alte Identität löst sich auf, der Spiegel zerrinnt in Wasser wie in Cocteaus Film Orphé. Die Frau, sagt Elisabeth Lenk, war „nur scheinbar narzißtisch", sie blieb bloßes Objekt. „Der Spiegel, das sind die Blicke der Anderen, die vorweggenommenen Blicke der Anderen" (Lenk: 87). Das Auflösungsgefühl verliert den Beigeschmack von Identitätsverlust, wenn die Frauen sich zu erkennen beginnen: „Die Frau wird der Frau zum lebendigen Spiegel, in dem sie sich verliert und wiederfindet. Das so entstehende Verhältnis ist so neu, daß es noch nicht definiert werden kann" (Lenk: 87). Dies ist einer der Wege, die im Tauschzusammenhang nicht vorgesehen sind. Decollage der Rollenzuweisungen und arbeitsteiligen Gewohnheiten, das „Außen" wird berührt davon.

Wenn wir das „Außen" qualitativ verändern, verändern wir uns, wenn wir uns verändern, wirken wir nach außen. Gewöhnt sind wir an die Reproduktion des Immer-Gleich-denken, was andere vorgedacht und sie in vorgedachten Bahnen kritisieren, schreiben, was alle mit Aha-Effekt wieder-erkennen, damit es verkauft wird – auch das „Originell"-Sein muß sich subversiv dem Aha-Effekt unterordnen. Fühlen, was die emotionale Sicherheit stabilisiert und keinesfalls in Frage stellt, handeln, wie der gesellschaftliche Rahmen es „im Rahmen" vorschreibt.

„stellen uns dagegen, sagte er, würden rathaus, grünanlage rot sprenkeln, blut, marmorfüsze des siegesengel und dergleichen.*
durchs okular das mechanisch ablaufende straszenleben, sagte er, am brandenburger tor ausgemacht, sagte er, wie madersprenger, sagte er, lachte er. alles würden wir dekollagieren, sagte er, *die zeiten eilen*" (11).

Der künstlich-künstlerische Zusammenhang, der durch die Decollage entsteht (man sieht ihn als „objektiven Zufall" in Londons U-Bahn-schächten, wo viele übereinandergeklebte Werbeplakate von allen Seiten eingerissen einen neuen Zusammenhang ergeben) ist einer der konstruktiven Destruktion. Nicht Isolation und Zusammenhang (wie Roland Barthes sie beschreibt) als zwei getrennte Akte, sonder *ein* Akt, der aber zur permanenten Weiterverwandlung stimuliert, die ständige Verwandlung von Ich und Welt in neue Formen – eine Reise, die man quasi am Platz machen kann, weil man sich und den Platz dauern verändert –

---

* wie man dies heute dank der neuen Jugendbewegung in unseren Metropolen realisiert sieht; vgl. meinen Aufsatz: „Wir haben genug Grund zum Weinen auch ohne einer Tränengas" in diesem Band.

„als wollte ich versuchen, sagte er, langes haar immer wieder zu öffnen um es danach schöner immer schöner kunstvoller flechten zu können, immer wieder auflösen und flechten, immer von neuem, als wollte ich versuchen, sagte er, immer neuen formen auf die spur, sagte er, auf die spur zu kommen, schleifen, bögen, ringe, sagte er" (14) –

Friederike Mayröcker stellt die Reflexion auf das, was poetisch praktiziert wird, poetisch dar. Die gleichen Sätze Wörter Metaphern verschiedenartig wiederholen, auflösen, wiederholen, erweitern, durch das Neuhinzukommende ändern, versuchen, „immer neuen formen auf die spur zu kommen". Was dabei wieder auffällt: die Unlösbarkeit von Form und Inhalt (der einzige Formalismus ist jener der Ware): die neuen Formen verändern den Inhalt, das ist gerade dann zu sehen, wenn er sich scheinbar kaum geändert hat, „nur" formal in eine andere Reihenfolge kam, wiederholt, vorsichtig erweitert wurde. Das Kapital „als der bauknecht erstmals ins haus kam" zeigt diesen Vorgang deutlich. Ein besonders wirkungsvoller stilistischer Kunstgriff ist das Aussparen des Verbs in einem Satz, auf das der Leser, während Erweiterungen hinzukommen, sozusagen unterirdisch wartet und ihn vielleich auch halbbewußt ergänzt und spielerisch anders ergänzt in Anlehnung an das Neuhinzugekommene, im Zusammenhang eigener Assoziationen, die von ihm angeregt wurden.

Friederike Mayröcker „spielt" diese Methode der verschiedenen Ergänzungsmöglichkeiten eines unvollkomenen Satzes vor, hebt damit jede eindeutige Satz-Aussage auf, bringt nicht nur den möglichen Satz, sondern die einzelnen Wörter des Satzes ins ästhetische Irisieren; irisierende Feuer über dem Moor geben derselben Landschaft durch die verschiedene Beleuchtung eine ständig neue Erscheinungsform: die Landschaft wird damit sichtbar veränderliche, veränderbare Oberfläche: die Romantiker haben mit der Stimmungslandschaft bewiesen, wie sehr die Welt von der Wahrnehmung, die Landschaft von der Stimmung abhängt; es gibt nicht die bestimmte Landschaft, das feste Außen, die objektive Welt, sondern viele subjektive Möglichkeiten, die wir *herstellen* können in Korrespondenz mit dem was „ist".

Friederike Mayröcker sucht sich die ihr entsprechende Sprach-Landschaft aus Naturteilen und altmodischen Redewendungen, aus Gebrochenheiten und runden heilen Wörtern (die immer zitiert klingen), aus philosophischen Begriffen und Gebrauchswörtern; sie ist aus einer altmodischen Kinderwelt und einer Neon-Wirklichkeit synthetisiert:

„und zischen nur so dahin, sagte er, und unten gestalt mit brotsack
zum verwitterten meilenstein, wiesenwärts knochig, ausgenommen, und
sitzt dann, an verwehter böschung, gelehnt, steht, antlitz verstreut, und
steht, wort für wort, auf meinem bewusztsein lesbar.
wollten wolken stern nach, sagte er, mitkopf,
sagter er, lachte er.
hat im sprechen die kunst erlernt, sagte er alles in
frage zu stellen . . ." (12f).

Das seismographische Hinhören auf geringe sprachliche Verschiebungen (beispielsweise durch bloße Wortumstellung) das Herstellen einer eigen-tümlichen unverwechselbaren Sprachlandschaft, in welcher die gesamte Sprachnatur des Menschen (der *vor* allem sprachlich sozialisiert ist) als *Material* verfügbar ist, weil man nicht mehr die Sprache zur Mitteilung bestimmter Inhalte „verwendet", dies alles gehört zum Wesen von Friederike Mayröckers Texten. Ihre Wortbilder, Wunderblumen auf dem Sprachalltagsmüll, treffen manchmal auf eine Weise ins Unbewußte, wie das meist nur wirkliche *Bilder* tun (die Kobolde und Wunderblumen des Sprayers von Zürich beispielsweise), allerdings nur, wenn man sich auf sie einläßt.

Sie hat gar nichts Terroristisches, keine überwältigende „Sprachgewalt", die einen expressionistisch überflutet, die wir wohl überhaupt selten bei Frauen wahrnehmen, der man hilflos ausgesetzt ist, nein, es ist eine Sprache, die sehr behutsam die eigene internalisierte Oberflächenkruste der Sprache aufweicht und das Sprachunbewußte freisetzt. Die ungeheuerliche Geschichte „als der bau knecht erstmals ins haus kam" (17ff), die Geschichte von einem, der die Normen der Gesellschaft aus sich entlassen hat, der zu einer unmöglichen Zeit (4.00 Uhr früh) kommt „um rumzusitzen einfach rumzusitzen bei uns" (17) und der in seiner Stärke und Gelassenheit die Normalität der anderen als etwas Oberflächliches und Lächerliches ihnen zurückspiegelt, diese Geschichte ist nicht etwa eine Beschreibung dessen, was der Knecht sagt und tut, sondern eine sprachliche *Darstellung* dessen, was er auslöst. Der immer wiederholte (und verschieden ausgeführte) Satzbeginn, der identisch mit dem Titel ist, zeigt schon in seiner ständigen Wiederholung, wie sehr alles, was

danach kommt, *anders* ist, seit der „bau knecht erstmals ins haus kam".
Am Ende der Seite steht schließlich auch das entsprechende Satzende
„als der bau knecht erstmals ins haus kam, sagte er, war plötzlich alles
in frage gestellt". Die Folge ist Sprachlosigkeit bei den anderen, der
bauknecht aber sagt die einzigen kursiv gesetzten Worte:

„die herbstkrähen wissen genau wohin sie fliegen und so weiß ich wohin
ich gehe, sagte er". Diese ruhige Sicherheit eines, der nichts mehr zu verlieren hat (auch nicht seine Ketten, die hat er abgestreift) bringt die
anderen völlig aus ihrem mühsam erworbenen Gleichgewicht –

„als der bau knecht erstmals ins haus kam, wuszten wir keine antwort,
öffneten sämtliche fenster, lieszen morgen ein" (18).

Da ist ein kleiner Schritt hin zur Identitätsöffnung, vielleicht einfach
aus Verzweiflung. Geht man mit Günter Eich vom „Antwortcharakter
unserer Sprache" aus (noch bevor richtige Fragen gestellt werden könnten), dann ist Antwortlosigkeit innerhalb der Pathologie des Normalen
die absolute Verzweiflung, die an die „Grundfesten" des ein-gespielten
Ver-Haltens führt (man kann sich nicht mehr verhalten, man kann *Es*
nicht mehr ver-halten). Daß die Fensterflügel mit der Öffnung der
eigenen (verunsicherten ins Schlittern geratenen) Identität zu tun haben,
wird nicht ausgesagt, sondern dargestellt: Nicht nur sprengt die Erregung und Aufregung durch den bau knecht die Syntax (die im oben zitierten Satz vollständig ist), sondern der Satz beginnt mit einer dynami-
schen Aufwärtsbewegung (auffliegenden), die bereits als Dauer verstärkt wird (aufstieszen). Gegenüber dem oben zitierten Satz („öffneten
sämtliche fenster") wo Subjekt (wir) und Objekt (fenster) noch klar ge-
trennt sind und man auf eine Identifikation nur durch den Kontext
kommen kann, wird Subjekt und Objekt auf eine Weise verschmolzen,
daß gleichzeitig beide erhalten bleiben und doch miteinander identifiziert werden.

Die Fensterflügel des Hauses werden zugleich die eigenen („wir fensterflügel aufstieszen") einfach durch Weglassung des Artikels, und das
Wort „aufstieszen" statt (wie vorher) „öffneten" zeigt nicht nur die
Erregung und Heftigkeit mit der dies geschieht, es erinnert auch an das
Leibnizsche Bild der fensterlosen Monade, als die wir uns voneinander
abgrenzen. Um dieses Bild festgefügter, in sich geschlossener Identität
aufzubrechen, ist das „Öffnen" viel zu sachte:

101

„mit dem auffliegenden sperlingen spät herbst morgen und wir fensterflügel aufstieszen, sagte er, war es uns plötzlich als könne er in seiner
weisheit alles verlachen " (18).

Der Text des Kapitels, der – wie aus der immer gleichen Wiederholung
„als der bau knecht . . ." klar wird – offensichtlich um eine bestimmte
punktuell festlegbare Zeit „kreist", zeigt gleichzeitig eine ungeheure
Beschleunigung der Zeit mitten in ihrem Stillstand – der Umschlag einer
quantitativen, mechanisch fortlaufenden in eine qualitative Zeit wird
sprachlich vorgeführt: in diesem Augenblick, wo der bau knecht das
Haus betritt, geschieht so unendlich viel, ändert sich sozusagen alles
(weil alles „in frage" gestellt wird) in der Art, wie das in Augenblicken sehr starker Gefühlsintensität (positiv oder negativ) geschieht:
die Zeit rast im Stillstand, alles ändert sich durch ein Ereignis, eine
Begegnung (mit dem bau knecht), die das verdrängte Unbewußte mit
einem Mal durch die Bewußtseinsoberfläche durchstoßen und das eingefahrene Rollenspiel zusammenbrechen läßt. Die durch das intensive
Geschehen unendlich gedehnte Zeit wird auch als Zeitablauf reflektiert, in zwei Sätzen, die den Fort-Gang ausdrücken; der zweite Satz
des Kapitels schon lautet:

„als der bau knecht erstmals ins haus kam, sagte er, hatte die
psychische trennung von der umgebung bereits eingesetzt" (17)

Zweieinhalb Seiten später heißt es:
„als der bau knecht erstmals ins Haus kam (der Beginn deutet die glei-
che Zeiteinheit an A.d.V.) war die psychische trennung von der umgebung weit fortgeschritten, am morgen so gegen vier als die sonne schon,
der mond aber, sagte er" (19).

Auch die Zeitangabe (so gegen vier) trifft mit dem Anfang des Textes
überein, es handelt sich also um einen Vorgang, der in Minuten geschieht – lautlos sozusagen, subversiv – oder es handelt sich um eine
Konstellation, in der der Endzustand seinem Wesen nach schon da war
und durch das Auftreten des bau knechts nur sichtbar zur Erscheinung
gebracht wird und nicht mehr länger verschleiert werden kann, beides
ist möglich. Für diese Konstellation, daß „die psychische trennung von
der umgebung weit fortgeschritten" war, schon vor dem Erscheinen des
bau knechts, daß dieser sie mit seiner Erscheinung also *zur* Erscheinung brachte, daß er überdeutlich spiegelte, was schon der Fall war, dafür spricht der letzte Satz:

„als der bau knecht erstmals ins haus kam, war er gekommen als wäre er nicht gekommen" (21). Er war also eigentlich schon da, wie die Sonne: „die so gegen vier als die sonne schon da war der mond aber im abgehen" (20). Die sonne wird aber erst sichtbar beim Öffnen der Fenster „wir die fensterflügel aufstieszen, in riesigen wäldern blinken" (20).

Durch das Erscheinen des bau knechts um die ungewöhnliche Zeit vier Uhr morgens, sehen die im Hause Wohnenden den Sonnenaufgang und damit die Welt im Lichte des Sonnenaufgangs: Sie werden sehend. Indem sie sehend werden, sich (ihr Haus) nicht mehr verschließen, ändert sich die Welt und sie ändern sich durch die Wahrnehmung der Welt, die ihnen der bau knecht durch sein ungewöhnliches Erscheinen vermittelt, wodurch „plötzlich alles in frage gestellt" (20) ist. Die Möglichkeit so radikaler Änderung muß aber innerlich vorbereitet sein und die „psychische trennung von der umgebung" (19) war schon fortgeschritten, sonst wäre diese Wirkung nicht möglich. Die Verselbständigung des inneren Lebens vor einer äußeren Ordnung, die nur noch äußerlich zusammengehalten wird, erscheint durch den bau knecht an der Oberfläche.

Genial an dem Kapitel (und man könnte andere herausgreifen) ist, mit wie sparsamen Mitteln diese „Geschichte" dargestellt, *nicht* erzählt wird – für eine Erzählung hätte das Zehnfache der Seiten vielleicht nicht ausgereicht. Aber die vier Seiten dieses Kapitels realisieren sprachlich die Kürze der Zeit, in welcher das Geschehen stattfindet. Die Dichte der Sprache, die unendliche Bezüge elliptisch verkürzt und gleichzeitig mit der Wiederholung des gleichen Materials auf der Relevanz der Einzelwörter insistiert, evoziert die Intensität der qualitativen Zeit (wo Minuten wie Jahre er-scheinen).

Das äußere Erscheinungsbild des bau knechts, der mit einem Korb voller Früchte in die Stube tritt und diese „mitten in der stube abstellen wollte und wir nach stühlen suchten" (20) stellt sich erst am Ende ganz her. Die fragmentarisierte Darstellung aber der Bilder, Wünsche, Ängste, Veränderungen, die er *auslöst*, läßt beim Leser eine Unzahl von Assoziationen dessen zu, was möglich ist, wenn ein bau knecht erstmals ins Haus kommt. Damit wird aus dem dichten Substrat eines vielfältigen Geschehens eine potentiell unendliche Geschichte. Die Autorin wird zum bau knecht eines Phantasie-Hauses, in dem Fensterflügel offen sind und „morgen" einlassen – „morgen" im doppelten Sinne des Sonnenaufgang-morgens und des „Transzendierens in ein historisch mögliches Morgen" – des Ichs, der Welt oder sogar eines wie immer konstituierbaren „Wir", in dem sich die gegen die alte Identität schreibenden Frauen und Männer, ein androgyn werdendes Geschlecht, einander zuwinken.

Literatur

Mayröcker Friederike: je ein umwölkter Gipfel. Frankfurt 1973.

Teige Karel: Liquidierung der Kunst und andere Aufsätze. Frankfurt 1968.

Lenk Elisabeth: Die sich selbst verdoppelnde Frau; in: Ästhetik und Kommunikation, Heft 25, „Frauen / Kunst / Kulturgeschichte" Jhrg. 7 / Sept. 1976.

Ernst Jandl und die ästhetische Funktion*

Die ästhetische Funktion hat sich vom Bereich festumgrenzter Künste zunehmend verschoben. Die moderne Kunst – deren Tendenzen in dieser Hinsicht mit dem romantischen Programm des Potenzierens, d. h. Romantisierens der Welt bei Novalis beginnen – strebt eine allgemeine Durchdringung außerästhetischer Bereiche an, letzlich also eine Aufhebung der Grenze zwischen ästhetischen und außerästhetischen Bereichen.

Angesichts solcher Tendenzen wird der Streit ums „Engagement" sozusagen zu einer Themaverfehlung.

Mukařovsky, ein Wortführer des tschechischen Strukturalismus, hebt die Tatsache hervor, „daß es keine feste Grenze zwischen dem ästhetischen und dem außerästhetischen Bereich gibt", diese Trennung ist so bürgerlich wie die von Theorie und Praxis, Privatsphäre und Öffentlichkeit: es gilt sie zu überwinden. Ernst Jandls Gedichte stellen einen Versuch dieser Überwindung dar.

Jandl hat, wie die gesamte experimentelle Poesie, den herkömmlichen Begriff von Literatur und Bedeutung gesprengt und damit jene Terminologie der Interpretation, die auf diesen Begriffen aufbaut, sei sie nun germanistisch oder „soziologisch" im herkömmlichen Sinne (soziologisch im Sinne von Lukács und seiner Schule heißt, an der außerästhetischen Oberfläche eines Textes kleben bleiben, mit der „Widerspiegelungstheorie" hausieren zu gehen, wo es um ganz andere Probleme geht, spätestens heute).

Die totalitären Führer, welche „entartete" (nicht nur engagierte!) Kunst verbrennen ließen, ahnten von dem revolutionären Potential künstlerischer Befreiung vom Gegenstand mehr als die naiven Apologeten der „proletarischen" Kunst. Peter Bichsel spricht von seinem Unbehagen an der „Verpackungsliteratur" und der marxistische Surrealist Karel Teige wendet sich in seinem „Manifest des Poetismus" 1928 gegen die rhetorischen und ideologischen Werke der „proletarischen Kunst": „Denn es ist nicht nötig, Verse dort zu mißbrauchen, wo klare Mitteilung und der

---

* veröffentlicht in „neue texte" hrg. bäcker, linz 1971

105

direkte Aufruf des Zeitungsartikels, die Auffälligkeit des Plakats und die geschickt dirigierte Propaganda ergiebigere Wirkung erzielen." (S. 72) Kaum jemand wird bestreiten, daß der freie Beat moderner Kreativität eher entspricht als der, jeden Schritt vorschreibende Tango oder Walzer. Analog dazu sind die experimentellen Befreiungen aus den Fesseln der Sprache, der Grammatik, der Metrik, der „Kunstgattung" zu begreifen. In einem dialektischen, nicht unmittelbaren Sinn läßt sich die Spiegeltheorie verstehen: Der Zwang von Tanz- oder Sprachformen spiegelt den Zwang von Denkformen. Deshalb fühlt sich die etablierte Ordnung nicht so sehr durch „Gegenerklärungen" in ihrer eigenen Sprache gefährdet als vielmehr durch die BEFREIUNG der Phantasie, durch die Stimulierung unserer von Kindheit an unterdrückten und verkümmerten Kreatürlichkeit. Um beim Bild des Tanzes zu bleiben: der zum Tangoschritt gedrillte Tänzer (der den Drill so weit verinnerlichen soll, daß er ihn vergessen kann – das ist der „vollkommene" Tänzer) läßt sich zum Marschschritt eher drillen als der Beattänzer, der seine eigene Kreatürlichkeit im Tanz entdeckt hat und artikuliert – diese wird sich von jeder Art Drill schwerer unterdrücken lassen. Die experimentelle Poesie will wie dieser freie, die eigene Kreatürlichkeit stimulierende Tanz begriffen werden. Das meint die vielzitierte „Aktualisierung des Lesers", die Theorie des MITSPIELENS, das will auch Ernst Jandl mit seinen neuen Gedichten: Sie sind als Lockerungsübungen am KÜNST-LICHEN BAUM zu verstehen. Daß dieser Sprachbaum „künstlich" ist, reflektiert auf die Vorgeformtheit der Sprache – wie der Mensch nach Hegel seine Geschichte so, ist auch jedes Wort seine Geschichte und deshalb kein naiver Umgang mit ihm möglich, noch weniger als mit Farben oder Tönen. Das wußten schon die Romantiker, aber die sogenannten Realisten haben es später wieder vergessen. So betont August Wilhelm Schlegel in seinen Berliner Vorlesungen 1802, daß die Sprache kein Produkt der Natur sei, „sondern ein Abdruck des menschlichen Geistes . . . Es wird also in der Poesie schon Gebildetes wieder gebildet; und die Bildsamkeit ihres Organs ist ebenso grenzenlos als die Fähigkeit des Geistes zur Rückkehr auf sich selbst durch immer höhere potenziertere Reflexionen." (S. 226) Das entspricht der strukturalistischen Erkenntnis, daß nämlich ein Text nicht autonom existiert, sondern als eine „soziale Tatsache" in der Umgebung einer immer bedeutungsüberfüllteren, kommunikativen, gesellschaftlichen Interaktion, deren Ablauf vorwiegend sprachlich-symbolisierend verläuft.

Ernst Jandl zeigt in seinen Gedichten das Gerippe solcher Sprachabläufe. Indem er sie aus dem, meist klischee-erstarrten Zusammenhang der täglichen Sprachgewohnheit isoliert, macht er auf ihre Einzelexistenz innerhalb neuer Konstellationen aufmerksam: durch die Kruste unserer Sprachgewohnheiten hindurch drängen sich die Wörter in den freien Raum unserer Phantasie und beginnen dort zu „tanzen" – aber gewiß nicht im Walzertakt. Und zu Partnern wählen sie sich Wörter aus unserer vom Realitätsprinzip in die Ecke gedrängten Spracherinnerung, lösen Assoziationen aus, holen Reste aus Kindheit und Traum hervor, spielen mit Wörtern und Buchstaben, mit der Doppelbedeutung der Worte, *stimulieren unsere sprachliche Kreativität.* Wörter, die wir als bloßes Vehikel der Kommunikation gebrauchten (unbeachtet der individuellen Geschichte, die das Wort in unserem persönlichen Spracherleben bedeutet) sehen wir in Jandls Texten zum bildhaften Material vergegenständlicht. Jandl zeigt nicht mit Metaphern, sondern mit Wortbildern im optisch wörtlichen Sinn Zustände:

immer starrer
immer starrr
immer strrr

immer srrr
immer rrr
immerrrr
immrrrr
irrrr   (S. 35)

Und gewiß führt es uns nicht zu einer Apologie des Kapitalismus, wenn wir, scheinbar als ein Spiel mit der Schreibmaschine, das Wort „verteilung" sich verwandeln sehen in „vertilgung" (S. 23).

Statt engagierter Anklage und Kritik, die immer das Gefühl hinterläßt, man wolle uns überreden („Verpackungsliteratur"), läßt Jandl mit den Wörtern modellhaft geschehen, was uns geschieht. Wörter als Spiegelbilder (Buchstaben dehnen sich zu Zerrspiegeln) von Geschehen reihen sich zu Geschichten: Wortereignisse bilden Wortgeschichten, eine ganze Jandl-Etymologie (anregend zu eigenen Erinnerungsetymologien), aus welcher DER KÜNSTLICHE BAUM entsteht. – Reflexionen, nicht nur auf das Wort, sondern auf den Buchstaben, machen auch das Einzelwort durchlässig für die Veränderung in neuen Wortumgebungen. Das

Wort, gelöst aus dem „Wortgeflecht" der Gewohnheit, wird beweglich, aufnahmebereit: es wird fähig, Assoziationen aufzusaugen aus jenem „Hof von Hintergrundanschauungen", den Husserl im „Bewußtseinsstrom" wahrnahm:

> frühe erinnerung an
>
> elefant
> elefant
>
> da war doch
> da war doch
>
> elefant
> elefant
>
> ritten doch
> ritten doch
>
> aber rote sattel
> rote sattel   (S. 56)

Dieses Gedicht scheint zunächst nichts weiter als an einen bestimmten Zirkusbesuch in der Kindheit ganz persönlich (dunkel) zu erinnern; aber gerade indem Jandl uns sprachlich an diesem zögernden Erinnern teilhaben läßt – durch die Wiederholung der wenigen Elemente und durch die Reflexion darauf „da war doch", die ebenfalls wiederholt wird – löst sich diese spezifische Kindheitserinnerung aus dem Kontext (Jandls persönlichem Zirkusbesuch) und erweitert sich zum Modell für den *Verlauf einer Kindheitserinnerung* mit typischen Erinnerungsphasen: ein Element (Elefant) taucht auf aus dem Bewußtseinsstrom, zunächst unverbunden, dunkel; dann folgt die Reflexion auf den Akt des Erinnerns „da war doch" mit dem selbstbestätigenden „doch". In der Reflexion beginnt dieses Element beweglich zu werden „ritten doch/ritten doch". Das wiederholte „doch" artikuliert immer mehr die Unsicherheit der sozusagen tastenden Erinnerung (wie das auch der elliptische Titel tut). Unausgesprochen müssen danach weitere, dunkle Assoziationen stattgefunden haben, die sich zu keinem festen Erinnerungszusammenhang verdichten; es folgt ein „aber", das diese unausgesprochen (im Hof der Hintergrundanschauung verharrenden) Assoziationsketten voraussetzt. Aus dieser Kette löst sich das Detail „rote Sattel" – es war wohl, schon farblich, das „hervorleuchtende Element" aus dem Erinnerungsstrom. Indem sich die disparaten Erinnerungsmomente *nicht* zu einem bestimmten Bild- und Handlungszusammenhang „schließen" wie in Rilkes thematisch verwandtem Gedicht „Das Karussell", bleibt der Bildzusammenhang *offen*, d. h. kann mit beliebigen Kindheitserinnerungen an Zirkusbesuche von beliebig vielen Lesern ausgefüllt werden, eigene Erinnerung wird aktualisiert, während im Gedicht Rilkes fremde Erinnerung nachvollzogen wird, unter welche sich in glücklichen Fällen eigene mischen mag. Der Unterschied zwischen diesem und dem „stofflich" ähnlichen Rilke-Gedicht, allgemein der Unterschied zwischen diesem, durch Reduktion des Sprachmaterials auf disparate (und doch nicht willkürliche) Elemente offenen Gedichts, das einen Hohlraum des Möglichen: der Erinnerung des Lesers, miteinschließt, und dem, durch Diskursivität und im Detail – wie immer auch impressionistisch-flüchtig – ausgemalte Bildhaftigkeit geschlossenen Gedichts, besteht vor allem im Grade der Aktualisierung des potentiellen Lesers (dem kein geschlossener Sprachzusammenhang mehr den „Tanz" der Wörter im Raum der Phantasie und Erinnerung vorschreibt, sondern nur mit anregenden Tönen bzw. Worten stimuliert). Setzen wir voraus, daß der Leser sich nicht als Konsument verhält (die „Esoterik" der Experimentellen beruht vor allem auf dieser Konsumhaltung der Leser, nicht auf ihrer „Unverständlichkeit", die man ihnen zum Vorwurf macht), so könnte er seine verschüttete sprachliche Kreativität, die ihm beim „Erwachsenwerden" ausgetrieben wurde, wiederentdecken. Die Forderung, die Novalis an die Poesie stellt, nämlich „Gemütererregungskunst" zu sein, müßte angesichts dessen ergänzt werden mit der Forderung, „Assoziationserregungskunst" zu sein. Die ästhetische Funktion wäre damit aus der Beschränktheit des künstlerischen „Rahmens" befreit und konkret (wie es Friedrich Schlegel von der Universalpoesie erhoffte, die nur Programm blieb) mit dem Leben verbunden. Das meinte Karel Teige 1924 mit seinem ersten Manifest:

„Poetismus als Kunst zu leben, Poetismus als Funktion des Lebens und zugleich dessen Erfüllung, Poetismus als modus vivendi." (S. 75)

Jandl tut, was wir nach Freud in der „Traumarbeit" tun: Er behandelt Wörter wie Gegenstände, d. h. er gibt den Wörtern ihre farbige, sinnliche, vieldimensionale Gegenständlichkeit zurück, ohne gegenständlich, „realistisch" im alten Sinne (wo Realität zur Folie reduziert ist, um den „roten Faden" nicht zu verlieren) zu werden. Vielmehr nähert er sich dem „immateriellen Materialismus", den Yves Klein als seinen Stil bezeichnet. Bis in die Silben hinein läßt Jandl uns die Gegenständlichkeit der Wörter empfinden.

Daß „früh" im „frühling" steckt und „herb" im „herbst", daß man den Wind im Winter spüren kann, aber im Frühling schon etwas vom Sommer (somm), das an Sonne oder Bienensummen erinnert, das zeigt Jandl in einer Wortkonstellation, die aus einer ganz strengen Reihung besteht:

> früh in frühling
> im frühling somm
> somm in sommer
> im sommer herb
> herb in herbst
> im herbst wint
> wint in winter
> im winter früh

Das Schema entspricht: a in a/im a b/b in b/im b c/c in c/ im c d/d in d/ im d a, und jetzt könnte es, logisch auch nach der Folge der Jahreszeiten, wieder von vorne beginnen. Am Ende jeder Jahreszeit schiebt sich ein Element der ihr folgenden Jahreszeit in die Zeile und verändert die entsprechende Jahreszeit. Dabei entstehen neue Bedeutungen wie „Herbstwind", der, nach der sich einprägenden Gesamtlogik, etwas von Winterkälte ahnen läßt, weil er die erste Buchstabenfolge (wint) des Winters phonologisch-akustisch enthält.

Metasprachlich wird hier über die Wörter reflektiert (daß im *Wort* Frühling die Silbe „früh" enthalten ist etc.) und zugleich schlägt diese metasprachliche Reflexion dialektisch ständig um in einem „beim Wort" genommenen Zustand: „Konkrete Poesie" zeigt bei Jandl den Prozeß der „Konkretisierung" sprachlicher Elemente, die den Leser zum Mitspielen, Miterinnern und Mitphantasieren anregen soll. Der konkrete Dichter Jean-Claude Moineau bekennt sich zu diesem Prinzip. Er schreibt in der Frühjahrsnummer 1970 der englischen Zeitschrift „STEREO HEADPHONES", wo über den „Tod der konkreten Poesie" diskutiert wird:

„Ich schreibe nicht konkrete Poesie. Ich schreibe überhaupt nicht: der Leser schreibt./ Ja, ich schreibe an einem Text, der noch nicht geschrieben ist./ Schreiben als das Setzen von Bedeutungen interessiert mich nicht./ Schreiben als Aktivität interessiert mich . . . Schreib oder lies um etwas zu erschaffen: gebrauche alle Möglichkeiten . . . Lies./ Lies die Welt. Lies Dich selbst . . ."

Durch die Teilnahme am dichterischen Prozeß (Joyces „work in progress" bildet davon den Anfang) werdem dem Leser Mitspielmöglichkeiten gegeben, so in Jandls programmatischem Gedicht „darstellung eines poetischen problems" (S. 88) Analog dazu, aber in parodistischer Buchstabenverzerrung, läßt Jandl den Leser am „Schöpfungsprozeß" teilnehmen, den er mit dem Titel „fortschreitende räude" (S. 109) kritisch benennt. Die „fortschreitende räude", mit welcher das, was als Gottes Schöpfung galt, im Buchstabenchaos vernuschelt, zeigt „buchstäblich" und ohne die Bemühung der beliebten „Turm-von-Babel"-Metapher, daß da schon „him hanfang" der Wurm drin war, bzw. der „hund" begraben:

„him hanfang war das wort hund das wort war bei
gott hund gott war das wort hund das wort hist fleisch . . .
schim schanschlang schar das wort schlund schasch wort . . . flottsch"

An diesen Gedichten zeigt sich, wie man im „Spiel mit Worten" über den Ernst der Lage reflektieren kann. Das zitierte Gedicht vollzieht durch die Hypertrophie von Buchstaben eine fortschreitende Sinndestruktion (eine Art Sprachräude), wobei „Sinn" von „hanfang" an verzerrt, gebrochen erscheint; die heile Welt wird damit zur negativen Folie für ein immer unentwirrbares Knäuel von Sprachverwirrung, das modellhaft den herrschenden Zustand der Verwirrung der Welt zeigt. Die „Nebenbedeutungen", die aus dem Vorgang der Buchstabenhypertrophie entstehen, geben dem Leser Anregungen, ohne ihn auf bestimmte Inhalt zu fixieren, so, wenn aus dem (unausgesprochenen) „und Gott war das Wort" „schlund flott war das wort" wird. Das Wort „flott", in dem der Sprach-„schund" moderner Klischees den Gedankenschwund des „glücklichen Bewußtseins" (Marcuse) der Konsumgesellschaft spiegelt, überdeckt kaum mehr die „fortschreitende räude", die schließlich, wie auf einem Sprechblasenbild Lichtensteins, in dem Comic-Wort „flottsch" endet.

Nicht mit Protestgedichten, sondern mit sprachlicher Bewußtwerdung dieser und ähnlicher Texte, die eine Erweiterung der ästhetischen Funktion intendieren, werden wir der Sprachlenkung durch Werbung und der mit dieser nahezu identischen politischen Propaganda widerstehen können.

Literatur:

Jandl, Ernst: Der künstliche Baum, Sammlung Luchterhand 9, 1970.

Schlegel, A. W.: Kritische Schriften und Briefe II (hsg. v. Lohner), Stuttgart 1963, Die Kunstlehre.

Teige, Karel: Liquidierung der „Kunst" Analysen, Manifeste, Frankfurt 1968 (e. s. 278).

Über die Unverständlichkeit*
Zur Krise der Repräsentanz

Franz Mon wird ein *Hauptvertreter der Konkreten* genannt – da sind wir schon mitten drin in der Krise der Repräsentanz. In dieser poesiefeindlichen Welt darf nichts f ü r s i c h sprechen, auch nicht die Sprache, alles spricht für ein anderes, alles repräsentiert etwas außer sich, nichts darf es selbst sein, eines (einer) vertritt etwas, ist sogar *Hauptvertreter*, wird aber doch meist an der Tür der Sprachzensoren abgewiesen – wenn er den Mut hat, den Sprachfuß in die Tür zu stellen auf der Schwelle zu dem, was man als „Verständlichkeit" bezeichnet. Wer denn und wo denn und wofür? Verständlich ist, was sehr sichtbar repräsentiert für etwas, das sich einordnen läßt. Ordnung muß sein. Wenn sich die Störer der Sprachordnung, die Unterbrecher des Redeschwalls „einordnen" lassen als „die Konkreten", dann ist die gefährdete Ordnung wiederhergestellt, dann sind sie zwar nicht anerkannt, noch weniger erkannt, aber doch eingemeindet, etikettiert, und sei's als ein Häuflein von Narren, die unverständliches Zeug reden, weil sie sich in einer *Sprachkrise* befinden oder weil sich die Sprache *dem Schweigen nähert*. Diese Vorgänge sind nicht neu in der Geschichte, sie haben sich nur verschärft, auch in der Sprache treten Tauschwert und Gebrauchswert so weit auseinander, daß wir fast nur noch uns in der Sphäre des ersten bewegen, der Tauschwert des Worts, das Sprachklischee, wird sprachwörtlich als bare Münze genommen, angeblich zum Verständnis, gegen welches Unverständlichkeit eine Sünde ist, die Sünde gegen den reibungslosen Sprachablauf. Es geht aber gar nicht so sehr um Verstehen, sondern um sprachliche Tauschverträge, um Sprachvereinbarungen über das, was gilt an der Sprachbörse, die man mit dem Leben verwechselt. Die zunehmende Entsinnlichung – Jean Paul nennt die Sprache *ein Wörterbuch abgeblaßter Metaphern* – äußert sich darin, daß alles einen Sinn außerhalb seiner selbst haben muß, alles muß bedeuten, alles muß an das schon immer Bekannte erinnern, nichts darf unbekannt bleiben, nichts unverständlich.

* Text und Kritik: Franz Mon, Nr. 60, Oktober 1978

Franz Mon stört diesen Sprachablauf, und indem er wort-getreu verfährt und sich querstellt, zeigt er, daß der angeblich so lebendige Sprachfluß versteinert ist und nur an der Oberfläche die höchste Beweglichkeit vortäuscht. Da die Bedürfnisse unbefriedigt bleiben und es darum geht, den Sprachwarenhunger, auch ihn, immer weiter zu verlängern, muß auch sprachlich etwas inszeniert werden, das diesen Hunger verspricht zu stillen, das allen Glück und Gesundheit und Schönheit und Erfolg bringt. Der Zustand der ewigen Vorlust, er wird in Politik und Werbung nicht nur, er wird auf allen Gebieten aufrecht erhalten, und Sprache und Bild sind seine vorzüglichen Transport-Mittel.

Was bedeutet es, in dieser Situation auf dem Eigenleben der Sprache zu insistieren? Kann man denn dieser verhunzten, deformierten, prostituierten, versteinerten, zum bloßen Transportmittel reduzierten Sprache überhaupt wieder Leben einhauchen, ihr etwa die Unschuld zurückgeben, sie verjungfern, so jung und fern von aller Korrumpierung neu entwickeln, ent-falten? Sie f ü r s i c h bestehen lassen, sie, die fast nur noch im Bezug zu einem anderen verstanden wird? Denn sprächen wir, so sagte Marx, eine wahrhaft menschliche Sprache, sie würde uns als Wahnwitz oder Unverschämtheit ausgelegt.

Als Wahnwitz oder Unverschämtheit, so wird die Sprache „der Konkreten" ausgelegt oder auch als „sinnlose" Spielerei, denn alles muß ja seinen Sinn haben, deshalb ist die Sprache, die für sich spricht, „sinnentleert", „sprachlicher Leerlauf" – diese Metaphorik findet sich nicht nur im geschwätzigen Redefluß der Rezensenten von Franz Mon, soweit er überhaupt „die Ehre" hatte, von den Feuilletons der großen Zeitungen beachtet zu werden. Zweckfrei und sinnentleert, pfui Teufel, in dieser Welt des Zwecks, des Sinns, des Nutzens oder auch des politischen Engagements. Die Lage ist wirklich zu ernst, um zu spielen, noch dazu mit der Sprache. Wer ahnt den Ernst des Spiels? Es geht um nichts weniger, als das große Sprachspektakel zu unterbrechen und den Leerlauf der großen Worte (die platzen vor lauter Sinn) aufzuzeigen, Unlust zu erwecken am ewigen Zustand der Vorlust, in welchem das Altbekannte nur erlaubt ist, welches Aha-Erlebnisse auslöst und um Teufels willen keine neuen Sprachlernerlebnisse, die zu Identitätskrisen führen könnten.

Das Festhalten an der Sprachnorm ist Ausdruck des Festhaltens an der gesellschaftlichen Norm. Jede Sprachabweichung wird mit dem klinifizierenden Blick der Sprachzensoren ins Abnorme verwiesen, und die Kunst (das *sprachliche Kunstwerk*) wird zugelassen, wenn es „zwar originell", doch immer wieder verweist auf ein Bekanntes, Bestehendes, Anerkanntes. Die *neue Wahrnehmungsweise des Gegenstandes,* die Sklovskij als Unterbrechung der *automatisierten Wahrnehmungsweise* verstand, könnte, ernst genommen, den automatisierten Ablauf des Lebens irritieren. Das ist der Grund, weshalb von allen sprachlichen Einebnern und Ordnungshütern von links und rechts diese neue Wahrnehmung (vorgeführt als künstlerische Methode) liquidiert wird als entartet, dekadent, verantwortungslos, verspielt, sinnentleert. Peter Weibel spricht in einem Aufsatz über den Maler Loys Egg von der *diktatur der repräsentation* und der *verpflichtung zur darstellung:* die „gegenstandslose" Materialkunst wird als sinnlos gebrandmarkt, denn *nur formen, welche vertraute gegenstände darstellen, haben für die meisten einen sinn.* Das Unterbrechen des automatisierten Sprachablaufs, die unterirdische Krise, die eine Kunst auslöst, welche nicht der Wiedererkennung des schon Bekannten sich unterwirft, die *v e r w e i g e r u n g   d e r   r e p r ä - s e n t a t i v e n   f u n k t i o n* (Weibel) – hier sind Momente eines Engagements gegen das Bestehende, die nicht zufällig in den linksdogmatischen Debatten über die *gesellschaftliche Funktion der Kunst* (statt die Kunst gegen die Funktion des Gesellschaftlichen) nicht einmal erwähnt werden, heute noch nicht.

Und schon 1962, als die Texte Franz Mons nur einem kleinen Zirkel von „Eingeweihten" bekannt waren, schrieb Adorno: *Es ist keine von den geringsten Schwächen der Debatte übers Engagement, daß sie nicht auch über die Wirkung reflektiert, welche von solchen Werken ausgeübt wird, deren eigenes Formgesetz auf Wirkungszusammenhänge keine Rücksicht nimmt. Solange man nicht versteht, was im Schock des Unverständlichen sich mitteilt, ähnelt der ganze Streit einem Schattenkampf*[1].

Aber diese Abwehr, diese Poesiefeindlichkeit, diese Aggression letztlich gegen die Sphäre der Kunst (soweit sie nicht als „prodesse – et – delectare – Girlande" das Leben erheiternd verziert) ist nicht zufällig: sie ist Ausdruck der Angst vor der Freiheit, die man gleichzeitig doch ersehnt,

---

[1] Adorno, Theodor W.: „Engagement", in: „Noten zur Literatur" III. In: „Gesammelte Schriften", Band II, hrsg. von Rolf Tiedemann. Frankfurt/M. 1974. S. 412.

Angst vor und Sehnsucht nach einer Welt, in welcher der automatisierte Lebensablauf unterbrochen wird (in der verplanten Freizeit wird er nur reproduziert), in welcher wir nicht mehr funktionieren müssen so wenig wie die Sprache; diese ambivalente Gleichzeitigkeit ist das Sprachunbewußte, das auch noch zwischen den Zeilen der allergisch reagierenden Sprachrezensenten zum Thema „Konkrete Poesie" zu spüren ist. Wenn Franz Mon dann noch die Unverschämtheit besitzt, seinen unverständlichen, sinnentleerten Texten den Titel „Lesebuch" zu geben (und es ist ein *Lesebuch,* nämlich zum Blättern, wie alle Monschen Bücher), dann ist die Empörung groß. Aber nicht nur Franz Mon stört, schon mit seinen frühen Permutationen (welche u.a. den „Sinn" haben zu zeigen, wie verschieden ein Wort wird, wenn man seinen Kontext auch nur formal verschiebt, wie also die Syntax selbst schon semantische Momente enthält, wie falsch deshalb jeder Form-Inhalt-Dualismus ist), die Wahrnehmungsgewohnheiten, das verinnerlichte Denk- und Sprachklischee. Etwas davon ahnte schon Friedrich Schlegel, als er 1800 in seinem ironischen Aufsatz „Über die Unverständlichkeit" in der damals aufsehenerregenden Zeitschrift „Athenäum" (die er mit seinem Bruder herausgab) diese Zeitschrift gegen den Vorwurf der Unverständlichkeit verteidigte, und zwar in der Weise, daß er die romantische *(unverständliche)* Ironie als eine Reflexionsmethode definierte, die wir heute als „produktive Rezeption" bezeichnen würden. Mit dieser Methode der Reflexion auf den Vorgang des Machens (poesis) wollte Schlegel *den Leser zu einer gleichen Offenheit und Redlichkeit gegen sich selbst allmählich hinleiten*[2]. Er wollte zeigen, *daß die Worte sich selbst oft besser verstehen, als diejenigen, von denen sie gebraucht werden*[2]. Schlegel wollte durchaus „populär" sein und das Problem einer als Übergang notwendigen Esoterik (wenn nicht das, worum es ging, im Kompromiß der „Verständlichkeit" verraten werden sollte, d.h. keine n e u e n Erkenntnisse erzielt, nur der Aha-Effekt des je schon Bekannten erreicht würde) wurde an der Wende zum 19. Jahrhundert nicht weniger heiß diskutiert als auf manchem Symposion zur avantgardistischen Kunst: es ist bis heute noch nicht gelöst. Und das urbane Pathos Friedrich Schlegels, der eine Ethik der Liberalität auch auf ästhetischem Ge-

[2] Schlegel, Friedrich: „Über die Unverständlichkeit". In: „ATHENÄUM, eine Zeitschrift 1798 - 1800 v. August Wilhelm und Friedrich Schlegel", II, Reinbek 1969, S. 238f.

biet vertritt, wird noch heute von vielen sich als „links" verstehenden Interpreten (von Mehring über Lukács bis Arnold Hauser) als *Flucht aus der Realität in die Utopie, ins Chaos, in die Anarchie* (so Hauser über die Frühromantik) kommentiert. Es wäre lohnend, diese Interpretation über die frühromantische Bewegung einmal zu vergleichen mit den Rezensionen über die Texte der „Konkreten" – die Übereinstimmungen bis hinein in die Metaphorik sind verblüffend! Hier wie dort melden sich die literarischen Ordnungshüter zu Wort, die Sprachzensoren, die im Herzen überzeugt sind von der Richtigkeit von Disziplin und Ordnung und der Unterdrückung der Natur in sich und außer sich und die deshalb jene Sphäre d e r Kunst hassen, die diese Ordnung stört. So schimpft Arnold Hauser als literarische Polizei gegen die romantischen *Fluchtversuche in jenes Chaos und jene Anarchie, gegen die der Klassizismus des 17. und 18. Jahrhunderts . . . stets mit der gleichen Entschiedenheit kämpfte. Der Klassiker fühlte sich als Herr der Wirklichkeit; er war einverstanden damit, beherrscht zu werden, weil er sich selbst beherrschte und an die Beherrschbarkeit des Seins glaubte*[3]. Wie sagt doch Henri Lefèbvre über die zunehmende Technokratie? *Jeder wird sein eigner und des anderen Polizist.* Wenn jeder sich ordentlich selbst beherrscht, wird äußere Herrschaft überflüssig – brave new world! Die Anregung zur Selbsttätigkeit ist ja auch eine gefährliche Sache, solange Kirche oder Partei das letzte Wort haben sollen. Die Autoritätshörigkeit ist dermaßen verinnerlicht, daß solche Anregung, daß jedes Aufschrecken aus der gewohnten Ordnung (auch jener der Denk- und Sprachklischees) oft zu einer aggressiven Abwehr führt. Nicht erst bei der „Konkreten Poesie". Die Aggressionen des Kinopublikums gegen Susan Sontags Film „promised lands" entspringen keiner anderen Quelle. In einem Interview 1976 sagte Susan Sontag dazu: *was ich entdeckte, ist, daß die leute um keinen preis aus der fassung gebracht werden wollen. ich habe niemals realisiert, in welchem ausmaß sie nicht gestört werden wollen . . . es war eine große enttäuschung für mich, ja geradezu ein schock zu sehen, wie verhaftet die leute ihrer eigenen moralischen bequemlichkeit sind. sie wollen nicht gestört sein und sie wollen nicht auf eine verschiedene art wahrnehmen, und sie haben diese kategorien, in die die dinge*

[3] Hauser, Arnold: „Sozialgeschichte der Kunst und Literatur", München 1953, S. 694.

zu passen haben[4]. Diese Haltung, dieses Festhalten nicht an der „Wirklichkeit", sondern am Vor-Urteil über sie ist gerade dann besonders stark, wenn die Vereinbarungen über das, was Wirklichkeit sei, nicht mehr eindeutig sind.

Die Toleranzgrenze gegen jede Art von Abweichung war noch nie so niedrig wie heute. Die „Wirklichkeit" der aus ihr Ausgeklammerten, die Wirklichkeit der Psychiatrien und des technokratischen Zugriffs in alle „abweichenden" Seelenregungen bestätigen es. Gerade deshalb ist das Unterbrechen, die Irritation so wichtig. Aber teilt sich denn im *Schock des Unverständlichen* (der „Konkreten Kunst") heute noch etwas mit? Die Frage, wo überhaupt noch die verkrustete Oberfläche, der versteinerte Redefluß, die Geräusch- oder Bild-„Berieselung" unterbrochen werden kann, muß neu gestellt werden, das kann die Positionen der „Konkreten Poesie" verändern, es hat sie schon verändert. Die Frage der Verbindung von Kunst und Leben (als Forderung gegen das automatisierte Über-Leben), die sich schon die radikalen Dichter der Frühromantik stellten, muß erneut gestellt werden, wenn die Sprachverhärtungen immer mehr ins Innere wachsen, wenn die innere Sprachzensur die äußere harmonisch ergänzt, wenn das Monströse, das einst Unausdenkbare als Alltag akzeptiert wird (mit der Bombe leben).

Gerade weil die Wahrnehmung auf allen Ebenen immer automatisierter wird, muß diese Automatisierung auf allen Ebenen zerbrochen werden, eben auch und vor allem auf der sprachlichen, und wer wollte denen, die gegen die Welt der Sprachvorschriften aufbegehren, damit wir neu wahrnehmen, wo wir eigentlich sind, Vorschriften machen, wie sie dies tun sollen? Die Arten der Irritation, die Möglichkeiten eines Sprachspiels, die sprachspielerische Vorführung dessen, daß es auch anders sein könnte, sind vielfältiger als früher, auch die „Konkrete Poesie" hat sich erweitert in dem Maße, wie sich die Sprachnorm verengt hat. Einig ist man sich darin, daß man den Rahmen vereinbarter Verständlichkeit – Ausdruck der Zulassung nur des Altbekannten, des Bestehenden auch in der ästhetischen Wahrnehmung – überschreiten und sprengen will. *sklave des alltäglichen blicks,* ruft Peter Weibel beschwörend, *welche*

---

[4] Sontag, Susan: „gespräch mit susan sontag über ihren film ‚promised lands'". In: „frauen und film" (hrsg. von helke sander), nr. 10, dezember. Berlin 1976.

angst spricht aus dir, wenn du ein solches vergnügen an der wiedererkennung von figuren und formen findest[5].

Dieser künstlerische Kampf gegen die Automatisierung, dieses spielerische Übertreten der Sprach- und Bildgrenzen läßt sich lange zurückverfolgen; die theologische Einhüllung dieses Problems sollte den Blick für den Zusammenhang nicht trüben, der vor-urteilsfreie Blick der Frühromantiker sah auf die Kabbala – das „Selbstsprechen-lassen" der Sprache war dort realisiert, freilich im Sinne des „heiligen Namens". Das, was frei blieb von allen Verwertungszusammenhängen, das Unbenennbare, das Undarstellbare, das Namenlose am Nirgendort (U-Topie), erhielt den Namen Gottes. Die, welche von einer anderen als der „eingefahrenen" Welt reden wollten, mußten sich, so bemerkt Nietzsche, zu allen Zeiten verkleiden, als Priester, als Schamanen, und in die Wüste gehen. Später wurden sie allerdings Funktionäre der Macht, dienten dem, wogegen sie einst auftraten – und verbannten die, welche gegen diese Welt auftraten (allerdings, um sie zu verändern). Die Kabbala wurde von der Dogmatik abgelehnt, aber von den Dichtern, die als dekadent beschimpft wurden, geschätzt. Das Verfahren, so kommentiert der große Forscher der jüdischen Religion, Gershom Scholem, *der ganzen Schriftdeutung des Sohar besteht in einer auf die Spitze getriebenen Wörtlichkeit, in einem radikalen Ernstnehmen nicht etwa des gemeineten „Sinnes", sondern eben des gleichsam auf sich ·selbst gestellten Wortes*[6]. Weltschöpfung und Sprachschöpfung werden in der Kabbala aufeinander bezogen – *Konsonanten und Vokale strahlen und leuchten in ihrer Bewegung allzumal, nach der geheimen Ordnung ihrer Bewegung auf verborgenen Bahnen. Aus diesem Ort* (der geheimen Ursprünge der Sprache) *hat Alles sich entfaltet*[7].

Der die Romantik beeinflussende Glaube an eine Ursprache, in welcher sich alles miteinander „verstand", ist gerade jenseits dessen angesiedelt, was als „Verständlichkeit" gilt, und die Poesie, „Hieroglyphik",

---

[5] Weibel, Peter: „Wann spricht das Material? eine nicht sehr populäre frage, behandelt anhand bestimmter (soweit sie bestimmbar sind) arbeiten von loys egg". Im Katalog der Ausstellung „Loys Egg", nr. 0 im graphischen kabinett der galerie nächst st. stephan, wien, 21. feb. - 18. märz 1978.
[6] Scholem, Gershom: „Die Geheimnisse der Schöpfung", ein Kapitel aus dem kabbalistischen Buche der Sohar, Frankfurt 1971, S. 24.
[7] zit. n. Scholem, a.a.O. S. 54.

stellt diese Einheit künstlich wieder her, nicht etwa als Rückgang ins „Natürliche" (das es nicht mehr gibt), sondern als synthetischen Akt in der Sprachwelt des Bezugs. Dieser Synthese geht allerdings die Destruktion der falschen Verständlichkeits-Harmonie voraus, das Unterbrechen des „ununterbrochenen" Diskurses, schon in der frühromantischen Poetik (die weiter war als die „poetische Praxis", soweit sie sich davon abtrennen läßt). Die Poesie wird dabei ganz dynamisch und aktiv verstanden, als Methode, nicht als Produkt, unabgeschlossen, aufnahmefähig für neue Assoziationsketten beim Leser, der freilich letztlich Künstler werden soll. Poesie ist nach Novalis *thätiger Sinn des Gefühls*[8], *aktives Empfinden,* und zwar ohne bestimmten Ausdruck, deshalb ist die Poesie *Gemüthererregungskunst*[9] und gegen das klassische Ideal der Naturnachahmung einerseits und der *einfühlenden,* kontemplativen Haltung des Rezipienten andererseits, geht es Novalis nicht weniger als der Moderne (und hier nochmals zugespitzt der Konkreten Poesie) um die Aktivierung des Lesers (Hörers) zum Mitspieler. Novalis möchte die *bildende Thätigkeit* durchaus demokratisieren, noch ist zwar der gleichsam *umgekehrte Gebrauch der Sinne den Meisten ein Geheimniß*[10] – dies ergibt die „Esoterik", die man den Konkreten nicht weniger vorwirft als an der Wende zum 19. Jahrhundert den Frühromantikern. Sie kann auch nicht durch falsche Kompromisse an die Verständlichkeit überwunden werden, denn damit würde gleichzeitig das aktive Moment vernichtet und nichts weiter als das unproduktive *vergnügen an der wiedererkennung von figuren und formen* (Weibel) erreicht. Vielmehr muß dieser umgekehrte Gebrauch der Sinne, *das Heraussehen,* ein aktives Wahr-Nehmen also, statt, wie Sklovskij sagt, *des bloßen Wiedererkennens,* als poetische Handlung transparent werden. *Fast jeder Mensch,* sagt Novalis, *ist in geringem Grad schon Künstler – Er sieht in der That heraus und nicht herein – Er fühlt heraus und nicht herein. Der Hauptunterschied ist der; der Künstler hat den Keim des selbstbildenden Lebens in seinen Organen belebt – die Reitzbarkeit derselben für den Geist erhöht und ist mithin im Stande Ideen nach Belieben – ohne äußere Sollicitation – durch sie heraus zu strömen – Sie, als Werckzeuge, zu beliebigen Modi-*

---

[8] Novalis: „Dichter über ihre Dichtungen", Band 15, hrsg. von Hans-Joachim Mähl, München 1976, S. 120.
[9] Novalis a.a.O. S. 131.
[10] Novalis a.a.O. S. 119.

ficationen der wircklichen Welt zu gebrauchen – dahingegen sie beym Nichtkünstler nur durch Hinzutritt einer äußren Solliciation ansprechen...[11].

Die „Dichtkunst" ist damit nicht primär an das dichterische Produkt gebunden, sondern an die „dichterische Handlung" als exemplarische jenseits der Instrumentalisierung für bestimmte Zwecke wie in der übrigen Welt (soviel ist wahr an Kants *interesselosem Wohlgefallen): Dichtkunst ist wohl nur – willkührlicher, thätiger, produktiver Gebrauch unserer Organe*[12]. In genau diesem Sinne finden wir neben dem fast nur mißverstandenen *republikanischen Monarchismus* von Novalis (alle Menschen sollen thronfähig werden) die Tendenz zur Demokratisierung des Genies, die Mon praktisch vorführt, wenn er seine Methode des genialen Wörtlichnehmens der Sprache zur Nachahmung vorführt (die Luzidität der poetischen Methode ist in sich ein demokratischer Akt u n d ein höchst lyrischer). *Genie*, schreibt Novalis, *ist nichts, als Geist in diesem thätigen Gebrauch der Organe – Bisher haben wir nur einzelnes G e n i e gehabt – der Geist soll aber total G e n i e werden*[13]. Zur romantischen Anthropologie als utopischem Entwurf gehört diese allseitige Ausbildung aller Organe für alle Menschen. Noch der russische Dichter Tretjakov verweist auf diesen Zusammenhang: *Jeder Mensch zeichnet in seiner Kindheit, tanzt, denkt sich treffende Wörter aus und singt. Warum dann aber genießt er, wenn er erwachsen ist, selbst extrem ausdrucksarm geworden, nur manchmal die „Schöpfung" eines Künstlers? Hat diese Erscheinung nicht ihre Wurzel in den Bedingungen der kapitalistischen Arbeit, wo der Arbeitsprozeß ein Fluch ist und der Mensch nur auf die Minuten der Muße versessen ist? Ist denn der Verlust des aktiven künstlerischen Instinkts des Menschen, der ihn aus einem aktiven Produzenten in einen Zuschauer und Konsumenten verwandelt, als normal anzusehen?*[14] Mir fällt zum Verlust dieser latent künstlerischen Fähigkeiten im Zuge der Dressur und Kastration, die man „Erwachsen werden" nennt, der Schluß eines Gedichts von Franz Mon ein: *aus den augen / aus dem sinn / aus der traum.*

[11] Novalis a.a.O. S. 119.
[12] Novalis a.a.O. S. 129.
[13] Novalis a.a.O. S. 121.
[14] Tretjakov, Sergej: „Die Arbeit des Schriftstellers, Aufsätze, Reportagen, Porträts", hrsg. von Heiner Boehncke, deutsch von Karla Hielscher u.a. Reinbek 1972, S. 12.

Mon verweist hier nicht nur auf das meist schon vergessene, und das heißt zum Klischee gewordene (zum sprachlichen Tauschwert innerhalb der „Kommunikation" des Schon-Bekannten, sprachvertraglich Festgelegten, dem A priori des ununterbrochenen Diskurses) Sprachwörtliche des Sprichworts, er unterbricht den eingefahrenen Rhythmus *(aus den augen / aus dem sinn / aus der traum)* und mit ihm die eingefahrene Sema-tik, die mit dem Sprichwort sich verbindet, er führt die *abgeblaßte* Metapher auf ihr vergessenes Bild zurück und radikalisiert es in der letzten Zeile zu einem gleichsam tragischen Endgültigen, das sich im Wechsel des Rhythmus realisiert, und zwar, dies ist das Be-eindruckende, indem das bis dahin fast unbeachtete Wort *aus,* das mit einer Hebung in der Schlußzeile zu sprechen ist, einen wortlogisch „end"-gültigen Sinn erhält. Und während wir die Zeilen lesen, werden wir uns klar, daß wir den Sprachrhythmus verinnerlicht haben, ohne uns dessen bewußt zu sein. Wenn wir in dieser Weise zur Reflexion über das Sprachunbewußte in uns angeregt werden, kann dies nur geschehen aus einem Moment des Unverständlichen, des uns Irritierenden, das uns (wenn wir uns darauf einlassen) zum Nachdenken zwingt, zum Beispiel darüber, wie wenig sich das „Selbstverständliche" selbst versteht.

Josef K. kontra Kafka
Zu den Figuren in den Romanen

Kafkas Figuren bewegen sich wie Marionetten, obwohl aus ihrer Perspektive geschrieben wird, ohne objektiven Erzähler. Dennoch ist eine Identifikation mit diesen Figuren nicht möglich, speziell nicht mit der Hauptfigur. Scheinbar autobiographisch bis auf den Buchstaben (K.) tritt der Leser doch deutlich in Distanz zum „Helden"; dieser bewegt sich gleichsam hinter Milchglas, er wird unbestimmt und irreal wie der Raum und die Zeit, in der er sich bewegt (es wäre indessen ein Irrtum, anzunehmen, er hätte nichts mit der „Wirklichkeit" zu tun).

Der Kulissencharakter der Umgebung wirkt auf den Helden zurück, ihm wird dauernd „der Boden entzogen", auf dem er sich ohnedies meist schwankend bewegt. Das Gefühl des Bodenlosen stellt sich ein, weil die Wirklichkeit als Fiktion vorgestellt wird. In einem Fragment von 1920 heißt es:

„Das ist ein Leben zwischen Kulissen. Es ist hell, das ist ein Morgen im Freien, dann wird es gleich dunkel und es ist schon Abend. Das ist kein komplizierter Betrug, aber man muß sich fügen, solange man auf den Brettern steht. Nur ausbrechen darf man, wenn man die Kraft hat, gegen den Hintergrund zu, die Leinwand durchschneiden und zwischen den Fetzen des gemalten Himmels durch, über einiges Gerümpel hinweg in die wirkliche enge dunkle feuchte Gasse sich flüchten, die zwar noch immer wegen der Nähe des Theaters Theatergasse heißt, aber wahr ist und alle Tiefen der Wahrheit hat" (H 351).

Fraglos sind dies nicht die Bretter, die „die Welt bedeuten" im positiven Sinne, und es handelt sich nicht um das repräsentative „Dasein heißt eine Rolle spielen", sondern die Figuren Kafkas sind deutlich in eine Rolle gepreßt, aus der sie nicht ausbrechen, höchsten an ihr scheitern können − daher manchmal ihre so starren und grotesken Bewegungen. Die Ausweglosigkeit, die durch die feste Rolle vorgegeben ist, hat dennoch immer eine leichte Spannung hin zum möglichen Ausbruch; dieser aber bleibt aus, so wie die Ankunft an ein Ziel permanent mißlingt. Die Tragik (oft Tragikomik) des Helden, der Hauptfigur, besteht darin, daß er die ihm zugeschriebene Rolle fraglos hinnimmt. Von dieser Voraussetzung aus betrachtet er die Welt, und seine Wahrnehmung wird wie eine objektive dargestellt. Diese Wahrnehmung ist der eigentliche Held wie bei Proust die Erinnerung. Sie ist deutlich verzerrt, gedehnt oder verengt, sie verschwindet oder wird überdeutlich. Der Leser kann sich nicht identifizieren, weil er nie weiß „wie zuverlässig" der Held gerade wahrnimmt, ob er nicht durch eine Stimmungsverschiebung, durch Ängste und Hoffnungen projektiv, also „objektiv" falsch wahrnimmt; manchmal wird das Falsche (Verzerrte) durch die Absurdität oder Unmöglichkeit des Dargestellten mitsignalisiert und die Distanz zum Leser vergrößert. Aber diese Distanz ist keine ruhige, sondern eine, die dauernd wieder aufgehoben wird durch die Provokation, die in dem falschen Wahrnehmen und Tun des Helden liegt: es liegt darin, negativ dargestellt, die Aufforderung, durch eine andere Wahrnehmung eine aktive Handlung, den Ausbruch herbeizuführen. Man wartet sozusagen mit Spannung darauf, ob der Held das nicht auch merkt, daß er noch andere Möglichkeiten hat. Gleichzeitig spürt man den Sog einer Sackgasse, in die sich der Held – oft gerade in einer Art Konfliktvermeidungsstrategie – hineinmanövriert und die ohne Aus-Weg ist (eine Einbanstraße in die Katastrophe, die man schon am Anfang ahnt).

Zu dieser Konfliktvermeidungsstrategie gehört es, daß der Held sich in eine Situation manövriert, in der es keine Verständigung und keine Kommunikation gibt. Er läßt sich auf den Leerlauf der Bürokratie ein in der Meinung, es müßte ihm Gerechtigkeit widerfahren, wenn er „seine Sache", von der nie klar wird, was sie eigentlich ist, gebührend vorträgt. Statt Widerstandsstrategien zu entwerfen, entwirft er Kommunikationsstrategien in einer Situation durchschaubarer Kommunikationslosigkeit. Szenen aus dem „Prozeß" und dem „Schloß" (im Amerikaroman ist dies erst als Tendenz ausgelegt) erscheinen wie Parodien auf den „Diskurs" des mündigen Bürgers. Josef K. hält im Prozeß Verteidigungsreden, ohne zu wissen, weshalb er angeklagt ist und was von ihm verlangt wird.

Modellhaft erscheint hier die Anonymität und Kommunikationslosigkeit der vielzitierten „verwalteten Welt" und Kafka berührt sich hier mit dem Genre der Negativ-Utopien.
Die Menschen erscheinen nur noch als Vollstrecker einer angenommenen Gewalt, als Marionetten, an denen die an Gerechtigkeit appellie-

renden Reden des Helden abprallen wie etwas, das nicht zur Sache gehört, um das es nicht geht. Das ständige Aneinandervorbeireden und Mißverstehen entsteht aus dieser Situation. Der Charakter des Helden lädt nicht mehr zu Identifikation ein, sondern nur noch zu einem distanzierten Mitleid. Dennoch ist der Gesamtsituation der Modellcharakter nicht abzusprechen: dies ist der Zustand des Bestehenden, ins Absurde verdichtet.

Die Gleichzeitigkeit von Distanz (Unmöglichkeit der Identifikation) und Sog, einer Logik des quasi Realabsurden konsequent mitzufolgen bis zum Ende der Sackgasse, führt zu einem Gefühl des faszinierten Unbehagens. Die Raumkulisse, die fast beliebig verschoben, gedehnt, verengt, ins Bodenlose weggezogen wird, ist deutlich der *Innen*raum des Helden, entspricht dem Gefühl, wie er seine Umgebung wahrnimmt: nämlich in totaler Abhängigkeit von den Unsicherheiten und Ängsten, die ein offensichtlich für ihn unbeeinflußbares Schicksal auf ihn ausübt. Aber gerade dieses Gefühl des Unausweichlichen, Schicksalhaften, das einige „linke" Interpreten zu den dummen Bemerkungen veranlaßte, Kafka als unkritischen Kleinbürger abzustempeln (Lethen, Bauer in der Zeitschrift Alternative . . .), dieses Gefühl wird desavouriert durch die deutlich gezeigte *Wahrnehmungs*verzerrung des Helden. *Weil* er die Wirklichkeit nicht mehr „sieht", sieht er auch keine Möglichkeit eines Ausweges. Für Kafka selbst ergab sich der „Ausweg" (gegen Ende des Ersten Weltkrieges) durch den freiwilligen Verzicht auf Integration ins bürgerliche Leben (Ehe, Beruf, Familie).

Das Schicksalhafte ist nichts als die persönliche verengte Wahrnehmung des verängstigten Individuums, das *sich* nicht als Subjekt von Geschehen (Geschichte) mehr verstehen kann, weil es zum Objekt geworden ist. So gesehen ist die Darstellungsweise Kafkas ein versteckter Appell zur Subjektwerdung, zum Aufgeben der Passivität, zum Aufbegehren gegen das „Schicksal".

Und: So gesehen, basiert die existenzialistische Kafka-Interpretation (der sich der Kafka-Boom der 50er Jahre verdankt) auf der falschen Annahme der Identifikation von Held und Autor. Die deutlich autobiografischen Züge verleiten zu dieser Annahme. Was übersehen wird, ist die Tatsache, daß für Kafka das Schreiben ein Befreiungsakt von den eigenen Tendenzen zur Passivität, zum Objekt-Status, zur „Schicksalsergebung" war. Er schickt seine (mit autobiografischen Zügen versehenen) Helden in die Katastrophe, die sie selbst mit auslösen, indem sie in einer masochistischen Identifikation mit dem Agressor diesem in die Hände arbeiten (sich auf die Ebene des „Feindes" einlassen). Dieser Zusammenhang enthält, wie oft interpretiert, Wahrheiten über Verdinglichung und Entfremdung, über Identitätsverlust und Atomisierung der Individuen. Er enthält aber auch negativ die Wahrheit über Eingriffsmöglichkeiten: durch Verweigerung, durch Nicht-Einlassen auf die Spielregeln des „Feindes", durch kritische In-Frage-Stellung der Wirklickeit, welche den Zwang zur Identität notwendig zerstören müßte, setzte man ihr Widerstand entgegen. Die vielinterpretierte Türhüterlegende enthält diese dialektische Wahrheit. Sie ist in diesem Zusammenhang wichtig. Allerdings nicht als herausgelöste, sondern im situativen Kontext des Gespräches zwischen K. und dem Geistlichen, der, auf gleicher „Ebene" K. begegnend, diesem klarzumachen versucht, daß es nicht ein Rezept, eine Deutung, eine Lösung eines Zusammenhangs gibt. K. will sich autoritätsfixiert einer Lösung (einem Urteilsspruch, einem Imperativ, einem Befehl) beugen, wenn diese nur eindeutig ist. Der Geistliche, der deutlich vom dialektisch-jüdischen Denken geprägt ist, versucht, vergeblich, dieses fixierte, auf einen Punkt starrende Verhalten K.'s zu ändern. K. will und kann sich nicht der Anstrengung selbständigen Denkens aussetzen, er wird nur verwirrt und müde davon und bricht das Gespräch ab. Hier ist eine der wenigen Stellen, wo Kafka überdeutlich wird und den ängstlich-autoritätsfixierten Kleinbürger K. kritisiert als den K., der sich formal auf die Ebene der Gerichte einläßt, der im Augenblick, wo kritisch-eingreifenden Denken von ihm (durch den Geistlichen) verlangt wird, nur zu einer masochistischen Unterwerfungsgeste in der Lage ist, der sich selbst die Kompetenz abspricht, noch etwas zu beurteilen, der diese Kompetenz an die Gerichtsbeamten freiwillig (!) weitergibt, von denen er bis dahin nichts als die Unfähigkeit, Unmenschlichkeit und Inkompetenz erfahren hat. Er will ganz deutlich nicht aus seinen Denkgewohnheiten gerissen werden: „er war zu müde, um alle Folgerungen der Geschichte übersehen zu können, es waren auch ungewohnte Gedankengänge, in die sie ihn führte, unwirkliche Dinge, besser geeignet zur Besprechung für die Gesellschaft der Gerichtsbeamten als für ihn. Die einfache Geschichte war unförmlich geworden, er wollte sie von sich abschütteln" (P 264).

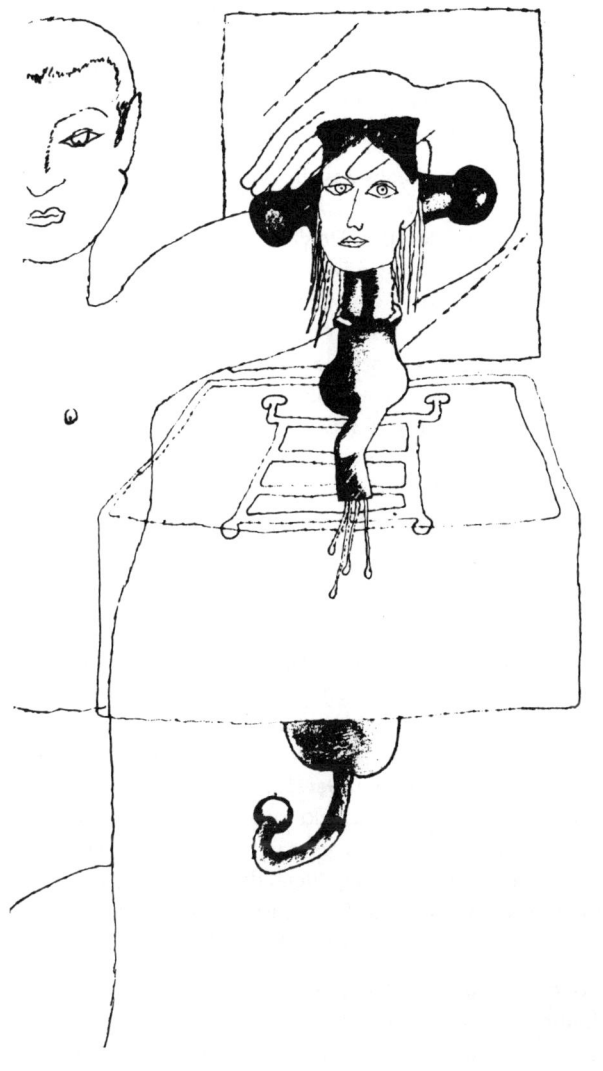

Ganz deutlich wird hier die komplementäre Interaktion der sado-maso-chistischen Charakterstruktur. Die Durchführung der Disziplin durch die Vollstrecker einer nicht greifbaren Macht (des Apparates könnte man heute vielleicht sagen) wird ermöglicht durch die Widerstandslosigkeit der „Opfer" in letzter Konsequenz. Die Voraussetzung des Widerstands der Ohnmächtigen ist kritisches Denken, Ironie.

Aber bei Kafka gibt es höchstens die Ironie des Schicksals, nicht die des Helden, das Groteske von Situationen, nicht als Möglichkeit des subjektiven Widerstandes des Helden. Der Held verursacht gerade durch seine Unfähigkeit zu kritischer Distanz und Reflexion (Voraussetzung der Ironie) Situationen von makaberer Komik. Wenn Brecht gegen Lukács einmal sagte, Kafka sei ein großartiger Humorist, so hat er damit völlig recht. Aber nicht seine Helden haben Humor, (wie die Jean Pauls), die sind distanz- und humorlos. Der Humor entsteht gerade aus den Situationen und Handlungen, in die der Held sich selbst manövriert, in denen er sich jederzeit zum Objekt degradieren läßt. Im „Urteil" ist der Schluß nicht anders als komisch zu nennen, denn nur die Logik des Absurden läßt den Helden den Todesbefehl des Vaters ausführen.

Die „irrationale Rationalität" (Marcuse) der Gesellschaft wird in Kafkas Werken ganz konsequent durchgespielt. Die Figuren sind eingeteilt in Opfer und Henker und deren Bezugspersonen, die in dieser Einteilung nicht ganz aufgehen. Die Henker sind nicht starke oder dämonische Naturen, sondern ebenso kleinbürgerlich-mickrig wie die Opfer. Sie sind nichts als die menschgewordene Exekutive einer anonymen Macht, versachlicht und unangreifbar von Gerechtigkeitsvorstellungen der Opfer, allerdings nicht amerikanisch-perfekt, sondern inkompetent und schlampig wie das korrupte Verwaltungsbeamtentum der Donaumonarchie. Die Technokratie ist nur auf der Ebene der Folter (Strafkolonie) schon zur Perfektion entwickelt, die faschistische Methoden antipiziert (vgl. Kafka, In der Strafkolonie Hrs. Wagenbach WAT 1).

Der Held, der fast immer identisch ist mit dem Opfer, folgt der irrationalen Rationalität, indem er sich argumentativ auf sie einläßt. Seine rationalistischen Argumentationsketten, die einer rhetorischen Brillianz nicht entbehren, sind sozusagen ohne Adressaten, denn diese (die Bürokraten) interessieren sich nicht dafür, sie haben ihre Anweisungen, alles andere ist ungültig, nichtig; sie erfüllen die ihnen zugeschriebene Aufgabe.

Der Held K. ist angesichts eines monopolkapitalistischen Apparates (die mythisch scheinenden Instanzen sind deutlich dessen Allegorie) noch liberalistischen Illusionen aufgesessen, er ist hoffnungslos veraltet, das macht ihn so komisch und so makaber, das isoliert ihn von den Nebenfiguren, die sich der Macht schon unterworfen haben und sein Verhalten nur als inadäquat empfinden können. K. ist aber nicht ein Widerstandsheld gegen das Bestehende. Er ist jederzeit bereit, sich diesem zu unterwerfen (ein Urteil hinzunehmen), wenn es ihm „rational" begründet wird. Er gehört noch nicht zu den freiwilligen Sklaven (wie die Dorfbewohner im Schloß), die das Undurchschaubare als Schicksal hinnehmen und sich ihm ergeben (oder es manchmal listig umgehen), er ist noch erfüllt vom Aufklärungsglauben an die Macht des Rationalen, das handlungsbestimmend sei. Aber diese ratio selbst kränkelt schon an ihrer Formalisierung, an ihrer Ablösung vom konkreten Leben, an ihrer Affinität zum Irrationalen des nicht mehr durchschaubaren Apparats. Denn wenn nur noch in Schach- und Winkelzügen mit juristischer Akribie argumentiert wird (die beherrschte der Jurist Kafka und durchschaute gleichzeitig ihre „Herrschafts-Funktion), dann hat sich die ratio von ihrem ursprünglichen Ziel, die Menschheit aus der Unmündigkeit und der mythischen Angst zu befreien, gelöst und schlägt in neuen Mythos um. Der Held K. gehört nicht zu den frühen Bürgern, für die eingreifendes kritisches Danken eine aktive Handlungsanweisung war, er ist ein in die Defensive gedrängter Kleinbürger, der auf einem Minimumkonsens von Gerechtigkeit überleben will.

Aber eben das gelingt nicht. Unterwerfung oder Widerstand scheint als Alternative gegenüber der irrealen und irrationalen Macht sich anzubieten. Der dritte Weg – den der Held K. wählt – führt in die Katastrophe: der Weg, an die Gerechtigkeit und das Recht auf Freiheit argumentativ zu appellieren. Durch das rationale Denkmuster kann K. die Gewalt der anonymen Instanzen nur als katastrophalen Einbruch in die gesicherte Alltagswelt erleben. Aber dieser Einbruch hat seine Wechselwirkung: der gesicherte Alltag entlarvt sich als Illusion, alles scheint sich plötzlich zu verschwören, um K.'s Zerstörung weiterzutreiben.

Die Dinge selbst werden ihrer funktionalen Bestimmung entkleidet, am deutlichsten das Telefon im Schloß, das, entgegen seiner „normalen"

Bestimmung, zum Symbol der Kommunikationsunmöglichkeit wird. Aber deutlicher als im „Schloß" zeigt Kafka im „Prozeß" die modernen technokratischen Tendenzen in den Menschen selbst, den Prozeß einer Depersonalisierung, in dem nur mehr „Sach"-Verwalter übrig bleiben und alles Lebendige zerstört wird.* Die Justizverwaltung, als Exekutive, vertritt diese Tendenzen am klarsten – Kafka hatte zudem beruflichen Einblick in sie. Auch hier zeigt er die irrationale Rationalität: wie nämlich die formaljuristische Logik oft dazu benützt wird, Zusammenhänge zu verschleiern, Mißverständnisse zu fördern, Dinge in ihr Gegenteil zu verkehren. Der Held K. bewegt sich aber in diesen Netzen, als befinde er sich in einer liberalen Öffentlichkeit und als ginge es um freie, vernunftgemäße Entscheidungen.

Obwohl kein Erzähler auftritt, obwohl die Dinge und Begebenheiten aus der extrem subjektivistischen Sicht des Helden gesehen werden (sogar das scheinbar objektiv Dargestellte, Raum und Zeit, erweisen sich als durch die Wahrnehmung des Helden gefiltert, verzerrt, verengt oder unendlich gedehnt, je nach der subjektiven Gefühlslage), obwohl also quasi nur innersubjektive Mitteilungen gegeben werden, weiß der Leser, daß der Held sich in einer Sackgasse befindet, sich einer Katastrophe nähert: er sieht dem Helden zu, ihm ist die von vornherein angelegte Untergangsmechanik klar und er verfolgt sie mit dem, was ich „fasziniertes Unbehagen" nannte.

Nur ein existenzialistisches Gesamtklima (wie das der Fünfziger Jahre, das allerdings eine popdurchtränkte Neuauflage erlebt) konnte Kafka so gründlich mißverstehen, daß eine Identifikation Held – Autor – Leser möglich war. Die Identifikation mit dem Helden wird durch die ins Absurde getriebene Logik so sehr verunmöglicht, daß sie den Umweg über die subjektiv vom Helden wahrgenommene Realität nimmt, die Züge des Wahnhaften enthält (vgl. die Raum-Zeitverschiebungen). Diese wahnhafte Realität (und das ist richtig am Existenzialismus) *ist* die Wirklichkeit, aber sie ist so kulissenhaft zusammengeschoben, so abgeschnit-

---

* wie aktuell Kafka zu lesen ist, zeigt beispielsweise die gegenwärtige, von den linken Aufklärern unterstützte Psychiatriereform, die ‚geschlossene Abteilungen' erübrigen soll, indem die Kontrolle durch ‚Früherkennung' schon vorher die Intimbereiche erfaßt: In Österreich soll zudem jeder, der einmal in einer ‚Geschlossenen' war, einen *„ständigen Sachwalter"* bekommen, einen Spion der Abweichung also, der sich freilich als ‚Helfer' versteht!

ten von ihrer geschichtlichen Genesis, daß sie hermetisch geschlossen gegen jede Änderungsmöglichkeit erscheint.

Die Wirklichkeit erscheint transzendenzlos, unveränderbar, schicksalhaft. Aber gleichzeitig wird mitsignalisiert, daß sie das nur kann, weil und solange alle mitspielen (vor allem der Held). Die Wirklichkeit *ist* die Fiktion des Helden und sie ist gleichzeitig die Fiktion einer Gesellschaft, die kritisches Denken und subjektive Eingriffsmöglichkeiten ausgeblendet hat, sie ist die Fiktion, die entsteht, wenn das Leben auf formale Rationalität reduziert und die Denkgewohnheiten auf die je schon gewesenen und immer unveränderbaren Zwangszusammenhänge eingestellt sind. Indem Kafka ein als Wahngebilde durchschaubares hermetisch geschlossenes Beziehungsgefüge (man könne die neurotischen und psychotischen Symptome daran klinifizierend beschreiben und hätte damit letztlich und vielleicht zu Recht die „normale" Wirklichkeit klinifiziert) seines Helden darstellt, zeigt er den Wahn (des Helden) als Wirklichkeit *und* die Wirklichkeit („das Bestehende") als Wahn. Aber dort, wo beides als doch nicht ganz miteinander identifizierbar erscheint, gibt es die Eingriffsmöglichkeiten, die der Held nicht sieht.

Der Held aber rennt in die offenen Messer, die nur der Leser sieht, *obwohl* er scheinbar nur aus der Perspektive des Helden den Text liest.

Er hat in dieser makaberen Situation wie der Autor selbst die spielerische Distanz, die allein die Situation noch erträglich macht, aber zugleich das Gefühl der Unerträglichkeit der Situation. So, wie Kafka seinen Helden darstellt, nämlich dessen sichtbare Unfähigkeit, die Situation zu durchschauen, irgendeine Perspektive zu entwickeln, die aus der Situation herausführen könnte, so kann es gar keine Identifikation geben, die Situation „schreit" nach Änderung, aber das sichtbar verlorene Gleichgewicht scheint irreversibel. Nicht nur der Held ist aus dem Gleichgewicht seiner scheinbar so gesicherten Alltäglichkeit geraten, sondern Dinge und Welt mit ihm. Die Dinge sind nicht mehr im alten Sinne beherrschbar, Zeit und Raum haben ihre gewohnten „Maße" verloren, die Welt ist ins „Maßlose" gesteigert: das einzige Maß ist die verzerrte Wahrnehmung des Helden. Aber durch dieses Un-Maß gerät das als normal Gemessene, Angesehene, Gewohnte, ebenfalls aus dem Gleichgewicht. Die „Objektivität" entlarvt sich als Schein, als Vereinbarung, als Satzung, als etwas, das durch eine andere Wahrnehmungsweise jederzeit außer Kraft gesetzt werden kann – (das Gleichgewicht war immer schon ein künstliches).

Das faszinierte Unbehagen steigert sich zu einem sozusagen ideomotorischen Schwindelgefühl, das einen ergreift, wenn man die Spannungsäußerung des aus dem Gleichgewicht Geratenen verfolgt.

Es gibt indessen eine Entwicklung hin zu diesem Schwindelgefühl, es ist nicht von vorneherein „da". Zunächst erhalten wir die Fiktion eines normalen Alltags, und irgendetwas bricht in diesen Alltag herein, etwas, das scheinbar einer mythischen (weil undurchschaubaren, rational nicht erklärbaren) Macht angehört. Insofern erscheint die Welt noch „normal". Aber das kehrt sich, und zwar durch die konsequent vorgestellte Wahrnehmungsweise des Helden, der diese Macht empfindet, langsam um: Der Alltag selbst entpuppt sich als das Bedrohlich-Undurchschaubare – wenn man den „Blick" dafür entwickelt: wie der Held, der sich immer vergeblicher an eine Rationalität des Normalen anklammert. Und genau das erweckt das Gefühl des Unheimlichen (das Freud auch als das Altvertraute bezeichnet): daß das Bedrohliche, die Allgewalt einer anonymen Macht, den Alltag bis ins Innerste längst geprägt hat, daß nur die Rituale der Normalität und die Beschwörung einer längst abstrakt gewordenen Rationalität diese Allgewalt verdrängt haben, daß diese nicht nur „den" Alltag, sondern unser eigenes Inneres erfaßt hat, dem wir (eben mit der Rationalität!) ständig Gewalt antun. Die Spannungsäußerung verdankt sich der Dialektik von Ausweglosigkeit und Appell zur Veränderung der wahrhaft wahnsinnigen Lage, die wahn-witzig ist (so wahnhaft, daß man *auch* lachen muß). Also zeigt Kafka auch retrospektiv den schmerzlichen Vorgang des ständigen Ich-Verlustes bei dem, der seine Identität der Logik der Gesellschaft ängstlich anzupassen versucht und erkennen muß, daß er nicht einmal überlebt, wenn er die vorgeschriebenen Spielregeln anerkennt und sich an sie hält. Denn die Spielregeln enthalten als Lüge die Ideologie der Gerechtigkeit und Gleichheit (für den Mitspieler), so wie dem Menschen in der Tauschgesellschaft die Ideologie vom gerechten Tausch eingeimpft wird. Es wird mit gezinkten Karten gespielt und Kafka signalisiert dies durch die Art seines Schreibens dem Leser, der weiß, der Held kann nur verlieren, wenn er so weiterspielt und *das* Spiel nicht durchschaut, das mit ihm getrieben wird. Nur, wer die Karten gezinkt hat, ist nicht greifbar, die offiziellen Mispieler sind der „verlängerte Arm" einer anonymen Inach was bin ich so high , weil ich so furchtbar ernst bin

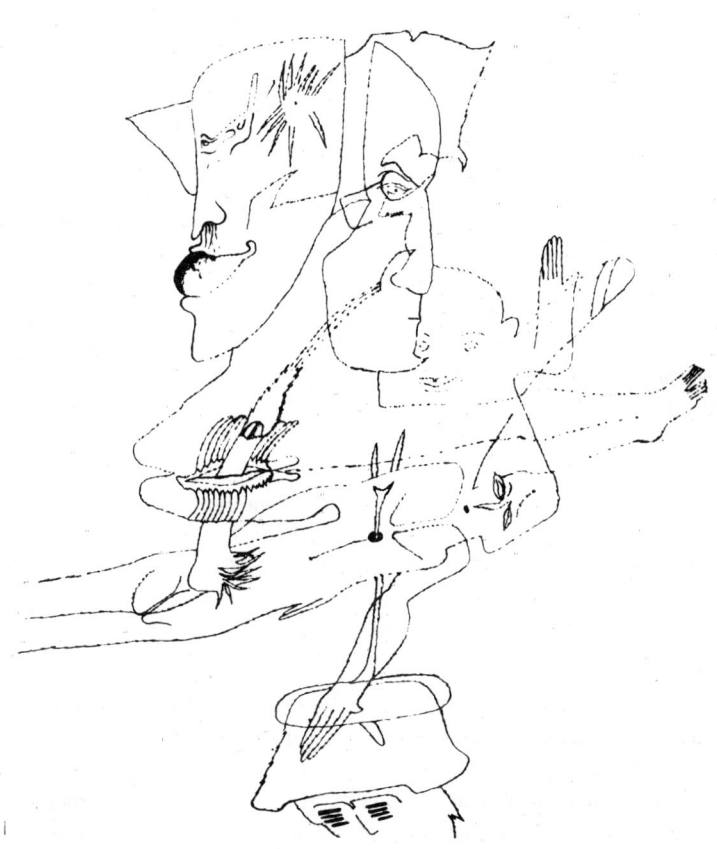

stanz, die sich entzieht, wenn man sie mit dem Anspruch der Spielregeln konfrontieren will. Wenn aber einer kommt, der das Spiel durchschaut, wie der Geistliche im *Prozeß*, so entzieht sich auch der Held, der zur Metareflexion auf das Spiel unfähig ist: die Karten sind nicht gezinkt, der Held selbst ist präpariert, damit er kein Spielverderber werden kann. Die Interventionsversuche des Helden, seine hilflose Argumentationsrhetorik (als ginge es um Argumente!), wirken angesichts der Über-Macht rührend oder lächerlich. Sie stören kaum den reibungslosen Ablauf der Gewaltmaschine, die ihn vernichtet.

Die physische Gewaltmaschine in der „Strafkolonie" ist nur die sichtbar gewordene Macht, die in den Romanen nicht so direkt genannt wird, sowie der geschichtlich festzumachende Faschismus die sichtbar gewordene Macht ist, deren Zerstörungswerk schon vorher begann. Festzustellen, daß Kafka ihn „vorausgeahnt" habe in der „Strafkolonie", ist vielleicht eine unscharfe Aussage darüber, daß Kafka, zumal als deutscher Jude in Prag (doppelt angegriffen und bedroht), seine Voraussetzungen in jedem Alltagswinkel spüren konnte. Aber noch weitreichender war diese Konstellation im Zusammenhang von Kafkas „Büroalltag" in der Arbeiterunfallversicherung, die u. a. dafür Sorge trug, daß die Arbeiter für die unmittelbaren physischen Zerstörung durch ihre Arbeit nicht zu gut „entschädigt" wurden. Kafka hat Arbeitern indirekt gegen den eigenen „Arbeitgeber" (die Arbeiterunfallversicherung) geholfen, ihre minimalen Rechte durchzusetzen. Die Antizipation dessen, was *heute* unter dem Begriff „technokratischer Faschismus" zusammengefaßt wird, scheint mir in Kafkas Texten wesentlich erstaunlicher als die zuende gedachte physische Zerstörungsmaschine des geschichtlich datierbaren Faschismus.

Seltsam ist dennoch, daß uns die Antizipation der Bilder eines technokratischen Faschismus und der immer stärkeren Klinifizierung jeder Abweichung (die „Verwandlung" des Gregor Samsa in einen depressiven „Käfer") nicht direkt und unmittelbar betrifft, sondern unbestimmt und unbehaglich wie nächtliche Träume. Hier mag der psychoanalytische Deutungsversuch, der seine Grenzen dort hat, wo er den Unterschied schlechter Bekenntnislyrik und gelungener Kunstform erklären müßte, dennoch weiterhelfen. Die Psychoanalytikerin Margarete Mitscherlich-Nielsen schreibt dazu: „Kafkas Verwendung einer irrationalen und bildhaften *Psycho*-Logik, die dem Traumgeschehen und den aus dem Unbewußten aufsteigenden Komponenten der Symbolbildung vergleichbar ist, macht seine oft unheimliche direkte Darstellung des Grauens, der angsterregenden Triebwünsche, aber auch der unauflösbaren Verstehensverwirrungen zwischen den Personen seiner Werke zu einem für das Bewußtsein erträglichen Kunstwerk der Introspektion" (Mitscherlich-Nielsen: 81).

Diese „*Psycho*-Logik" entsteht, weil wir mit der Wahrnehmungsweise der Figuren konfrontiert sind. Die Wahrnehmungsverzerrung der Figuren aber ist verflochten mit einer Darstellung „deren Klarheit die des Wachtraums ist" (Kracauer: 257).*

Da die Figuren durchweg das Wahrnehmungszentrum bilden (also mit dem Erzähler identisch zu sein scheinen), berührt es merkwürdig, daß trotzdem eine Kühle und Distanz zu den dargestellten Bildern entsteht, sie häufig wie Stilleben des Grauens erscheinen. Dieser Kunstgriff, aus der Perspektive des Helden *sachlich* zu beschreiben, hat viele Interpreten dazu verführt, eine Identifikation zwischen Kafka und den Erzählerfiguren anzunehmen. Das aber wäre, trotz der stark autobiografischen Tendenzen Kafkas (die man jedoch kodifiziert bei sehr vielen Autoren finden kann) falsch. Es verhält sich vielmehr so, daß der „Erzähler", falls er nicht ohnedies mit der Hauptfigur identisch ist („wir", „ich"), unmerklich in den Wahrnehmungshorizont der Hauptfigur tritt und mit dem Wahrnehmungszentrum unmerklich identisch wird, am Ende sich manchmal wieder von ihm löst (die Verwandlung), wenn die Figur z. B. stirbt. Sehr deutlich wird dies, wenn man die Wahrnehmung den Vaterfiguren gegenüber untersucht. Der Vater erscheint je nach der Stellung des Sohnes (welcher oft die Hauptfigur ist, außer in „Elf Söhne") zu ihm als groß, klein, stark, schwach, gepflegt, verwahrlost, gewaltsam, milde. Er ändert sich gleichsam unter Regie der Wahrnehmung des Sohnes, aber er wird trotzdem *von außen* gesehen in einer objektiv scheinenden sachlichen Beschreibung. Die Wahrnehmung dynamisiert alle festen Gegenstände und Räume. Der saugende Blick des Helden zieht die Dinge nach innen, verwandelt sie in dessen subjektive Wahrnehmung, die *wie* eine objektive erscheint. Das ist offen-

---

* „Also ein Traum?" fragt sich Kurt Tucholsky in seiner Rezension von Kafkas „Prozeß", kurz nach dessen Tod 1926 – „das ist viel mehr als ein Traum. Das ist ein Tagtraum" (K. TUCHOLSKY: 402).

sichtlich *nicht* die Welt, wie sie ist („widergespiegelt" in objektiver Beschreibung), sondern es ist die oft sichtbar verzerrte Wahrnehmung des Helden. Und dennoch fühlen wir uns in dem Sog der Bilder, die von diesem Blick angezogen werden. Dieser Blick (des Helden) ist magisch, eingreifend in die „objektive Wirklichkeit", sie umbiegend und verzerrend bis zu den „objektiven" Kategorien von Raum und Zeit. Aber der Effekt ist: die Wirklichkeit „wie sie ist" wird frag-würdig in doppeltem Sinn, sie entpuppt sich als Satzung, die dem Einzelnen suggeriert wird, die genau so wenig objektiv ist wie die sichtbar subjektive Wahrnehmung des Helden, und umgekehrt: diese sichtbar subjektive Wahrnehmung erhält manchmal die Möglichkeit der Objektivität. Das „Objektive des Subjektiven" leuchtet durch als Wahrheit, die von der als Objektivität behaupteten Wirklichkeit verdeckt wird. Aber dies genau wechselt auch wieder, so daß der, welcher alles getreu widergespiegelt haben will, frustriert wird. So ist es. Es könnte aber auch anders sein. Worte wie „vielleicht" „oder" „aber" leiten oft diese Relativierungen des Gesagten ein. So daß manchmal die Wahrnehmung des Helden objektiv wirkt, manchmal durch Zurücknahme und Relativierung sichtbar eingeschränkt wird. Das faszinierte Unbehagen, die Suggestivkraft dieser Wahrnehmung, entspricht der Erzähltechnik – wir gehen ein Stück mit und dann wird uns der Boden, auf dem wir mitgingen, entzogen, wir torkeln, schwanken, wanken wie Kafkas Figuren in unserer Wahrnehmung. Die durchgehende Indentifizierung, während alles doch viel komplizierter und in dauernder Veränderung begriffen ist, entpuppt sich als autoritätsfixierte Haltung, welche ‚Eindeutigkeit', ‚Objektivität' fordert, um sich danach zu richten, um sich Richtern und (gesetzten) Gesetzen zu unterwerfen. Dieser Vorgang ergreift alles Dargestellte. Die Welt mir ihren festen Zeit- und Raumkategorien gerät in Fluß. Die Sprache wird in diesem Sinne auch dynamisiert. Es gibt sozusagen kein harmloses Wort mehr. Attribute wie „plötzlich", „schon", „bald", „endlich" beschleunigen die gewohnte Kontinuität, so daß vom Morgen die Rede sein kann und kurze Zeit später „schon" der Abend hereinbricht. Auch durch Umkehrung wird das „normale Gleichgewicht" verschoben. Der Held bewegt sich oft fast passiv oder zumindest nicht ganz zielsicher, während Straßen, Häuser, Plätze in aktive Unruhe geraten, und zwar in bezug auf den Betrachter. Sie kommen auf ihn zu, sie steigen, heben, senken sich, sie neigen und drehen sich, verschwinden „plötzlich" oder tauchen plötzlich auf, sie werden gleichsam zu *Figuren* der Handlung,

wie die sich hebende Gasse in „Die Vorübereilenden" (E: 39): „Denn
es ist Nacht, und wir können nicht dafür, daß die Gasse im Vollmond
vor uns aufsteigt" (E: 39). Etwas davon finden wir schon bei E. T. A.
Hoffmann, wo auch *der Alltag selbst* sich als das Unheimliche entpuppt,
das wir „hinter" ihm vermuten.

Kafka schafft eine verfremdete Welt, die dem Wesen der Gesellschaft,
welches gekennzeichnet ist von Diskontinuitäten, Ungleichzeitigkeiten
und Widersprüchen, sehr viel adäquater ist als jede „realistische" Schil-
derung einer fraglos hingenommenen „Wirklichkeit". Die Darstellung
dieser Welt enthält deutlich eine Kritik an der Positivität, an den als
gültig, weil positiv aufgestellten und daher nicht mehr in Frage zu stel-
lenden Normen. Hypothek der Geschichte sind jene Rechtsnormen, die
allein durch ihre Autorität bestehen und weiterbestehen. Diese verding-
lichte Macht des Positiven, die dem Leben die Pulsadern zerschneidet
und es erstarren läßt, treibt Kafka auf die Höhen seiner Entfaltung, d. h.
in die sichtbare Absurdität. Die Qualität des Absurden entdeckt er in
aller Positivierung der Norm und evoziert sie so eindringlich, daß man
sich ihr kaum entziehen kann. Das Negative enthält in sich das Positive
als seinen Gegensatz. Kafka beschreibt die Normen und Gesetze und
die daraus entstehenden Urteile, Vorurteile und Verurteilungen als etwas, das vom Individuum (der Figur K. vorzüglich) als das Gegebene,
Bestehende, Gültige *passiv* hingenommen wird.

Diese Schicksalsergebenheit aber gerade – und das entspricht im Unterschied zu vielem, was dazu „interpretiert" wurde, der gleichzeitig subjektiven und distanzierten Erzählform – ist das *Absurde,* das dem Leser
am Ende völlig unverständlich und unnachvollziehbar sein muß.

Hegels Berner Schrift gegen „Die Positivität der christlichen Religion"
(1795/96) enthält philosophisch zum ersten Male präzise formuliert eine
Kritik an der Tatsache, daß die positive Religion „das Sittengesetz den
Menschen als etwas Gegebenes aufstellt" (Hegel: 189).
In solcher, der Idee der Freiheit verpflichteten Kritik an der positiven
Hinnahme des Gegebenen, gründet die literarische Gesellschaftskritik
seit Jean Paul, Hölderlin und ETA. Hoffmann. Kafka kritisiert das „Po-
sitive", indem er die Absurdität seiner fraglosen Hinnahme aufzeigt.
Kafka hatte in der jüdischen Orthodoxie, mit der er sich produktiv aus-
einandersetzte, das Musterbeispiel einer positiven Religion vor sich. Es

ist kein Zufall, daß Hegel in der erwähnten Schrift mit einer Kritik der jüdischen Religion beginnt, in der „die Ausübung einer unzähligen Menge sinn- und bedeutungsloser Handlungen wesentlich" war (Hegel: 226). Kafka sah sich umgeben von dieser patriarchalisch-jüdischen Unterdrückung, deren repräsentative Figur der Vater war, groß und übermächtig wie der rächende Gott des alten Testamentes. Hegel sieht unter dieser Religion „ein zwangvolles Leben unter toten Formularen, dem Geist blieb nichts als der hartnäckige Stolz auf diesen Gehorsam der Sklaven gegen sich nicht selbst gegebene Gesetze übrig" (Hegel I: 226). Es ist deshalb nicht verwunderlich, daß Kafka, der auf der Ebene der Familie diesen dogmatischen Zwang, diese Autorität, die nicht in Frage gestellt wurde in der Person des Vaters, erlebte, daß dieser von seiner Familie und seinem Vater sich nicht befreiende Kafka (dessen „schreckverzerrtes Spiegelbild" im „Urteil" und der „Verwandlung" am deutlichsten wird) besonders sensibilisiert war für die Gesten der Unterdrückung und die positive Setzung des autoritär „Gültigen".

So ist der anonyme Apparat, auf den sich die großen und kleinen Machthaber berufen, auch im „modernen Zeitalter" nichts anderes als das Erbe dieser positiven Religion, versachlicht und trivialisiert, aber deshalb nicht weniger mächtig und zerstörerisch.

Also Kritik an der Positivität in all ihren für ihn erlebten Erscheinungsformen leistet Kafka:

1) an der *positiven (jüdischen)* Religion mit ihren gesellschaftlichen Konsequenzen (der Autorität und der Autoritätshörigkeit),
2) an der *Vaterfigur* als deren Repräsentant auf der Ebene der Familie,
3) an der *Bürokratie* (dem Apparat) auf der Ebene der gesellschaftlichen Vermittlung,
4) an den *Opfern,* meist den Hauptfiguren der Erzählungen „K." oder „ich" oder „wir" oder „Gregor Samsa" oder „Georg Bendemann" auf der Ebene der Absurdität der Autoritätshörigkeit.

Kafka wendet sich also nicht nur gegen die geschichtlich überkommenen autoritären Institutionen, deren Exekutive sich auf die Sachgewalt beruft, sondern er wendet sich gegen das Fortschwelen des Irrationalen, das in der Positivität der frag-losen Setzung der Ge-setze liegt. Deshalb erscheint die Bürokratie als etwas Mythisches: diese Erscheinungsform des Mythischen deutet ihre Genesis aus dem überkommenen trivialisierten Mythos an, der sichtbar geschichtlich überholt ist und der sich deshalb unsichtbar gemacht und hinter die Anonymität des Apparats, die Verwaltung der Bürokratie zurückgezogen hat.

Kafka selbst nannte die „Arbeiter-Unfall-Versicherungs-Anstalt", wo er von 1908 – 1922 arbeitete, ein „dunkles Bürokratennest" (105). Max Weber hat in seiner scharfsichtigen Analyse die Bürokratie als das „Gehäuse der Hörigkeit" (in dem Aufsatz „Wissenschaft als Beruf") bezeichnet. Und, auf Kafka bezogen, bemerkt W. Benjamin, daß es sich um „vorweltliche Gewalten" handle, „Gesetze und umschriebene Normen bleiben in der Vorwelt ungeschriebene Gesetze. Der Mensch kann sie ahnungslos überschreiten und so der Sühne verfallen" (Benjamin: 251). Noch in dem umgangssprachlichen Satz „Unwissenheit schützt vor Strafe nicht", der einen juristischen Tatbestand ausspricht, wirkt diese Tradition fort. Wie weit vom lebendigen Zusammenhang der Menschen er entfernt ist, beweist ja das „ahnungslose " Überschreiten. Deshalb das unausweichliche Gefühl von Schuld, deshalb die naheliegende Assoziation einer Erbsünde, die nie völlig getilgt wird. Dieses dauernd drohende Schicksal in Gestalt von Prozessen, Urteilen, Verwandlungen hält die Menschen nieder. Sie bewegen sich nicht im aufrechten Gang, es sind, wie Kant sie einmal nannte, Maulwurfsmenschen, die sich da gebückt fortbewegen. Die kriechenden Lakaien der Donaumonarchie mögen Kafka vorgeschwebt haben und die domestikenhaften Bediensteten und „unteren Angestellten", zu deren „deformation professionelle" es gehört, einen Bückling, einen Diener zu machen. Gleichzeitig ist dies die Haltung, in welcher man die drohenden Schicksalsschläge empfängt und abfängt, den Kopf eingezogen oder eingesunken, geduckt vor dem Schicksalsschlag oder „schicksalergeben". Das Absurde steigert sich oft zur negativen Utopie. – Gibt es Züge einer positiven?

Kafka hat über die positive Utopie „Bilderverbot verhängt", wie Adorno es von der Utopie verlangt. Die Menschen mit aufrechtem Gang, die einen besseren Zustand der Welt antizipieren, sind ausgespart. Ist der Zirkel von Gewalt, Schuld und Sühne geschlossen? Nein.
Das Wort „Freiheit" erscheint selten, zaghaft und dann oft im Zusammenhang mit Musik. *Musik* ist für Kafka eine Chiffre der Utopie. Kafka hat aber nicht nur in einigen Hinweisen und Chiffren von Freiheit oder der Möglichkeit eines besseren Lebens gesprochen, wie er es im Bild der Musik erfaßte (und fraglos ist Josefine, die Sängerin, eine

Figur auch mit utopischer, nicht zufällig kindlicher Qualität). Seine negativen Bilder enthalten in sich den Gegensatz des positiv Utopischen, anders könnten sie nicht gedacht werden. Das wirklich Positive kann in der Logik der Kritik des Positiven nicht ausgesprochen werden, da es sonst zur Norm, zum Gesetz wird, das den Zusammenhang mit dem Leben verliert.

DER KÜNSTLER ist die Figur bei Kafka, der den Spannungsbogen zwischen utopischer Sehnsucht und Unversöhnlichkeit mit dem Bestehenden erträgt und vermittelt. Erst in seiner Spätphase akzeptierte Kafka seine Lage als Künstler, der sich nicht ins bürgerliche Leben einordnen kann und will. Schon Baudelaire sah in dieser Existenzweise eine Möglickeit, dem Alltagsleben scheinbar enthoben diesem nah zu sein. Nur jener, der sich nicht integriert hat, kann, da er darin nicht auf- und untergeht, das bürgerliche Leben scharfsichtig beobachten. Notwendig hat er den Entwurf eines anderen Lebens im Kopf, aber er kann ihn nicht verwirklichen. Freiheit, Utopie ist im Bestehenden unrealisierbar – das Bestehende aber kann vom Anspruch einer, allerdings unausgesprochenen und unaussprechbaren Alternative aus kritisiert werden. Das Bestehende enthält damit bei Kafka die Züge einer Negativ-Utopie (und ist nicht ausgeklammert, wie oft behauptet), die ohne den Anspruch von Freiheit nicht zu denken ist. Das Kunstwerk allein trägt noch das Signum dieser Freiheit, die es negativ ausspricht. Der Künstler Kafka verzichtet jetzt auf das bürgerliche Leben (nur seinen Beruf übt er bis zum Ausbruch der Krankheit noch aus) und betrachtet das Scheitern seiner früheren Integrationsversuche vor allem durch Heirat nicht mehr als Schwäche, sondern als Stärke und Notwendigkeit. Entsprechend verschmelzen die Figuren im Spätwerk immer mehr mit Figurationen des Künstlertums (der Hungerkünstler, der Trapezkünstler, Josefine, die Sängerin, Der Affe in „Ein Bericht für eine Akademie", der Varietékünstler ist). Die Ausnahmesituation des Künstlerdaseins, außerhalb der Ehe-, Familien- und Volksgemeinschaft, wird – wenn auch immer wieder gebrochen und widerspruchsvoller – affirmiert. Das ist zwar kein utopisches Dasein, sondern ein sehr leidvolles, aber es ist eines, das überhaupt nur noch durch seine Ausnahmestellung – kein „Mitläufer" zu sein im konkurrenzhaften Wettrennen des Lebens (wovon schon in der frühen Erzählung „Zum Nachdenken für Herrenreiter" die Rede ist) – den Gedanken an Freiheit und Utopie zuläßt und

den anderen vermittelt. So ist es konsequent, wenn „Josefine, die Sängerin" darauf besteht, daß sie „mit Rücksicht auf ihren Gesang von jeder Arbeit befreit werde" (E 284). Es ist aber gar kein besonderer Gesang, den sie produziert. Man würde unter anderen Stimmen nichts „anderes heraushören als ein gewöhnliches, höchstens durch Zartheit oder Schwäche ein wenig auffallendes Pfeifen" (E 270). Eigentlich könnte das ein jeder. Aber sie besteht darauf, daß es Kunst sei; es handelt sich um die Sonderbarkeit, „daß jemand sich feierlich hinstellt, um nichts anderes als das Übliche zu tun" (E 270). So könnte also jeder eigentlich Künstler sein. Aber die Wahrnehmung für das eigene Tun stumpft ab und der Künstler ist es, der sie wieder neu und als etwas besonderes erleben läßt (weil er nicht von ihr absorbiert ist). So könnte selbst das Nüsseknacken als eine Kunst betrachtet werden, „aber es stellt sich heraus, daß wir über diese Kunst hinweggesehen haben, weil wir sie glatt beherrschten und daß uns dieser neue Nußknacker erst ihr eigentliches Wesen zeigt" (E 271). Die Ausnahmestellung ist also nicht eine des „geborenen Genies", sondern die des vom „normalen" Prozeß entfremdeter Arbeit ausgenommenen oder des an ihm scheiternden Menschen.*

So ist auch die Utopie nicht völlig jenseits des konkreten Lebens. So-wie die afrikanischen Dogons glauben, daß im Paradies alles ähnlich sei wie im Leben, aber doch anders, weil die Früchte bunter leuchteten, glauben die Juden, daß in der künftigen Welt alles wie jetzt und doch anders sei. So stammt die Kunst aus der Welt, aber verwandelt sie, wie Th. W. Adorno in der „Ästhetischen Theorie" schreibt, „gemäß den jüdischen Beschreibungen vom messianischen Zustand, der in allem sei wie der gewohnte und nur um ein Winziges anders" (Adorno: 208). Aber gerade dieses Anders läßt sich nicht positiv beschreiben, weder in der Kunst noch in der Theologie: „Das alttestamentarische Bilder-verbot hat neben seiner theologischen Seite eine ästhetische" (Adorno: 200). Insofern reflektiert Adorno auf den ursprünglichen – von Morus erfundenen – Sinn von U-topie – Nichtort – (Nirgendort) und be-rührt sich hier deutlich mit dem Denken Kafkas, wenn er sagt: „wahr ist nur, was nicht in diese Welt paßt" (Adorno: 93). Nur so wird das

* vgl. meine „Prolegomena zu einer Theorie des Müßiggangs", in: Friedrich Schlegels „Lucinde" und Materialien zu einer Theorie des Müßiggangs, Hildesheim 1980.

Undarstellbare nicht an den Trost möglicher Konkretion (wie im Kitsch), an den Schein von Versöhnung innerhalb des Bestehenden verraten. – Im Frühwerk Kafkas führt das Scheitern am bürgerlichen Leben noch zur Selbstzerstörung.

Die Dialektik von Regression und Mündigkeit (die noch nicht mit der Existenz des Künstlers zusammengesehen wird) fiel bei Gregor Samsa zugunsten der Regression aus. Um mündig zu werden, hätte Gregor Samsa den Beruf *und* die Familie verlassen müssen, eines war ans andere gekoppelt und das nicht zufällig: Die Söhne übernehmen die „Familienpflichten" der Väter, nämlich das väterliche Geschäft (Das Urteil) oder zumindest die Funktion des Geldverdienens (Die Verwandlung), aber sie werden nicht „frei" zur Belohnung, sondern nur fester gefesselt an die „Bande der Familie"; und die Vaterfiguren, scheinbar schwach, alt und etwas verwahrlost, warten nur darauf, ihre Macht zu zeigen, die nur zum Schein an die Söhne überging.

Gregor Samsas Verwandlungen zum parasitären Ungeziefer, vollkommen abhängig von der Familie (von ihr ernährt wie ein Baby) entspricht *auch* einem Regressionsbedürfnis – sich in der Familie, von der man doch nicht loskommt, ganz fallen zu lassen.

Der dazu widersprüchliche Wunsch nach Emanzipation von der Familie, der Wunsch nach Autonomie und Freiheit ist gleichzeitig da, wird aber nach der Verwandlung in einen hilflosen unselbständigen Käfer ganz illusorisch. Daß Kafka die Erzählung „Die Verwandlung" als eine „Indiskretion" bezeichnete, zeigt, wie sehr autobiografische Züge in sie eingegangen sind. Zur Autobiografie zählen nicht nur äußere Daten, sondern auch (Tag)-Träume, Wunsch-Angst-Vorstellunge, Projektionen, Phantasien.

In einem späten Fragment (von 1922) deutet Kafka den Unterschied von literarischem und biografischem Schreiben, obwohl die Technik, die er vorschlägt, genau dem entspricht, wie er aus den sparsamen Details von Gestik, Mimik, Rede seine Figuren der „Literatur" eher aktiviert, nämlich durch Auffindung möglichst kleiner Bestandteile: „Das Schreiben versagt sich mir. Daher Plan der selbstbiographischen Untersuchungen. Nicht Biographie, sondern Untersuchung und Auffindung möglichst kleiner Bestandteile. Daraus will ich mich dann aufbauen, so wie einer, dessen Haus unsicher ist, daneben ein sicheres aufbauen will, womöglich aus dem Material des alten" (H: 388).

Gregor Samsa ist so wenig und so viel mit Kafka zu identifizieren wie die Figur K. Natürlich ist es die literarisch realisierte Projektion der Angst Kafkas, autistisch und bewegungslos im „Schoß der Familie" zu verschwinden. Es gibt eine Vielzahl literarischer Techniken, mit denen Kafka „selbstbiographische" Züge verfremdet und zurücknimmt. Die Wahrnehmung der Hauptfigur wird nicht eingebettet in „objektives" Erzählen, die *Erzählform* bleibt distanziert trotz der subjektiven Wahrnehmung der Figur (Gregor Samsa). Es entsteht eine Dialektik aus „selbstbiografischer" Nähe und Distanz zu diesem bewußt verselbständigten (projektiven) Phantasien. Kafka empfindet seine Krankheit als Erleichterung. Es nimmt ihm die Verantwortung ab, zu heiraten, Signal des Ganz-Erwachsen-Seins. Diese Regressionsbedürfnisse erinnern fraglos an die „Verwandlung", aber er entwirft selbst ein so schauerliches Bild des Sichfallenlassens (man verwandelt sich dabei in einen lebensunfähigen, von der Familie abhängigen häßlichen Parasiten), daß ihm dieses eigene Schreckbild sicher davor zurückhielt, seinen Regressionsbedürfnissen voll nachzugeben.

Schreiben als Gegenbeschwörung?

„Wir graben den Schacht von Babel" (H 387) schreibt Kafka ungefähr 2 Jahre vor seinem Tod. Der Schacht von Babel hat vielleicht auch den Himmel als Untergrund. Aber die undehnbare zähe Erde umgibt ihn. Er endet in den sprachlosen Schichten der dunkelsten Vorgeschichte. Von dort dringt etwas hinauf in die Sprache Kafkas; dieses Etwas ist die Nahtstelle, wo sich die Vorgeschichte mit dem Verdrängten der Gegenwart berührt und in die Zukunft vorausweist.
Der Schacht führt möglicherweise in die Unterwelt und trifft auf Lethe, den Fluß der Vergessenheit. Das Vergessene steigt auf an die Erdoberfläche. Das jüdische Gedächtnis Kafkas notiert es. Ein halbes Jahrhundert später nennt ein Dichter seinen ersten Gedichtband „Mohn und Gedächtnis".

Paul Celan war der „Schacht von Babel" vertraut. Das Gedichtete ist der Schwebezustand zwischen Vergessen (Mohn), in das der Dichter hinabzusinken wagt (der „orphische Abstieg") und dem Gedächtnis, das dies in Sprache übersetzt. Der Dichter wäre der *orphische Narziß*, nämlich „der liebesfähig gewordene Narziß, der, durch sein Spiegelbild hindurch, ins Totenreich, ins drohend Unbewußte, hinabsteigt, um dort

Eurydike oder überhaupt die tote Liebe zurückzuholen" (Dischner: 271). Das Bild der Waage, zentral für Kafka, entspricht dem Schwebezustand von Hinabsinken ins Vergessene und Heraufholen aus der Vorgeschichte schuldverstrickter Sprachverwirrung (Babel) ins dichterische Sprach-Gedächtnis. In der Geschichte „Das Stadtwappen" wird den Erbauern des Babelturms ein ähnlicher Vorwurf gemacht wie dem Beter im „Gespräch mit dem Beter". Im Vertrauen auf den „Fortschritt" (die Nachkommen) werden die Dinge vorschnell und schlampig eingeordnet, ihr wahrer Name bleibt vergessen oder verborgen. Aber Kafka belastet, wie Siegfried Kracauer feststellt, am meisten „die Erinnerung an den Verlust des wahren Worts . . . Indem der Dichter das Verlorene heraufbeschwört, rückt er es zugleich in eine unwirkliche Ferne, wie um darzutun, daß kaum noch der Traum von ihm einen Zufluchtsort hat" (Kracauer: 260). Jedoch ist Kafka dieser Traum gleichzeitig nah: „ihm ergeht es doch wie einem halb Erwachten, dessen schlafbefangenes Sinnen dem eben erst verflogenen Traum gilt, in dem die Lösung aller Rätsel gegenwärtig gewesen ist. Noch glaubt er, das Schlüsselwort greifen, ja schmecken zu können, und schon zerrinnt die unübertrefflich klare Figur, zu der sich die Welt im Zeichen des offenbaren Geheimnisses zusammengeschlossen hat" (Kracauer: 262). – Peter Nim artikuliert diesen Zustand in einem Apokoinu: „ein traum / von vorüber zieht / auch mir / das fell ab".

Die jüdische Bedeutung des magischen Benennens der Dinge entspricht diesem Traum. Im frühen „Gespräch mit dem Beter" hat Kafka sie thematisiert: „Ich habe Erfahrung, und es ist nicht scherzend gemeint, wenn ich sage, daß es eine Seekrankheit auf festem Lande ist. Deren Wesen ist so, daß Ihr den wahrhaften Namen der Dinge vergessen habt und über sie jetzt in einer Eile zufällige Namen schüttet. Nur schnell, nur schnell! Aber kaum seid Ihr von ihnen weggelaufen, habt Ihr wieder ihren Namen vergessen. Die Pappel in den Feldern, die Ihr den „Turm von Babel" genannt habt, denn Ihr wußtet nicht oder wolltet nicht wissen, daß es eine Pappel war, schaukelt wieder namenlos, und Ihr müßt sie nennen, Noah, wie er betrunken war." (E: 13)

Indem Kafka die „namenlosen", nämlich die vergessenen, übersehenen, mißachteten oder angstvoll verdrängten Dinge „beim Namen nennt", gibt er ihnen die Wahrheit zurück, die ihnen genommen war durch Vergessen, falsches Interpretieren, vorschnelles Einordnen. Aber diese

Wahrheit wird nie positiv, nur negativ als Verlust ausgesprochen, Verlust von etwas, das es paradoxerweise nie positiv „greifbar" gab, sie ist dennoch da, sie leuchtet auf der Folie des Negativen und sie ist verknüpft mit der Ahnung einer Freiheit, jenseits aller Theologie und positiven Religion, die sich im schwachen Piepsen der kleinen Maus Josefine vernehmbar macht.

Literatur:

Adorno, Th. W.: Ästhetische Theorie, Ges. Schriften, Bd. 7, Frankfurt 1970

Benjamin, Walter: Franz Kafka. In: Angelus Novus, Ausgewählte Schriften 2, Frankfurt 1966

Dischner, Gisela: Gedankenspiele zum orphischen Narzißmus, in: Dischner, G. und Faber, R. (Hrsg.): Romantische Utopie – Utopische Romantik, Hildesheim (Gerstenberg) 1979

Hegel, G. W. Friedrich: Die Positivität der christlichen Religion, in: Werke I, Frühe Schriften, Frankfurt 1971

Kracauer, Siegfried: Franz Kafka. in: Das Ornament der Masse, Essays, Frankfurt 1963 (erschien als Rezension in der Frankfurter Zeitung am 3. Sept. 1931)

Mitscherlich-Nielsen, Margarete: Psychoanalytische Bemerkungen zu Franz Kafka. In: *Psyche*, Zeitschrift für Psychoanalyse und ihre Anwendungen, XXXI Jhrg. 1. Heft, Jan. 1977

Tucholsky, Kurt: *Der Prozeß*, in: Hans Mayer (Hrsg.): Deutsche Literaturkritik im zwanzigsten Jahrhundert. (erstmals erschien dieser Aufsatz als Rezension im 22. Jahrgang der „Weltbühne" 1926).

Wagenbach, Klaus: Franz Kafka in Selbstzeugnissen und Bilddokumenten, rowohlts Monographien, Reinbek 1964

146

„Während ich erzähle werde erzählt sich das zu Erzählende"

Zu Helmut Heißenbüttels autobiographischem Entwurf in den „Textbüchern"*

In einem genauen Sinne sind die Texte der Textbücher von Helmut Heißenbüttel, die zwischen 1960 und 1967 erschienen sind, autobiographisch. Er ist sichtbar im Text, er stellt sich dar und reflektiert gleichzeitig auf den Prozeß dieser Selbstdarstellung, er entwirft sich mit jeder Zeilenkonstellation neu, jede Zeile ist eine subjektive Sprachhandlung. Das Subjekt ist aufgelöst in der Bewegung des Sprechenden, Schreibenden, die „Einheit des Subjekts" ist eine Fiktion als Kontinuierlich-Gedachtes, Heißenbüttel durchbricht diese Fiktion, indem er sie nachvollziehbar künstlich herstellt als eine Augenblickskonstellation, die mit der Wortkonstellation identisch ist.

Der Leser kann nicht anders, als Teil dieser Bewegung der Selbstauflösung und Selbstsetzung zu werden, will er diese Texte „verstehen": Verstehen heißt hier, den Text auf sich zukommen lassen, porös zu werden für den porösen Text, das eigene Sprachunbewußte, die eigene latente Sprachphantasie berühren zu lassen, dabei des eigenen fremden Sprachinnern „inne" zu werden.

Indem Heißenbüttel poeto-logisch der „Logik der Sprache" bis ins verinnerlichte Unbewußte folgt, zeigt er, wie sehr es sich um eine Vereinbarung handelt bis hin zu den „Gesetzen" der Grammatik, die er als gesetzte in Sprachabläufe atomisiert, um sie in neue ungewohnte Sprachzusammenhänge zu fügen. Der dargestellte Sprachrelativismus weist hin auf die Lüge der Natürlichkeit und des „Naturgegebenen", auf das Fiktionale an der Idee einer „Totalität", eines objektiven „Sinns", der sich immer erst in sprachlich-subjektiver Setzung herstellt.

Sowenig es die naturgegebene „Einheit des Subjekts" gibt, so wenig gibt es die „Einheit der Welt", des „Ganzen", des „Ojektiven". Es gibt vielmehr eine unendliche Durchdringung von allem, ein Beziehungsge-

* Text und Kritik „Helmut Heißenbüttel" Nr. 69/70, 1981

flecht, das sich verdichtet, verschiebt, verknotet, dehnt, zerreißt, sich neu bildet. In diesem Sinne spricht Heißenbüttel von „Knoten" und „Knäueln", die zu entwickeln im alten unmetaphorischen Sprachsinne er versucht – er universalisiert diesen Vorgang, indem er ihn poetologisch thematisiert als – und dies ist das Spannende – Teil seiner oft in der Er-Form geschriebenen Autobiographie, einem quasi lautgesprochenen Sprachmonolog zur Selbst- und möglichen Sprachmitspieler-Verständigung:

... Verficht (wenn er an irgendetwas sich Entwickelndes gerät) die Doktrin vom verhedderten Garnknäuel. Es wird sich immer alles noch mehr verwirren wenn man heftig ist und keine Geduld hat. Es wird sich immer alles von selbst lösen wenn man geduldig dem Faden folgt. Glaubt gerade diesen oder jenen beliebigen Faden zu kennen. Beobachtet ohne ausdrücken zu können. Punkte und Linien ohne Zusammenhang. Ist überzeugt, daß es sozusagen hemmungslos Zusammenhang gibt. Erkennt Zusammenhang durch Anschauung (50).

Statt Geschichten zu erfinden und mit ihnen den „roten Faden", folgt Heißenbüttel „dem Faden", den das chaotisch wirkende Lebendige als unsichtbare Struktur hat, worin allerdings nicht symmetrische Muster zu finden sind (der Irrtum der Strukturalisten), sondern ein sich ständig verwandelnder „hemmungsloser Zusammenhang", dem Heißenbüttel sprachlich folgt. Bruch und Erneuerung, so wie sie das Subjekt dauernd an sich erfährt (ausgesetzt und zugleich aktiv-setzend), ohne es noch zu merken, sind die Momente eines unendlichen lebendigen Sprachprozesses unterhalb der gesetzten Grammatik, dessen verdrängten Untergrund Heißenbüttel ent-wickelnd bloßlegt, in dem er „dem Faden" folgt. Die konsequente Entmetaphorisierung der Sprachwelt (der sprachlichen „Sinnstiftung") ist Teil dieses Bloßlegens. Wessen Spiel wird hier gespielt? Wer spielt mit uns in welchem Spiel? Wer setzt Spielregeln fest? Wem nützen sie? Diese meist verdrängten Fragen, diese von der Ideologie des „naturgegebenen Schicksals" unterdrückten Fragen stellt Heißenbüttel als Fragen eines Sprachspiels (zunächst an sich selbst). Dabei betrachtet er aufmerksam die (nicht nur sprachliche) Umwelt; bemerkt die Angst derer, die sich als Mitspieler, Mitmacher, Mitmischer identifizieren, die Akteure auch auf der „Sprachbörse" der Kulturindustrie, die „Sprachmächtigen", die glauben zu wissen, was gespielt wird. Gegen das auch sprachlich festgelegte, regelhafte „Gesellschaftsspiel" auf allen

Ebenen verinnerlichter und veräußerlichter Konkurrenz entwirft Heißenbüttel ein Sprachspiel außerhalb der Ebenen des Wettbewerbs und
der zugelassenen Logik, ein Spiel von Worten, Wortketten, zu sprachlichen „ready mades" erklärten Zufallskombinationen, „sinnlosen"
Worterfindungen; ein Spiel mit Redensarten (seriell gehäuft, so daß ihre
Absurdität „ins Auge fällt"), Regeln, unsinnlich gewordenen Metaphern
(die, wörtlich genommen, ihren alten Sinn zeigen und die sprachliche
Sinnlichkeit dieses Sinns), Widersprüchen, die auf die Absurdität von
Meinungen und Eindeutigkeiten hinweisen und die eigenen Vieldeutig-
keiten und Ambivalenzen artikulieren: Jovial. Freisinnig nach Regeln.
Tolerant bigott. Eigensinnig bis zur Hanswurstiade . . . (47).

Die Logik des Eindeutigen erweist sich dabei als das, was Hegel zu
Recht als *Standpunktphilosophie* bezeichnete, beispielsweise in Heißenbüttels schönem Text „Bei Gelegenheit eines Gesprächs mit Doktrinä-
ren" (27), das in relativierenden Klammern beginnend das Relativierte
nochmals relativiert:

I
[fragte mich gestern und ich antwortete sagte ich weiß (später gab ich ge-
sprächsweise zu daß ich nicht weiß) sagte ich bin für ich bin nicht für
mich ärgert an der Geschichte daß]

II
Ich rede. Ich habe Meinung keine Meinung mehrere Meinung viele Meinung. (. . .)(27)

Dem eigenen autobiographischen „Faden" authentisch folgend lädt
Heißenbüttel in seinen Sprachspielen zum Mitspielen, Mitfragen, Mit-
assoziieren ein. Dem folgend, was meist unausgesprochen bleibt, weil
die meisten Gespräche keine wirklichen sind, keine Sprachberührungen,
Sprachbegegnungen, sondern der „Austausch" von Meinungen, meist
agonal gegeneinander formuliert, um sich der eigenen, besonderen, ein-
maligen, abgrenzenden Identität zu versichern oder sich mit einer Mei-
nungsgruppe kopfnickend, das Bestehende bestätigend, zu identifizieren.

Das simultane Dasein alles Stimmungshaft-Assoziierten, das meist
sprachunbewußt bleibt, weil es zu widersprüchlich, zu diffus, zu unlo-

gisch klänge, um im „Meinungsaustausch" zugelassen zu werden, ist autobiographisch-subjektives Thema der Texte, die gerade deshalb nicht subjektivistisch sind, weil sie an das überall praktizierte Sprachverdrängte rühren, an die „Tiefenrede" (Peter Nim).

Im zitierten Text beginnt der vierte von acht Teilen (die zweieinhalb Seiten umfassen):

IV
Ich bin dabei.

[Das Unangenehme ist daß man nicht vermeiden kann sich einzulassen wenn man dabei ist.]

Ich weiß nicht in was ich mich einlasse. Oder ich weiß es und möchte nicht oder ich möchte weiß aber nicht ob das in was ich mich einlasse nicht etwas anderes sein wird wenn ich darin sein werde. Man kann ins Detail gehen und alles begründen man kann ins Detail gehn und alles ableiten man kann ins Detail gehn und alles zerlegen. Inbezugauf inbeziehungzu abhängigvon usw. Man kann das alles [natürlich] auch sein lassen. (28)

Dem flachen Skeptizismus entgeht Heißenbüttel, indem er Sichtweisen, Sachverhalte, Meinungen füreinander transparent macht, indem er sie der Ambivalenz und Vieldeutigkeit des lebendigen Wirklichen aussetzt.

Nicht sprachmächtig verhält er sich, sondern sprachzärtlich, sprachspielerisch-kritisch, erhellend-verdunkelnd gegen das Schwarz-Weiß der eindeutigen klaren Meinung, die das Andere ausschließt, statt es zu umschließen. Diese sprachgenerative Autobiographie betrifft trotz des Rückgangs auf Sprachelementares sichtbar die Vierziger Jahre, zwei Jahrzehnte später „rekapituliert" – rekapitulierend das Rekapitulierbare, wie er poetologisch formuliert, indem er den Lebenssprachprozeß selbst „zu Wort" kommen läßt, die (ihrem ursprünglichen Sinn entfremdeten, entsinnlichten) Wörter „zu sich" kommen läßt, und zwar gerade die klischeeg-gesättigten, die zu Leerformen, sprachlicher Rationalisierungen versteinert sind wie das Wort „durchkommen" oder „mitmachen" im Zusammenhang der Auseinandersetzung mit dem Faschismus:

150

V

[Ich habe z. B. mitgemacht. Ich hatte die Voraussetzung zum Mitmachen. Aber ich wußte nicht was. Ich wollte kennenlernen. Was ich kennenlernte war was mitmachen heißt. Unter gewissen Umständen bin ich sogar untauglich geworden weil ich weiß was es heißt. Unter Umständen bin ich aber auch tauglicher geworden weil ich weiß was mitmachen heißt.] (28)

Das autobiographische Wortspiel mit dem Attribut „tauglich" bzw. „untauglich" (wehruntauglich geworden beim „Mitmachen" als „wehrtauglicher" Soldat) zeigt die Methode, in der Heißenbüttel das Autobiographische zum Exemplarischen hin öffnet. Dieser Vorgang wird im siebten Teil des Textes nochmals poeto-logisch reflektiert:

... Was ich rede sind nicht Stellungnahmen Antworten Anerkennungen Aberkennungen. Was ich rede sind nicht Meinungen. [Ich meine immer dasselbe.] Was ich rede ist was sich sagen läßt. Was läßt sich sagen? Etwas. Was sich sagen läßt heißt ich verständige mich ohne Rücksicht darauf ob ich verständlich bin. Oder falsch verstanden werde. [Wenn ich verstanden werde werde ich immer richtig verstanden.] Meine Rücksicht besteht darin daß ich vermute daß die Rücksichtslosigkeit meiner Verständigung das Unverständliche [das scheinbar Unverständliche] verständlich macht. (29)

Lebenskonzept und Sprachkonzept oder vielmehr Reflexion auf die Fiktion des Plan- und Sinnvollen verschmelzen mit dem aufmerksam erlebten Zeitgeschehen, persönliche Zeitgeschichte als poetische Analyse und Rekonstruktion wird nachvollziehbar.

Die Entdämonisierung des Faschismus, das Erkennen des „alltäglichen Faschismus" bis hinein in seine unbemerkt gebliebenen Sprachspuren ist in wenigen poetischen Texten so präzise dargestellt worden (nicht „nacherzählt" oder moralisch verurteilt oder selbstanklagend „entlarvt") wie in Heißenbüttels Texten „Just relax and have a good time" (23), „Politische Grammatik" (56 ff), „Rezept eines Gangs" (104 ff), „bis zum bitteren Ende" (106 ff) oder der besonders eindrucksvollen „Friseurgeschichte" (112 ff), die aus einem strengen Wechsel zweier Textstränge besteht, dessen einer sozusagen die Außenfläche, die einströmende Umwelt sprachverkörpert:

man war sozusagen dabei als es dahin kam man konnte gar nicht anders als dabei sein und dahin kommen wenn man überhaupt irgendwo hinkommen wollte und irgendwo hinkommen mußte man schon wenn man durchkommen wollte . . . (112);

dessen zweiter Strang poetische Beobachtung a l s poetische Textproduktion ist – die genaue Beschreibung des nicht genau zu Bestimmenden, die „Darstellung des Undarstellbaren", wie Novalis die Aufgabe der Dichtung definiert, an die Sprachoberfläche evozierte innere Sprachabläufe, die gleichzeitig im Hervorholen produziert werden, also metapoetische Darstellung des poetischen Produktionsprozesses, der das Sprachverdrängte „zur Sprache bringt", ohne es in ein Erklärungsmuster zu zwängen und damit zu verfälschen. In der flüchtigen Begegnung mit den Objekten das Moment vor der Subjekt-Objekt-Trennung (das kaum je sprachlich artikuliert wird und deshalb nicht als „Erfahrung" gilt) sprachlich festzuhalten ist ein fast paradoxer Versuch, da jede Sprach g e s t a l t gleich der aus der Liebesbegegnung entlassenen Geliebten, wie schon Schleiermacher wehmütig bemerkt, ein vom Subjekt Abgesondertes ist. Die Simultaneität nicht nur gegensätzlicher Dinge, Stimmungen, Handlungen darzustellen, sondern, wie in dem Text „Psychologischer Vorgang" (33 ff), auch noch deren Verschmelzungsmoment mit dem Subjekt, ist dennoch dichterisch immer wieder versucht worden. Es gelingt, bemerkt Adorno, wenn sich das Subjekt zum Schauplatz (nicht zum Gefäß!) dessen macht, was auf es einströmt; das hieße: ohne Angst vor der e i g e n e n Grenzenlosigkeit und der „Bodenlosigkeit" der Außenwelt, die sich ins eigene Innere verlängert: Die Basis auf der er steht wackelt rutscht biegt sich. Ist keine Basis. Ist eine Fiktion. (48) Von dieser Basis aus entwickelt sich der metapoetische Textstrang der „Friseurgeschichte":

eine Spur geht da in großem Bogen am Rand entlang und springt dann über das Aufgewölbte in die Wälder die Fläche ist weiß die Spur ist weiß die weiße Spur biegt sich am Rand entlang die Bewegung kommt von der Fläche die Fahnen gehn in die Wälder die zögernde flüchtige Bewegung trägt die Fahnen in die Wälder. (112) Die Beschreibung des Unbeachteten, Sprachspuren des kaum mehr Kenntlichen, inhaltlich schon nicht mehr Faßbaren erinnern an Texte Becketts, dessen *voix d'abord dehor quaqua* (69) nicht zufällig Heißenbüttel zum Motto eines Textes wählte.

152

Die Vervieldeutigung als Vervieldeutlichung nähert sich, gegen die herrschende Tendenz zur Vereindeutlichung, den unbeachteten Prozessen des Lebendigen, dem „Nichtidentischen" an:

. . . heller ein Umriß zerrissenes Dreieck dazwischen Graues Formloses Hingefallenes Unidentifizierbares (113). Konstrastiv hierzu folgt der Außenwelt-Redefluß in der folgenden Zeile: manche sagten man könnte vielleicht besser durchkommen wenn man nicht mitgeht aber man müßte dann einer von denen werden die nicht mitmachen wie kann man das tun wenn durchkommen heißt mitmachen man kann nicht verraten das heißt man konnte schon aber man ist doch nur mit gegangen man hätte allein und allein lassen müssen doch dann sagt man nein nein das geht nicht und so ist man durchgekommen (113). Die nebenher gesagte Rationalisierung, die „Redensarten", enthüllen in der konsequenten Ent-wicklung des „Fadens" die Überdeutlichkeit der Rechtfertigungsideologien, die unter dem entlarvenden Wort der „Bewältigung" die Diskussionen am Anfang der Sechziger Jahre beherrschten. Das scheinbar eigentümlich-Individuelle wird als das verinnerlichte Schlecht-Allgemeine sprachlich vorgeführt, ohne moralische „Stellungnahmen" des schreibenden Subjekts.

Das Autobiographische wird ohne individuellen Einmaligkeitsgestus wie nebenher erwähnt, es besteht aus dem Untergrund dessen, was als „Subjekt" oder gar „Ichidentität" nicht mehr geglaubt werden kann, was sich verschmelzend aufgelöst hat in Gesten, Spuren, Augenblickskonstellationen und damit teil hat an allem, was es berührt, sich im Prozeß des Artikulierens jeweils neu entwerfend, bereichert mit dem „Fremden", dem es sich geöffnet hat.

Die Subjekt-Objekt-Trennung wird Fiktion, wie die Gesetze, Logiken, Normen der Wissenschaft und Sprache (der Hierarchie der Grammatik): Wenn ich mich rühre wird immer alles mitberührt geraten gleichsam ganze Bezirke aus Mitgeschleiftem in Bewegung. Kommen gleichsam ganze Bezirke aus Mitgeschleiftem zur Sprache geraten immer neue Bezirke in Bewegung kommen immer neue Bezirke zur Sprache. (29) Kein „Identitätsverlust" wird beklagt, vielmehr das Subjekt als aktives wie erleidendes zum Brennpunkt von Stimmungen, Bezügen, Wortkonstellationen, indem es dem Lebendig-Vielfältigen Sprache gibt, den Lebensrhythmus als Sprachrhythmus produziert.

Die Reflexion auf dieses sprachliche Gestalten eines „offenbaren", aber stummen Lebendigen enthält, als Poetologie der Texte im Text, das Wissen um die dauernde Verwandlung des „Gestalteten", das so wieder zum Moment eines unendlichen Prozesses wird: in diesem Augenblick der ästhetischen Realisation, des Sprachlich-Werdens, der adamitischen Namensgebung (durch den das Subjekt sich konstituiert) ist es Bewegtes und Bewegendes zugleich und Schauplatz der Bewegungen.

Das Feste verrinnt zum Moment eines Bewegungsflusses, erweitert sich und löst sich gleichzeitig auf, Dialektik des alten „panischen" Gefühls der Teilhabe und des Verschwindens in einer großen Bewegung, Omnipotenz und uterales Nirwana in einem, aus dem es jedoch mit neuer Bestimmung hervorgeht. Übermächtigwerden der Dinge, dann wieder das freie mit der Welt spielende Subjekt, sodann Untergehen in übergroßer Affinität zu allem, was andere nicht einmal als Daseiendes bemerken: All das umschlingt mich. Verheddert sich. Zieht sich stramm. Spannt reißt schleift hängt. Ich halte mich still und es bewegt sich alles durch mich hindurch . . . Ich signalisiere mich weiter. (29)

Diese Texte über das Sprachwerden des Lebendigen, über die Orientierung in der (Sprach-)Welt sind zugleich Texte über das Schreiben von Texten, das Hevorbringen von Sprachwelten. In dieser Sprachwelt des autobiographischen Bezugs können 21 Kurztexte auf drei Seiten „Roman" genannt werden. „Roman", poetologisch in der Ich-Form, die Entwicklung des Helden „umgreifend", Werdegang, Geschichte, Chronologie dessen, was sich ver- und entwickelt und nicht mehr als „autonomes" Subjekt „entfaltet", nachdem man von der Fiktion der Einheitlichkeit eines Geschehens, einer Zeit des Geschehens, eines Subjekt des Geschehens, eines „Vorgangs" der Geschichte" nicht mehr ausgehen kann.

Der Vorgang dessen, was bleibt, ist die Realisierung des Textes über Texte:

I

Ich bin eine Geschichte.

II

Ich bin eine Geschichte von jemand.

III
Jemand von dem ich eine Geschichte bin ist die Geschichte die ich bin.
Ich bin jemand der eine Geschichte ist. (38)

Der Tatsache der Zerstückelung der Welt in voneinander isolierte Teile
wird nicht die Tatsache einer (einst) sinnvollen Totalität nostalgisch ent-
gegengehalten, vielmehr wird sie registriert, benannt, radikalisiert zur
nochmaligen sprachlichen Isolation, aber gleichzeitig aufgehoben in die
unendliche Verwandlung der Welt, in die Sprachwelt des Bezugs, in den
unaufhörlichen Prozeß des rhythmisch-bewegt Lebendigen, der alle,
auch sprachlich-klischeeversteinerte Oberfläche immer wieder durchbricht und das Subjekt zum Medium des Durchbruchs macht:

IV
Ich erzähle nicht. Ich werde erzählt. Während ich erzählt werde erzählt
sich das zu Erzählende

V
Erzählt. Nicht wiederholt. (39)

Der Text reflektiert auf die Fiktionalität eines autonomen Subjekts
ebenso wie auf die komplementäre Lüge der objektiven Darstellung, die
wiederholt, was angeblich geschehen sei in einer fortlaufenden Zeit –
auch die lineare Zeit ist eine Lüge, beziehungsweise Vereinbarung von
Leuten, die Ordnung in etwas bringen wollen, um zu funktionieren. Das
Geschehen aber ist unendlich, eins greift ins andere, verheddert sich
zu Knoten oder berührt sich an den Rändern, alles geht ineinander über
im Bewegungsfluß: Eine Geschichte die zuende ist ist keine Geschichte
(39).

Das Ende, das Resultat, der Fortschritt oder Rückschritt – dies sind
Kategorien der linearen Zeit, einer Erfindung aus der Welt der Arbeit.
Erfahrungen, die Hegel zu Recht von der unmittelbaren Erscheinung
des Gegenstands für das Bewußtsein unterscheidet, schaffen sich ihre eigene (qualitative) Erfahrungs-Zeit, Gegenstand für das Bewußtsein, das
sich dadurch selbst neu erschafft. Heißenbüttel beschreibt die sich ständig verwandelnde eigene Subjektwerdung (Ich bin eine Geschichte) als
geschichtlichen Vorgang jenseits linearer Zeitrechnung:

X

Es war gestern. War es gestern? Oder wird es doch erst morgen sein? Übermorgen? Oder heute?

XI

Was in der Geschichte passiert ist der Vorgang der Geschichte. Der Vorgang der Geschichte geht vor.

XII

Der Vorgang der Geschichte ist nicht unterbrechbar. Die Geschichte ist der nicht unterbrechbare Vorgang. (39)

Die Subjektivität, die sich weiß als eine sich und andere(s) verwandelnde, steht keiner „Objektivität" mehr gegenüber, sie hat die Grenze dorthin sprachhandelnd überschritten – die Richtung geht senkrecht auf das Unbegrenzte zu. (113)

Alle Texte sind zitiert nach: Helmut Heißenbüttel: „Das Textbuch", Neuwied und Berlin 1970

Das poetische Auge
des Ethnographen Hubert Fichte

I.

In seinem 1938 veröffentlichten Aufsatz „Das Heilige im Alltagsleben"
hat Michel Leiris einen von Bataille beeinflußten Begriff des „Heiligen"
entwickelt, der für den religiösen Synkretismus, den Hubert Fichte beschreibt, erhellend ist. Leiris geht dabei von seiner eigenen Kindheit
aus, von den Dingen und Orten, die ihn faszinierten und aus dem gewöhnlichen Alltagszusammenhang herausrissen in eine andere Welt voller Wunder.

Die Idee des Novalis von der Romantisierung der Welt, durch die man
dem Gewöhnlichen ein ungewöhnliches Ansehen und dem Fremden etwas Vertrautes verleihe, diese Idee, auf die sich noch Šklovskij mit seinem Begriff des ostranenie, des Fremdmachens der Dinge, bezieht, der
Verfremdung des Gegenstands also, meint das, was Leiris als „Heiliges"
definiert: der Zusammenhang von Religion und Kunst ist also mitten
aus dem Alltag heraus zu sehen, will man das spezifische Phänomen des
afroamerikanischen Synkretismus, wie Fichte ihn erlebt und darstellt,
begreifen.

Was Leiris individuell versucht, das wird in dem von den offiziellen
Staats- und Religionsinstanzen verbotenen Synkretismus kollektiv versucht. Leiris findet die Atmosphäre dieses Heiligen an allen möglichen
Randzonen des Alltags, auf dem Klo, wo er sich mit seinem Bruder ein-
schließt und private Mythologien entwirft oder neben dem Bois de Bou-
logne, wo sich die „Lüstlinge" herumtreiben:
„Ein Milieu außerhalb des Normalen, mit außerordentlichen Tabus be-
legt, ein tief vom Übernatürlichen und Heiligen durchdrungener Bereich, grundverschieden von den öffentlichen Anlagen, in denen alles
vorgesehen ist, geordnet, mit dem Rechen geglättet." (Leiris: 232)

Es ist ein genuin surrealistisches Milieu, in dem plötzlich scheinbar un-
bedeutende, unbemerkte Dinge des Alltags, aus diesem isoliert, zu Hei-
ligem, zu Kunst, zu Objekten der Verehrung erklärt werden. Während
in der „profanen" Welt die Dinge und Menschen nur funktionieren,
gewinnen sie in der heiligen Welt ein geheimnisvolles Eigenleben.

In den Kulturen und Festen, die Hubert Fichte beschreibt, wird aus den Fragmenten des Alltags, den offiziellen Religionen, den Resten alter Stammesreligion und Kultur, den archaischen Fetischen und der modernen Plastikkultur diese Welt des Heiligen *inszeniert.*

In Venezuela ist jener Synkretismus, der sich auf die Indianergöttin Maria Lionza beruft, der verbreitetste, vor allem in den Elendssiedlungen von Caracas. Tempel aus Plastikbahnen findet man zu Ostern im heiligen Ort Sorte; Feuer, Zigarrenrauch, brennende Kerzen, Opferblut von Tieren bilden das Arrangement für die heiligen Zeremonien. Zigarrenrauch als Hilfsmittel für Trance (Mau: 60) aber auch zum Ausblasen böser Geister bei Geistesgestörten hüllen die Szenerie in Geheimnis wie die Schleier das Gesicht der Frauen. Was Leiris über die heiligen Orte seiner Kindheit sagt, über die Grenzüberschreitung zu diesen Orten, könnte von den Kultstädten der Maria Lionza gesagt werden, vom „Berg Sorte", welcher zum Zauberberg erklärt wird, „am anderen Ufer, der Ort jenseits" (74). Leiris spricht von jener Grenze „von der an ich weiß, daß ich mich nicht mehr auf dem Boden der gewöhnlichen (unbedeutenden oder ernsthaften, angenehmen oder schmerzlichen) Dinge bewege, sondern in eine radikal verschiedene Welt eingetreten bin, die von der profanen Welt ebenso klar geschieden ist wie das Feuer vom Wasser" (Leiris: 228).

Was die geheimnisvollen, den Erwachsenen entzogenen Orte der Kindheit mit jenen der hungernden Bewohner der Elendsviertel von Caracas verbindet, ist die *Rebellion der Ohnmächtigen gegen den erzieherischen Zugriff der offiziellen Instanzen* (Eltern, Staat, Kirche, Partei), *das Errichten eines eigenen, diesen Instanzen unzugänglichen Reiches, in dem die mythische Souveränität des selbstinszenierten Wunders triumphiert über die Moral und das Arbeitsethos der herrschenden Welt,* die die Welt der Herrschenden ist (denen man sonst in dieser Welt als Opfer ausgeliefert ist). Dieses Reich ist voller Wunder und Gefahren, aber voller selbstgewählter Wunder und Schrecken, mit denen „umzugehen" einen vielleicht stärkt für den Schrecken des Alltags.

Das Verhältnis des – dem Rationalisten kindlich dünkenden – afroamerikanischen Synkretismus zum Staat und zur Kirche ist ein aggressivambivalentes, in den schlimmsten Elendsquartieren, beispielsweise von Venezuela, wo die meisten Maria-Lionza Tempel sich finden, ein eindeutig feindseliges. Fichtes Beschreibung von Las Rosales erinnert ans heutige Harlem in New York, der Bürgerkrieg hat dort längst begonnen, es geht um nacktes Überleben.

Was Fichte von dem Elendsviertel am Steilhang sagt, wirkt wie die Schreckenskulisse des Doktor Caligari, wo Straßen in spitzen verzerrten Winkeln einem entgegenstürzen, als würde man von ihnen aufgespießt oder erschlagen. Die Kulisse signalisiert das Klima der Gewalt –
„Nach Las Rosalas zum Maria-Lionza Tempel der Priesterin Francisca de Muro / Taxifahrt / Irrfahrt/. Die Straße führt steil einen Berghang hinauf. Ich wundere mich, daß die Motorräder nicht rückwärtsrollen.
Ich bin mitten in einem Rancho, einer Elendssiedlung.
Aber diese ist nicht, wie die mir bekannten.
Sie stürzt mir entgegen.
Der Taxifahrer hat Angst.
Er weigert sich weiterzufahren.
Er sagt: Da würde ich nicht hineingehen. Nein, da würde ich nicht hineingehen. Da kommt man nicht wieder heil heraus.
Er zwingt mich auszusteigen.
Mir zittert der Zettel mit der Adresse in der Hand. / Betrunkene / Banden. / Hier keine Anarchie – Krieg!
Kein Drama – Tragödie!" (81)

Fichte ist als verwundbares und verwundertes Subjekt sichtbar mitten in diesem Geschehen, er ist nie unbeteiligt, er beschreibt nie äußerlich, selbst wenn er die Zeitung sprechen läßt, springen die unkommentierten Zahlen uns an:

„Dienstag den 11. April:/ El Nacional:/ Osterverkehr:/ 119 Tote./ 1020 Verletzte./ 1800 Unfälle, 33 Personen ertranken. / 749 Verhaftungen. / Reisknappheit./ 200.000 Tonnen Zucker fehlen.
Korporal, Lehrer, Invalide, Ex-Präfekt war Anführer der Gruppe, die ein fünfjähriges Mädchen mißbrauchte und ermordete . . ." (78)

Vom Taxifahrer stehengelassen, befindet er sich als Fremder im Elendsviertel, schutzlos –
„Ich bin nicht mehr der Gringo, der Schwule, der mehr Geld hat, sondern der Mann, der nach dem Weg fragt./ Sie sind schroff, aber hilfsbereit./ Die Gang löst sich auf in Einzelne, die mit ähnlichen Gesten den ihnen bekannten Weg zeigen . . . Ich vergesse, daß ich ausgeraubt wor-

den bin und alles ist neu, unverbraucht und wie früher./ Ich steige den Hang ganz hoch. Parkende, verkeilte Autos. Donnernde Mopeds. Ich finde den Tempel immer noch nicht. Beim Abstieg haben die Schuhe kaum Halt zwischen den steilen Betonplatten . . . Unter uns Caracas – wie eine unendliche Ansammlung von Silos. Gegenüber eine steile, nicht mehr endende Treppe, die in ein anderes Elendsviertel führt." (82)

Zwar gibt es den Krieg ums Überleben, aber es gibt auch den Gruppenzusammenhalt. Der offiziell verbotene Synkretismus schafft den Kitt dazu: gemeinsam entzieht man sich den Regeln der Norm, dem Gesetz, indem man eigene Regeln, eigene Normen, eigene Gesetze schafft, am geheimen geweihten Ort den Initiationsriten folgend, die einen zum „Eingeweihten" machen, unverletzbarer vom Elend, aus dem man sich für die Dauer der Feste und Inszenierungen erhebt.

Das Argument, der „Aberglauben" halte den Fortschritt auf und lähme den Kampfeswillen, zieht hier nicht, in diesem gleichsam feudalen Klima brutalster offener Unterdrückung von offizieller Seite; unterstützt wird diese von der nordamerikanischen Industrie und dem CIA, der, wenn es zu progressiv wird, einen Militärputsch inszeniert. Ob Lumumba oder Allende, die Chancen, ein sozialistischer Märtyrer zu werden sind größer als die Chance der Wiederholung des kubanischen Beispiels. Die soziologische Analyse dieses Sachverhalts finden wir bei Fichte ebenfalls, ohne ideologische Aufblähung oder pathetisches Engagement, sozusagen herausspringend aus der phänomenologischen kontrastierenden Beschreibung des alltäglichen Lebens, das Fichte auf allen Ebenen hellwach erlebt: Er registriert die Worte und Gesten der Schuhputzer, Kellner, Taxifahrer genau so aufmerksam wie die des Waffenhändlers, der Frau des Waffenhändlers, des amerikanischen Botschafters, der „happy few". Er läßt uns teilhaben an seinem Zögern über Schlußfolgerungen aus diesen Beobachtungen, an seiner Unsicherheit, am Prozeß des Nachdenkens. Er zieht uns mit in den Assoziationsstrom, den die Beobachtungen auslösen, er regt in uns Überlegungen, Vergleiche, Gefühle, Reflexionen an, in diesen offenen Texten, weil er nie von sich absieht, nie ein Resultat „liefert", nie sich auf den Standpunkt des „objektiven" Beobachters stellt. Er läßt „die eigene und die fremde Kultur" (so der Titel des zitierten Buches von Leiris) einander spiegeln, re-flektieren, zeigt, wie die „offizielle" Dritte Welt oft im Zerrspiegel überdeutlich und häßlich und unverschleiert zynisch zeigt, was in der „ersten" der Fall ist; das nämlich ist es, was uns daran so schockartig überfällt, so intim berührt, wo wir denken, weite Fernen zu imaginieren.

Der ethnographische Blick Fichtes, in dem wir, uns auf den Text einlassend, geschult werden, macht uns hell-sichtig für die eigene Gesellschaft, hellhörig für die Sprache der Gewalt, die verschleierter und „humanistischer" in unseren Verständnisbreiten oft schon zum Selbstverständnis geworden ist – wie die gutwilligen statements über Entfremdung, kaputtmachenden Arbeitsprozeß, Macht und Unterdrückung, die wir abgeben und anhören, ohne daß sich etwas ändert in und um uns.

Der ethnographische Blick ist ein verfremdender, er sieht Fremde oft plötzlich nah-vertraut (die „Dritte Welt in uns" war in der Studentenbewegung eine Metapher für das im Prozeß des „Realitätstüchtigwerdens" in uns Verdrängte, „Wilde", Ungezähmte, in Gefühlsausbrüchen unberechenbar vulkanartig Hervorquellende) und das Eigene, Selbstverständliche fremd, wie von außen, ungeheuerlich werden, sobald man es aus dem Kontext des Gewohnten isoliert hat. Die Beobachtungen des *Papalagi,* der als fiktiver Wilder plötzlich in Berlin ist und dieses so fremd und exotisch sieht wie umgekehrt sonst der europäische Ethnologe die sogenannte primitive Gesellschaft, sind, nach einer vielgelesenen Erstauflage in den Zwanziger Jahren (!), plötzlich fast zu einem Kultbuch geworden (wenn auch nicht so verbreitet wie Castañeda) woran liegt das? Am Boom der Ethnologie? den edlen Wilden? An der Analogie der partei- und klassenspezifischen Rebellion derer, für die die Welt der Arbeit mit ihrem Ethos und ihrer Wertskala obsolet geworden ist? Jedenfalls ist es kein Zufall, wenn die Zürcher Jugendbewegung über die Betonwände sprüht: *Nur Stämme werden überleben!*

Religion und Rebellion schließen sich nicht aus, wie das offizielle sozialistische Konzept es behauptet, bedingen einander sogar oft im Fall der nicht institutionalisierten Mischreligionen, die mit der offiziellen Kirche so wenig zu tun haben (damit ein wichtiges Machtinstrument der „Ersten" Welt gefährdend!) wie die frühchristlichen Chiliasten, das Reich der Wiedertäufer von Münster oder Rastafarians auf Jamaika.

Der religiöse Guerillero Liberio wurde 1922 von den Amerikanern ermordet. Schon damals . . . Fichte trifft einen Ex-SS-Mann in der Dominikanischen Republik, der sich für Mischreligionen interessiert (diese alten Faschisten sitzen nicht nur in Südafrika und Südamerika, sie sitzen in ihren Bungalows von Mallorca bis zur Dominikanischen Republik). Er weiß von Liberio und er weiß, daß die Zwillinge Los Melizos 1952 in Palma Sola diese Religion wieder erneuerten, er hat Fotos von der Bewegung in seinem Album.

Herr R., ein Vertreter der Herrenrasse, gebeutelt von Flucht und Tropen: „Herr R. hat in ein Album fein säuberlich die Zeitungsausschnitte von Trujillos Ermordung, über die Folter an den Mördern und über die synkretistische Bewegung von Palma Sola aufgeklebt . . . Diese Reduktion von Blut und Sehnsucht in vergilbten Zeitungsausschnitten, Aufstände, Tyrannenmord, Folter, Massaker, Glaubensorgien eingeklebt ins Album eines deutschen Auswanderers, der SS-Mann war." (48)

So nah ist die Vergangenheit im fremden Land. Fichte erinnert sich an seinen jüdischen Vater – „R. mag das Alter meines Vaters haben, wenn der damals die Flucht nach Schweden überlebte." (48).

Vom „Vertreter der Herrenrasse" erfährt Fichte über jene religiö-kommunistische Bewegung, die ein Jahrzehnt (1952 – 1962) lang eine große Anhängerschaft fand und über die ein Dutzend Jahre später, zur Zeit des Aufenthalts von Fichte in Santo Domingo (1974) fast nichts mehr zu erfahren ist als jene Daten aus dem Fotoalbum des Ex-SS-Mannes (Geschicklichkeitsklitterung der Geschichte) – „Die Bauern haben zu Tausenden ihre Felder verlassen und sind nach Palma Sola gezogen.
– Bei der Verhaftung von El Melizo wurde einem Bauern ein Bein gebrochen. Zwei Schüsse fielen. Die Regierung schickte Militär und Polizeitruppen nach Palma Sola, wo die Gläubigen in einer Art Kommunismus lebten . . . Die sechshundert Gefangenen aus Palma Sola sind verschwunden.
Wie die Gefangenen der royalistischen Hippiegemeinde von Canudos, im Norden Brasiliens, kurz nach Ausrufung der Republik, um die Jahrhundertwende." (49)

Das ideologische Eindringen in diese Art von autonomen Gruppen ist fast unmöglich – also löscht man sie aus, damit sie nicht durch ihr Beispiel ansteckend wirken, löscht sie und ihre Spuren aus, läßt sie verschwinden. Nur Stämme werden überleben? Ja, dennoch!

Der afroamerikanische Synkretismus erreicht selten diese Radikalität. Die Anhänger der Maria-Lionza-Religion beispielsweise verlassen nicht ihre Arbeitsplätze, um sich zusammenzutun an einem Ort jenseits des staatlichen Zugriffs (dieser Ort „jenseits" wird doch immer vom staatlich sanktionierten Mord bedroht sein), das geschieht bei den Festen, aber selbst diese Feste, wo archaische Riten und westliche Plastikkultur sich vermischen, atmen noch etwas von der Subversion der alten Feste (auch das von Weerth beschriebene „Blumenfest der englischen Arbeiter" am Beginn der Industriealisierung hat etwas Anarchisch-Rebellisches, das kaum sichtbar eher als Atmosphärisches vorhanden ist). Mit dem in „Petersilie" häufig angewandten Stilmittel der Exposition dreier Dinge aus der Anzahl des Geschehenen wird der magische Charakter der Stimmung verstärkt und die Dinge erhalten ein besonderes Gewicht, vor allem, wenn es um die dreifach abgestufte Wiederholung desselben geht wie beispielsweise bei der dreimaligen Paraphrasierung des Bergs Sorte.

„Der Berg Sorte, (1) der Zauberberg, (2) am anderen Ufer, der Ort Jenseits (3)
der Urwald (1), Hoch (2), Quer Hängematten (3),
Kerzen (1). Transistorradios (2). Gasherde (3)." (74)

In der vertikalen Nennung (Urwald/Hoch . . .) entsteht ein ganzer Landschaftsraum, wobei durch die Nennung des Urwaldes, (in dem man sich quergespannte Hängematten vorstellt) die Zweidimensionalität der folgenden Zeilen (Hoch/Quer) von vornherein zur Dreidimensionalität erweitert ist, und zwar durch das Medium dazwischen, die Hängematten, die ein Bild des von den Gläubigen belebten Urwaldes entstehen lassen.

Diese Belebung wird durch die folgende Zeile zu einem Vordergrundbild verdichtet „Kerzen, Transistorradios, Gasherde", das mit seiner Dreizahl den religiösen Synkretismus zu einem kulturellen erweitert, in welchem wiederum Altes und Neues vermischt ist, wie in dem Nebensatz „Tempelhüllen aus durchsichtigem Plastik". Es wirkt kindlich und gleichzeitig souverän, wie diese Bewohner der Elendsviertel ihre magischen Feste aus den Versatzstücken und dem Abfall der Gesellschaft basteln, es erinnert an die „Abfallkunst" der Moderne und gleichzeitig an die Phantasie der Kinder, die alle Gebrauchsgegenstände um sich her für ihre Spiele umfunktionieren. Leonore Mau (54 f) hat dies fotografiert: die halbnackten Männer lösen sich in impressionistische verschwommene Figuren auf hinter ihren Plastikhüllen, mit denen sie, entlang der Bäume, ihren Tempelraum bestimmen, in der Mitte auf Steinen den Altar. So kehren sie unbewußt zur ursprünglichen Bedeutung des „Tempels" zurück: Denn „templum" ist jener Ausschnitt (noch mit dem Wort für Zeit „tempus" verwandt) über den zu einer bestimmten Zeit im Viereck der Luft die Vögel fliegen, deren Flugspuren man „liest" und auslegt; templum ist das Ausgeschnittene, Begrenzte. Auf diesem Stück Boden, über dem die Vögel fliegen, wird später der „Tempel" errichtet.

Die Plastikkultur wird ignoriert, indem sie ins Magische umfunktioniert wird. Fichte erlebt den erleuchteten Berg wie einen Kristall und die Hängematten wie Gondeln in einem Lichtmeer; die Realität löst sich in eine kerzenbeleuchtete, umrißlose Surrealität auf, die später noch durch den Rauch der Feuer und den als magisch gelten Zigarrenrauch verstärkt wird. Alles gerät in einen magischen, helldunklen Schwebezustand „Chiaroscuro" war führer eine beliebte Technik des Hell-Dunkel-Malens, und die Dämmerung die Lieblingszeit der Romantik. Auflösung der Gegenstände in eine magische Welt des Bezugs –: Der „Ort jenseits" verbindet Dinge und Menschen.

„Nachts leuchten die Kerzen durch die Plastikwände, der Berg verwandelt sich in einen von innen heraus zitternd erleuchteten Kristall.
Tausend schattige schwankende Gondeln hängen zwischen den Bäumen.
Darin schlafen schon die Kinder." (74)

Alles ist verwandelt. Der Sportlehrer ist „Priester", die Priesterin spricht als Indianer, die Rollen wechseln, die Welt verflüssigt sich.

Durch die Lücken der Plastikwände rauchverhüllt, blicken geweihte Gestalten. Sie sind geweiht und eingeweiht, sie befinden sich zwischen den Plastiktüchern in einem Raum des Heiligen, nicht anders als in Santo Domingo, wo der Synkretismus sich ebenso auf die Dinge des Alltags ausdehnt, wo die Religion des Kolonialismus sich anpassen muß an das Einheimische – sonst geht es immer umgekehrt – und die Verbindung von Missionsunternehmen und Spracharbeit (Alphabetisierungskampagne heißt das scheinprogressiv) im Stile des Summer Institute of Linguistics zeigt die Tendenz, auch diese letzte Möglichkeit, eine eigene Identität zu bewahren (oder herzustellen), zu vernichten. Aber das gelingt noch nicht ganz.
„Um die Wallfahrtskirche aus Beton haben sich reine Ibos angesiedelt.

(Es handelt sich um Santa Maria in Santa Domingo, G. D.),
– Das ganze Jahr über, an den Tagen der populären Heiligen, wallfahren die Leute hier herauf. Katholische Feste, afrikanische Tänze zu Trommeln, Flöten und Rasseln." (54)

Zeiträume, Kulträume, Kulturräume öffnen sich einander. Die lineare Zeit, die vereinbarte Arbeitszeitnorm, die sonst alles zerstückelt und entsinnlicht, gilt nicht mehr im Nebeneinander der Welten, zwischen denen Fichte wie ein hellsehender Wachträumer geht.

Die Symbole, die sich in der linearen Zeit mehr und mehr zu Signalen von „Spielregeln" der Gesellschaft verkürzen, kehren in ihre Vieldeutigket zurück, sich dabei in Hieroglyphen der Zukunft wandelnd.

Durch die Risse der Betonmauern blicken archaische Gestalten in die Zukunft.

Aber selbst hier hat der Kolonialismus Fallen bereit. In Form der „Wissenschaftlichkeit" wird in diese Welt eingedrungen, was sich vor dem direkten missionarischen Zugriff wehrt, wird versuchsweise als exotisches Objekt vereinnahmt, als Kulturetikett ins Forschungsmuseum gesperrt und seziert.

Aber nur Leichen lassen sich sezieren. Man muß das Lebendige abtöten, um es museumsreif, wissenschaftswürdig zu machen. Fradique schreibt die Antworten des weißhaarigen Ibos, der die Zeremonien in der Betonkirche anleitet, in ein dickes Kontobuch.
„Es ist das dicke Kontobuch, mit dem schon Christopher Colon kam und Las Casas, mit dem heute auf jeder Insel der Karibik, in jedem afrikanischen und afroamerikanischen Staat junge Amerikaner, Franzosen, Kubaner, Deutsche, Indianern und Negern gegenüber sitzen, Studenten, Doktoranden, Sorbonneprofessoren . . . um ihre Doktorarbeit über das Erziehungssystem der Yoruba oder ihre Kompilation über die Schwarzen Amerikas zu verfassen." (54)

Die Kolonisierten werden nochmals sprachlich kolonisiert. Erst müssen sie die Sprache der Kolonisation lernen und mit ihr deren Ideologie, dann werden sie in ihr ausgefragt. Die Indianer sprechen vom *wissenschaftlichen Koyotentum;* darunter verstehen sie den Raub von wissenschaftlichen Informationen, die in Wahrheit Lebensdaten sind, die Aneignung von Daten von Riten und Stämmen zur Erlangung eines akademischen

Grades, ohne daß es ein feed back gäbe, statt dessen ein Einbrechen in noch unberührte letzte Intimbereiche, um auch sie zugänglich und verfügbar zu machen. Fichte fragt sich mitten in der Kritik:
„Gehöre ich auch dazu? / Fradique sagt:
– Fragen Sie! Genieren Sie sich nicht, Fragen Sie nur! Fragen Sie nach den afrikanischen Tänzen, Fragen Sie nach der Jungfrau Maria! Hier können Sie alles fragen. Ich habe die Leute daran gewöhnt." (55) Ist die Teilnahme am Fest nicht ein voyeuristisches Eindringen? Ist die Kamera der Leonore Mau kein brutaler Herrschaftsapparat (wie jede Kamera), die das Lebendige fixiert, isoliert, tötet, zu – wie auch immer wunderschönen – Bildern erstarren läßt?
Es handelt sich um Kunst, sowohl bei den Texten Fichtes wie bei den Fotos Leonore Maus. Vielleicht kann Kunst unmenschlich sein, wie Thomas Mann glaubt (seine?).

Ich denke, Kunst ist verlebendigend, sie tötet nicht, auch nicht das Fest, sie evoziert es neu, den Kampf, das Fest, die Rebellion, die Trauer, das Leiden. Denn der ethnographische Blick Fichtes ist eigentlich ein ethnopoetischer. Wir erkennen den Fremden in uns, indem wir ihn anblicken: Wir spüren gleichzeitig Nähe und Distanz, Vertrautheit und Befremden. Gerade, wenn wir uns auf den anderen als anderen (nicht als möglichen Spiegel) einlassen, machen wir eine Entdeckungsreise, deren Ziel das eigene (oft unentdeckte) Innere ist. In uns spüren wir die Zeiten und Räume angelegt, verborgen, die wir durchwandert haben. Wir selbst sind mit Fichte aus der linearen Zeit gesprungen in die ethnopoetische Allgegenwart der Ersten und Dritten der Alten und der neuen, kommenden Welt; schafft ein, zwei viele neue Welten!

II.
Was tun? Bewußt Steine zum Tanzen bringen!

„Irgendeine Erklärung die sich auf ein „anderes" Leben oder eine „andere" Welt bezieht, ist in den Augen unserer Brüder pervertiert, denn in diesem Leben und in dieser Welt muß die Erlösung stattfinden.
          Joseph Owens: Dread The Rastafarians of Jamaica

166

„... Der Heimlichkeit urmächtigen Bann
kann nur die Hand der Einsicht lösen;
Gelingts, das Innere zu entblößen,
so bricht der Tag der Freiheit an"
    Novalis, Heinrich von Ofterdingen

„die sprachen wechseln heißt den kopf zum wippen bringen abschwirren
die denkgewohnheiten wechseln heißt die zeichen*kette* lösen ..."
    Chris Bezzel, lerngedicht für extremisten

„Der ‚primitive Mensch' ... kennt in der Tat nicht den Begriff des
Glücks; seine Sprache hat dafür keine Bezeichnung. Jedoch scheint der
... ‚primitive' Mensch unleugbar kein anderes Ziel zu kennen – das be-
zeugen die unaufhörlichen Riten, die jeden Augenblick seines Lebens
bestimmen – als die Herstellung einer stetigen Verbindung zwischen
dem Sinn in seiner Gesamtheit und seiner eigenen Person. Auf der Bühne des großen kosmologischen Theaters, auf der er zusammen mit seiner
gesamten Gruppe agiert, sind die Begriffe Glück, Gut, Böse, Recht und
Pflicht überholt, belanglos, ohne Inhalt."
    Fodé Diawara: Manifest des primitiven Menschen

Frantz Fanon beschreibt den afroamerikanischen Synkretismus als All-
tagskrieg der Unterdrückten gegeneinander, der den Kolonisierten vom
wahren Feind ablenkt:
„Der Kolonialismus nutzt alle Zwistigkeiten schamlos aus ... Innerhalb derselben Nation spaltet die Religion das Volk und hetzt die vom
Kolonialismus und seinen Instrumenten unterhaltenen und verstärkten
geistlichen Gemeinschaften gegeneinander auf. Ganz unerwartete Phä-
nomene brechen hier und da auf ... Die islamischen Feste werden reak-
tiviert, der Islam verteidigt seinen Bereich um jede Handbreit gegen den
wilden Absolutismus der katholischen Religion ... Manchmal verpflanzt
der amerikanische Protestantismus seine antikatholischen Vorurteile auf
den afrikanischen Boden und schürt mit Hilfe der Religion die Stam-
mesrivalitäten. Über den ganzen Kontinent hin kann diese religiöse
Spannung das Gesicht des vulgärsten Rassismus annehmen." (Fanon:
124)

Das ist die andere Seite des Synkretismus, jedoch meine ich, daß das,
wovon Fanon spricht, eher auf die etablierten Religionen (Islam, Katho-
lizismus etc.) zutrifft, die ihre Autorität behaupten wollen und weniger

167

auf das diffuse Nebeneinander der Mischreligionen und Kulte, die ausserdem oft von staatlicher Seite verfolgt werden.

Der afroamerikanische Synkretismus, dessen Praxis Fichte beschreibt, ist freilich nicht nur ein Ort der Subversion, sondern auch der Affirmation, der Rebellion verhindert. Dennoch unterscheidet ihn von offiziellen Religionen und etablierten Kirchen und deren Jenseitsideologien als Ablenkungsmanöver vom diesseitigen Elend vieles. Die antiautoritäre Haltung ist das wichtigste Moment dabei.

Fichte war es unmöglich, etwas allgemein Verbindliches über die verschiedenen Mischreligionen zu erfahren, Prinzipien, Riten oder Glaubenstheoreme.

Nicht nur sind die Aussagen der Befragten (Gläubige, Priester, Ethnologen, Politiker) widersprüchlich, was sich aus der Verschiedenheit der Befragten erklären ließe. Die Widersprüchlichkeit geht mitten durch die Religionen, sie divergieren von Ort zu Ort, von Priester zu Priester, von Auslegung zu Auslegung. Als er den Ethnologen Gilberto Antolinez nach den verschiedenen Graden des geistlichen Lebens in der Maria-Lionza-Religion in Venezuela ausfragt (die immerhin massenhafte Verbreitung findet), antwortet er ihm:
„Es fehlt an einer Kodifizierung. Was das eine Zentrum macht, ist nicht unbedingt relevant für das andere. Nach einiger Zeit machen sich die Medien selbständig." (127)

Die Entstehung der Religionen ist ähnlich wie in den alten Zeiten des Judentums oder Christentums: es entsteht aus Rebellion gegen die Starre und den Dogmatismus eine Art Sekte (also eine Form des Protestantismus im Ursprung) – nur: in den Mischreligionen bleibt dieses antiautoritäre Ursprungsmoment erhalten, das gibt den Riten und Festen, so ernsthaft und lebensgefährlich sie sein mögen, oft den Charakter eines magischen Spiels, eines action- oder living-theatre, einer großartigen theaterhaften Inszenierung: Aus den Abfallprodukten der Gesellschaft eine Synthese der etablierten Religionen und der afrikanischen und indianischen Stammesriten. Pomp und Plastik, Magie und Kitsch, Schmierentheater und Happening, Meditation und extrovertierteste Show, pragmatischer Alltagsnutzen und zum Fest gesteigertes l'art pour l'art, Geschäftemacherei und Erinnerung wie an eleusinische Mysterien, politästhetisches Theater und selbstvergessene Trance.

Die Maria-Lionza-Religion begann nicht mir ihrem Wichtigsten: der Wiederaufnahme indianischer Religionen und afrikanischer Riten. „Im Westen der Stadt (San Félipo el Fuerte, G. D.) imitierten die Neger die katholische Kirche. Die Hexenmeister kleideten sich wie katholische Priester. Die Neger unter Androzote erkannten keine Geistlichen an und bildeten ihre eigenen Geistlichen aus." (133)

Die berühmte Schamanin Beatriz Veit-Tané versuchte vergeblich, die Religion zu „etablieren". Sie habe doch, so meint Fichte im Dialog (der sicht-hörbar gesprochene Sprache ist, offensichtlich ein Tonbandprotokoll) mit der Ethnologin Angelina Pollak-Eltz, „eine Kodifizierung der Maria Lionza versucht. – Vor acht bis zehn Jahren. Sie hat versucht, Normen aufzustellen. Sie hat aber nur wenige Anhänger gefunden, die bereit gewesen wären, sich nach diesen Normen zu richten." (122)

Diese Schamanin scheint eine recht ehrgeizige und skrupellose Frau zu sein, trägt man zusammen, was Fichte verstreut zwischen politischen Analysen, Festbeschreibungen, Zeitungsdaten über sie schreibt. Ich hatte zuerst das Gefühl, es handele sich um Gerüchte, da sie gleichzeitig sehr verehrt und gefürchtet wurde. Gerüchte oder Mythen der Art, wie Pierre Clastres sie in seinem Buch „Staatsfeinde" zusammenträgt.

Clastres erzählt dort zwei Mythen, einen von einem Schamanen, den anderen von einem Jaguar. Beide benehmen sich dumm und tolldreist, so daß man über ihr Mißgeschick nur schadenfroh lacht, ohne Sympathie oder Mitleid. Clastres erklärt diese Absicht zum Lächerlichen sehr überzeugend:

„die Chulupi (ein südamerikanischer Indianerstamm, G. D.) tun auf der Ebene des Mythos, was ihnen auf der Ebene des Realen untersagt ist. Man lacht nicht über reale Schamanen oder reale Jaguare, denn sie sind durchaus nicht lächerlich. Für die Indianer geht es also darum, die Furcht und die Ehrfurcht, die ihnen Jaguare wie Schamanen einflößen, infrage zu stellen, zu entmystifizieren." (Clastres: 142).
An diese Erklärung mußte ich wie gesagt denken, als ich die Gerüchte und Geschichten über die Schamanin Beatriz las. Sie wird am Anfang des Venezuela-Teils wie nebenbei erwähnt, in Caracas, im Monolog der Frau des Waffenhändlers (die auch immer wieder „auftritt" oder indirekt da ist, indem der Arzt der Frau des Waffenhändlers oder die Freundin der Frau des Waffenhändlers mit ihren Monster-Kindern „auftritt").

Zwischen der Mitteilung, daß zwei Jumbos gerade abgestürzt seien, als Fichte und Leonore Mau ankommen sollten – dieser gemütliche Anfang ist durchaus als symbolische Einbettung des Klimas von Gewalt, das sie erwartet, zu verstehen – und der Mitteilung über Reitpferde heißt es:

„Die große Schamanin des Maria-Lionza Kults, Beatriz Veit-Tané, sitzt. Sie hat ihren Geliebten bestohlen.
– Wir sind nach Costa Rica eingeladen. Auf die größte Ranch in Südamerika überhaupt. Die größte präkolumbianische Sammlung der Welt.
– So viele Reitpferde!" (68)

Der von Fichte sehr oft seriell aneinandergereihte, unkommentierte small-talk, der das ganze Buch durchzieht, wirkt wie eine Parodie. Die südamerikanische Wirklichkeit der Oberschicht *ist* diese Parodie und Fichte ihr ungeheuer aufmerksamer Zuhörer. Er holt aus den Leuten so viel heraus, weil er sie reden läßt ohne viel einzugreifen oder durch ideologiekritische Bemerkungen zu verschrecken (womit sich „Engagierte" sehr oft die Information abschneiden, um die es ihnen geht).

Ein paar Seiten später kommt eine scheinbar widersprüchliche Aussage über Beatriz, die mich auf die Analogie zu Clastres' Erklärungen brachte. Es stellte sich aber beim genauen Lesen heraus, daß Fichte nicht chronologisch kausallogisch erzählt, wie es zunächst scheint, sondern den Leser beteiligt an seinen Gedankensprüngen und Assoziationsströmen, die keiner linearen Zeit folgen, so wenig wie die Riten. Diese Aufhebung der Zeit zur Simultaneität des Vielen, Disparaten, Vergangenen und Gegenwärtigen ist, so meine ich, durchgehendes Stilmerkmal aller relevanten modernen Texte. Bei Fichte steigert sich diese Gleichzeitigkeit noch für die vorgegebene Gleichzeitigkeit der widersprüchlichsten Momente des von ihm beschriebenen Synkretismus, der in die poetische Selbstreflexion gehoben wird. In dieser modernen Poetologik erscheint die auf frühere Momente verweisende Beatriz also vier Seiten später:

„Die selbsternannte Hohe Priesterin des Maria-Lionza-Kults die große Schamanin Beatriz Veit-Tané lebte mit einem Journalisten zusammen, der sie verließ. Sie versuchte ihn zu erpressen. Er kam mit der Polizei. Er zeigte sie wegen Betruges und Kurpfuscherei an.
– Sie floh in die Berge und ist seither verschwunden." (72)

Langsam steigert sich die Zwielichtigkeit:
„Beatriz Veit-Tané war bei der Einweihung der Maria-Lionza-Statue dabei und als sie merkte, daß der Diktator Perez Jiminuez an dieser Religion interessiert war, machte sie sich gleich an eine Reform dieses Kultes.
– Früher kamen auch Guerilleros nach Sorte zu den Zeremonien . . . Beatriz Veit-Tané wurde die große Schamanin der Maria Lionza und war gleichzeitig die Leiterin des Informationsbüros von Perez Jiminuez
– Sie war Polizeispitzel." (97)

Mit diesem Wissen über Beatriz ist ja wohl keine Ehrfucht mehr vereinbar! So wenig wie mit dem von Clastres zitierten Schamanen, der seine Enkelin beim Johannisbrot-Ernten vergewaltigt und von der zweiten Enkelin, mit der er dasselbe versucht, mit dem Kopf immerzu in einen Kaktus gestoßen wird. (Clastres: 134 f).

Dann erfahren wir noch, daß die Schamanen früher umsonst heilten, jezt aber Geld nehmen.
„Vor 25 Jahren entdeckten einige Leute in Caracas, daß man mit Hexerei und Pseudoriten Geld verdienen konnte.
– Beatriz Veit-Tané fing damit an." (108).

Zunächst gelang es ihr nicht, den Kult durch Normen zu normalisieren (122). 1954/55 soll der Diktator Perez Jiminuez den Kult propagiert haben (darüber gibt es gegenteilige Aussagen):
„Er ließ das Denkmal der Maria Lionza an der Autobahn aufstellen . . . Beatriz Veit-Tané soll dazu Modell gestanden haben und so überhaupt zu dieser Religion gekommen sein" (124) Was Wunder, daß sie nicht wie die großen Königinnen des Ritus mit Federn sich schmückt sondern „ihre Kostüme nach Fotografien in den Illustrierten anfertigen läßt." (137)

Gilberto Antolinez ist entsprechend wütend auf diese skrupellose Karrieristin, als sie dem Staatspräsidenten 1974 ein Kulturzentrum der Maria Lionza von staatlicher Seite zu errichten vorschlägt (die antistaatliche Basis des Kults machte das so wenig mit wie die Einführung von Normen).
„Die ganze Organisation von Beatriz Veit-Tané, die Künstler, der Dichter Antonio Reyes, sie selbst:
Fälscher. Ohne jede Initiation.

Sie profanieren den wahrhaften Kult der Maria Lionza, Beatriz hat sich in die Kulturpolitik des Diktators Perez Jiminuez eingeschlichen. Sie war seine intime Vertraute . . . Sie will die Indianer kontrollieren. Ein nationales Unglück. Sie will das indianische Erbe verfälschen. Kommerzialismus . . . Tourismus . . . Monumentale Statuen? Neger? Indianer? Eine Karikatur! Religiöser Faschismus!" (129 f) Dagegen enthält die „Verbindung der Maria Lionza zur Unterwelt, zur Prostitution" (135) in den Zwanziger Jahren ein subkulturelles Moment „Auch die Strafgefangenen glaubten damals an Maria Lionza, sie hofften, durch die Göttin die Freiheit wiederzuerlangen." (135) Etwas vom Heiligen, das Michel Leiris in der Kindheit im Klo findet, wo er sich mit dem Bruder einsperrt, etwas von archaischer Tempelprostitution und Hetärenwesen scheint hier in der Modernen wieder lebendig. „Man betete einen schwarzen Ziegenbock an. Es wurde für die Zeremonie eine Königing gewählt und die mußte sich dem Ziegenbock hingeben. Der schwarze Ziegenbock ist der Patron der Zuhälter und der Nutten.

– Mensch und Tier – auch Bisexualität? Ja." (136) manche dieser Szenen erinnern an Arrabals großartigen Film „Viva la muerte" – fraglos ist er mit schamanistischen Praktiken vertraut.

Chtonische Momente in der Plastikwelt, abseits von der institutionalisierten Religion, es ist klar, daß der staatliche oder kirchliche Eingriff nicht gelingt so wenig wie der elterliche bei dem Knaben Michel Leiris und seinem Bruder. „Außer der Folge von erfundenen Geschichten und unserem Heldenpantheon trug von diesen langen, im Klo verbrachten Augenblicken vielleicht gerade die Heimlichkeit unserer Zusammenkünfte am deutlichsten die Prägung des Heiligen . . . Wie in einem „Männerhaus" irgendeiner Insel Ozeaniens – wo die Eingeweihten sich versammeln und wo von Mund zu Mund von Generation zu Generation die Geheimnisse und Mythen übertragen wurden – bastelten wir in unserem „Klub" ohne Unterlaß an unserer Mythologie und suchten unermüdlich die Antworten auf die verschiedenen Rätsel, die uns im Sexuellen keine Ruhe ließen" (230). Außer in der christlichen Mythologie ist fast in allen anderen das Heilige offensichtlich mit dem Sexuellen verbunden. Daß der Maria-Lionza-Kult hier wenig vom Christlichen beeinflußt ist, zeigt das dionysische Moment, das Fichte eigentlich auf allen Festen, die er mitmacht, hervorhebt: Apollon und Christus sind weit entfernt von den Festen sowohl wie von jenen dem Fest vergleichbaren Treffen der heimlich verschworenen Brüder im Klo. „Im Vergleich zum Salon – dem Olymp, der uns an Empfangstagen verschlossen blieb – war dieser Abort wie eine Höhle, eine Unterwelt, von der man seine Inspirationen bezieht, indem man mit dem trübsten und unterirdischsten Mächten in Verbindung tritt. Im Gegensatz zu dem aufrechten Heiligen der elterlichen Majestät, nahm dort die zwielichte Magie eines linken Heiligen Gestalt an, dort, wo wir uns allen anderen gegenüber am meisten als Außenseiter fühlten und uns von der Welt abgeschnitten vorkamen, wo wir jedoch, in dem Embryo eines Geheimbundes, den wir zwei Brüder zusammen bildeten, gleichzeitig am meisten Seite an Seite und im Einvernehmen miteinander lebten." (231)

Es ist dieses Gefühl der Zusammengehörigkeit durch gemeinsames intimes, intensives Erleben, das, dem staatlichen, kirchlichen elterlichen Zugriff sich entziehend, eine Kraft bildet, die von den Unterdrückern oft zu Recht gefürchtet wird.

Nicht zufällig sind die „Heiligen" der Kulte neben archaischen Gestalten Sozialrebellen und Revolutionäre, bei den Rastafarians in Jamaika oder bei den Anhängern der Maria-Lionza-Religion – selbst das frühe Christentum, das noch die radikale Verwandlung des Diesseits erhoffte, mußte „platonisiert" und umgemodelt werden, um sich unter Konstantin zur Staatsreligion zu erweitern.

Der Synkretismus ist nicht nur einer der Götter und Riten, sondern auch einer der revolutionären Helden des Kampfes gegen die Unterdrückung. Die Verwandlungen des Priesters Freddy (111 f), einer der schönst-komponierten Texte des Buches, enthalten jenen Rebellen-Aspekt:

„Die Götter wechseln sich in Freddy ab . . .
Freddy zieht der ersten Verkerzten das Tuch weg.
Freddy versprüht Rum.
Freddy sagt:
– Ich bin changó . . .
Freddy verwandelt sich in eine Indianerin . . .

Freddy richtet das Milchbad an.
Ein Plastikeimer halb voll Wasser, zwei Liter Milch aus
Pappflaschen, Duftwasser „Dr. Gregorio Hernandez",
Johnsons Babypuder, ein Pfund Zucker.
Freddy verwandelt sich in die India Rosa . . .
Freddy verwandelt sich in einen blubbernden Babbler und hilft
dem vierten Verkerzten hoch.
Freddy verwandelt sich in die Negerin Francisca . . .
Freddy diktiert den Trommlern Botschaften.
Freddy verwandelt sich in den Befreier Bolivar.
Simon Bolivar weint.
Simon Bolivar weint über das Schicksal seines Volkes und
über das Elend der Welt.
Freddy verwandelt sich in den Verlorenen Indianer . . ." (111 ff)

Der Text Fichtes realisiert, in der syntaktisch-semantischen Wiederholung und in Klang und Rhythmus jenen sich langsam zur Trance stei-
gernden Zustand ästhetisch: man hört durch ihn gleichsam jenen Trom-
melrhythmus, der sich innerhalb der Wiederholung verschiebt und raffi-
niert variiert. Nur der Stumpfsinn amerikanischer oder euopäischer
Ethnologen bringt es fertig, ihn als „monoton" zu bezeichnen und deshalb seine Komposition durch Kommentare (auf Schallplatten oft zu hören) einfach zu unterbrechen, was ja bei einer Beethovensonate wohl
niemandem einfiele. Fichtes Texte dagegen sprechen die Achtung für
diese Riten aus, indem sie sie ästhetisch lesbar werden lassen.

Religiöses Fest, Trance, Ekstase, kindliches Spiel am „geheimen" Ort
mit dem Heiligen (die Kindheitskulte von Leiris) und action theatre aus
archaischen und Kulturkonsumrequisiten sind nicht mehr voneinander
zu unterscheiden, Freddies Verwandlungen umfassen dies alles.

Die Reise des Schamanen ist auch eine in die Kindheit und die „Verkerzten", die geheilt werden sollen, werden von Freddy bei der stufen-
weisen Regression begleitet, wagen den Abstieg mit ihm, Freddy als
„blubbernder Babbler" fordert sie zu dieser Regression auf, aber die
Verwandlungen gehen weiter, in die nur noch in Riten aktualisierte
eigene Geschichte des Volkes, seinen Weg des Leidens, Kämpfens, Lebens. Der Text realisiert, wovon er spricht: Freddy durchschreitet
trancehaft viele Verwandlungen bis zu einem Stillstand innerhalb der

anaphorischen Wiederholung (Freddy . . .): Jetzt *ist* er Bolivar und es heißt von ihm, hinter dem Freddy verschwindet: „Simon Bolivar weint . . .“ (114).

Ontogenese und Phyolgenese spiegeln sich ineinander, Rassen vermischen sich, Zeiten, Räume, Geschlechter.

Die Reise geht ins Ausland des eigenen Inneren.

Kein Jenseits ist nötig dafür, keine Reise in weite Fernen, in denen man, mit ethnographischem Blick, sich selber findet. Mit dem Lastwagen am Abend erreichbar von der Siedlung El Tigre in Venezuela „Abendlicht. Ölpumpen. Gelbes Gras. Rinder“ (111)

Der Leser kann aus der poetischen Komposition von Stichwörtern die Landschaft ausfüllen, er wird aktiviert; und die Fotos von Leonore Mau hindern nicht daran, fixieren nicht bestimmte Orte, sie sind Momentaufnahmen innerhalb der bunten Verwandlungen, sie fesseln nicht die Phantasie durch die Verschönerung des Elends, sondern entfesseln sie durch das ready made des zufälligen Arrangements, das improvisiert und wie am Übergang zu einer neuen Verwandlung uns an-springt.

Die Reise (der trip) am Ort ist „Ziel“ schon bei Novalis, die Verwandlung ist das Ziel, die Verwandlung ins eigene unentdeckte Innere.

„Die Phantasie setzt die künftige Welt entweder in die Höhe, oder in die Tiefe, oder in der Metempsychose zu uns. Wir träumen von Reisen durch das Weltall: ist denn das Weltall nicht in uns? Die Tiefen unseres Geistes kennen wir nicht. – Nach Innen geht der geheimnisvolle Weg. In uns oder nirgends ist die Ewigkeit mit ihren Welten, die Vergangenheit und Zukunft . . .“ (Novalis: 342).

„Der Blick des Ethnographen“ ist bei uns trotz Ethnologieboom immer noch ein importierter. Fichte ist eine große Ausnahme. Die Länder, deren koloniale Vergangenheit bis in die Gegenwart reicht, sind mit den Befreiungskämpfen hautnah verbunden – wir hatten keinen „Algerienkrieg“. Die Metaphorik des philosophischen, psychologischen, poetologischen „Discours“ ist deshalb in Frankreich ganz natürlicherweise von der Ethnologie geprägt. Die Freud-Kritik macht sich, wie im „Anti-Ödipus“ von Deleuze-Guattari, an der westlich geprägten Borniertheit (den eigenen Stand der Dinge zu universalisieren für alle Räume und Zeiten) fest, erkennt in der kolonisierten „Dritten Welt“ anti-ödipale Strukturen, erkennt sie gleichzeitig in der subversiven Kraft moderner

Literatur, so im Werk Kafkas oder Becketts: Man muß ein Fremder in seiner eigenen Sprache werden, in der eigenen wie in einer ausländischen Sprache reden. Nur so wird der Denk-, Gefühls-Sprachautomatismus unterbrochen, nur so erkennen wir das Ungeheuerliche des scheinbar Selbstverständlichen. Der ethnographische Blick ist der Blick der Verfremdung, mit ihm werden die Gegenstände aus ihrem gewohnten Zusammenhang isoliert, neu, fremd gesehen.

Šklovskijs Begriff des ostranenie, des „Seltsammachens der Dinge", hat 1917 (in seinem Aufsatz „Kunst als Kunstgriff") die Diskussion über die Theorie der Verfremdung eingeleitet. Das Gewohnte wird, wie Šklovskij sagt, nicht gesehen, nur wiedererkannt, es durchbricht nicht den Wahrnehmungsautomatismus. Deshalb ist das wirklich poetische Bild nicht Abbild, sondern Verfremdung des Wirklichen:

„Es ist nicht der Sinn des Bildes, seine Bedeutung unserem Verständnis näherzubringen, sondern eine besondere Wahrnehmung des Gegenstandes zu bewirken, ein Sehen, nicht aber ein bloßes Wiedererkennen." (Šklovskij: 21)

Mit der Rede der Frau des Waffenhändlers führt Fichte uns vor, wie der Wahrnehmungsautomatismus durchbrochen wird, indem das Skandalöse am Schluß genannt wird und unsere Wahrnehmungserwartung schockiert wird.
„– Wobby fühlt sich in Neu-England nicht wohl.
– George hat einen Schlaganfall gehabt.
– Wobby mußte zum Psychiater . . .
Wobby ist ein Bull-Dog und George ein Pekinese„ (84)

Der Pudelsarg im Fotoband auf Seite 104, und die Hunde-Gräber wirken ähnlich schockierend, zeigen bildlich, was Fichte „wörtlich" zeigt, ohne zur „Illustration" des Gesagten sich zu reduzieren. Bild- und Wortmontage sind eindrücklicher als sozialpsychologische Analysen über den Zusammenhang von Brutalität (der Waffenhändler macht mit Destruktion und Elend ein Millionengeschäft) und kitschigen Kadaversentimentalität im „Intimbereich" des Privaten es verdeutlichen könnten.

Fichte läßt die Situation, Menschen, Zeitungen für sich sprechen. Das poetische Auge des Ethnographen erkennt im scheinbar Beiläufigen (im smalltalk beispielsweise) die Authentizität der Sprache des Unbewuß-

ten. Indem er das „Unkontrollierte", Nichtidentische, offiziell Neben-
sächliche gerafft vorzeigt, bricht er durch den Lack der Bewußtseinsoberfläche. Der Blick unter die Oberfläche ist schwindel-erregend.

Literatur:

Fichte, Hubert u. Mau Leonore: Petersiilie. Die afroamerikanischen Religionen
IV, Frankfurt 1980

Fichte, Hubert u. Mau Leonore: Petersilie. Die afroamerikanischen Religionen
III, Santo Domingo. Venezuela Miami, Granada, Texte Hubert Fichte, Frankfurt
1980

Clastres, Pierre: Staatsfeinde. Studien zur politischen Anthropologie (Theorie)
(Suhrkamp) Frankfurt 1976

Fanon, Frantz: Die Verdammten dieser Erde (Suhrkamp) Frankfurt 1966.

Leiris, Michel: Die eigene und die fremde Kultur, Ethnologische Schriften, Hrsg.
Hans Jürgen Heinrichs (Syndikat) Frankfurt 1977

Novalis: Werke und Briefe, Hrsg. A. Kelletat, (Winkler) München 1968

Škovskij, Victor: Theorie der Prosa, hrsg. u. übersetzt v. Gisela Drohla Frankfurt (Fischer) 1966

O Congo poeme pygmée
Zu einem Gedicht Pierre Garniers*

Seit Hubert Fichte ist die „Ethnopoesie" bei uns „modern" geworden, sie geht einher mit dem Boom der Ethnologie und Ehtnographie, einem sichtbaren Nachholbedarf des kolonielosen Deutschland, das erst sehr spät begriffen hat, was „dritte Welt" im Zusammenhang der kulturellen Anthropologie bedeutet. Deshalb werden erst in den letzten Jahren die französischen Autoren Deleuze, Guattari, Michel Leiris, Bataille und seine Gefährtin Colette Peignot, Raimond Roussell oder Pierre Clastres bei uns bekannt. Die selbstverständliche Verbindung zwischen Literatur, Anthropologie, Kultursoziologie, Ethnologie, Psychologie ist aus Frankreich eher importiert worden und führt hier zu manchen naiven Identifikationen.

Das Congo-Gedicht Pierre Garniers atmet etwas von diesem Selbstverständnis, allerdings in sehr konzentrierter und nicht leicht nachvollziehbarer Form und ganz anders als die unmittelbare Identifizierung mit Momenten der „Primitiven-Kultur" bei Hubert Fichte.

Für Garnier sind Anschauungen, Fragmente, Natur-Verhalten der Primitiven dichterisches *Material* (wie auch die Worte, die sich aus dem Funktionsgeflecht der „Information" gelöst haben), aus dem er seine imaginäre Congo-Landschaft „baut", aber es ist gleichsam doch auch eine „Hommage" an die Primitiven-Kultur der Pygmäen, gerade derer, denen man „Kultur" gar nicht zubilligt. Ihre Elemente-Feder, Kahn, Wasser, Vogel-mischen sich mit Metaphern, Stichworten, Reminiszenzen, Sätzen europäischer Dichter (Hölderlin, Baudelaire, Pascal), die, isoliert aus ihrem Kontext (das Gedicht beginnt: „la pensée isolée coule"), in eine neue Sprachlandschaft gestellt werden aus dem „Material" der imaginären Tropenlandschaft Garniers, die vom Sprachfluß Congo „durchflossen" wird und die Bewegung dieses im wörtlichen Sinne meterlangen Gedichts bestimmt.

* erschienen in „A propos de Editions Andre' Silvaire – Paris (Collection Spatialiste) Congo poème pygmée de Pierre Garnier", janvier 1980, Preface de Gisela Dischner, „Congo Poème Pygmée (poème spatial)

Obwohl es sich um ein imaginäres Afrika handelt, erinnert mich das Moment der hier integrierten Primitiven-Kultur an Beschreibungen aus den „Traurigen Tropen" von Lévi-Strauss (der südamerikanischen Bororokultur) und vielleicht gäbe es ja manche Analogie zur Kultur der Dogons, mit denen Garnier zur Zeit der Entstehung des Gedichts sich intensiv beschäftigt hat? So beispielsweise, wenn Lévi-Strauss im XXII. Kapitel von den Wohnungen der Bororos spricht:

„diese Wohnungen sind weniger gebaut als geknüpft, geflochten, gewoben, gestickt und von der Zeit mit Patina überzogen; statt den Bewohner in einer Masse gleichgültiger Steine zu erdrücken, passen sie sich seiner Anwesenheit und seinen Bewegungen an; anders als bei uns bleiben sie dem Menschen stets untertan. Wie eine leichte elastische Rüstung umgibt das Dorf seine Bewohner, eher den Hüten unserer Frauen vergleichbar als unseren Städten: ein monumentaler Schmuck, der etwas vom Leben der Zweige und Blätter bewahrt, deren natürliche Ungezwungenheit das Geschick der Erbauer mit ihren anspruchsvollsten Plänen zu versöhnen verstand."

Feder und Schnee (plume/neige) wie Süden und Norden sich einander nähernd (im Gedicht) verbinden vielleicht, es bleibt unausgesprochen, die Farbe weiß – und weiß wie das Licht, das neben den bunten Tropenfarben die Dinge im Gegensatz dazu ausbleicht – sind die Särge und Gerippe dieser Landschaft.

Orpheus erscheint in dieser aller Räume und Zeiten verbindenden Landschaft, Orpheus, der „durch das Licht heilt": „Orphée qui guérit par la lumière". Die Bestimmungen werden in diesem Licht aufgelöst und gleichzeitig treibt das „isolierte Denken" die Worte und Zeichen auseinander. Aber gerade durch diese Isolation wird der leere Raum um sie voll von Assoziationsmöglichkeiten. Landschaft, Kosmos, Vergangenheit, Zukunft, Nähe, Ferne stürzen in einer Impolsion zusammen.

Ganz unten ist der Pfeil zu den Sternen, „Lichtabgrund" Nietzsches, oder, mit den Worten des sich Hölderlin verwandt fühlenden Celans, der Büchners Lenz-Satz kommentiert „manchmal wollte er auf dem Kopf gehen": „wer auf dem Kopf geht, der hat den Himmel als Abgrund unter sich".

In diesem Lichtabgrund, der den Himmel spiegelt wie ein Teich oder eine Pfütze, gibt es kein „reales" Wasser mehr, die Elemente sind aufgelöst, isoliert bis auf ein Minimum, an dem sie gleichzeitig Einheit werden, die kaum denkbare Gleichzeitigkeit aller Aggregatzustände (fest, flüssig, gasförmig), deren Materialität gleichzeitig artikuliert und aufgelöst er-scheint:

„l'eau spiritualisée

O Congo"

Das den Aggregatzustand wechselnde Wasser löst sich auf – „Vergeistigtes" Wasser, der „Geist über den Wassern", das unkörperlich gewordene Wasser, heiliges Wasser, unendliche Assoziationsketten fluten im „isolierten" Gedankenstrom, kein roter Faden hält sie mehr fest, aber das ins Nichts Entschwebende wird gleichzeitig wieder zur Erde geholt, genauer: zum Fluß „Congo", dieser Fluß, der das Gedicht *ist,* der es „in Fluß hält", der seine Bewegung bestimmt, der das Pygmänengedicht ist und die durchgehende „ununterbrochene" Linie, über der die Worte, Buchstaben, Wortpfeile, Richtungssignale, Umkehrungen, Kreisbewegungen „schweben" (alles schwebt).

Diese Bewegung ist eine geist-körperliche, sie ist die Bewegung des Flusses Congo, des imaginären Flusses im Bewußtseinsstrom dessen, der ihn zu seinem Gedicht „isoliert" hat, und sie ist die Bewegung jenes nördlichen, kalten, geraden Flusses, des „Mittellandkanals" in Hannover, an dem das Gedicht „entsprang", es trägt die Bewegung von zwei Gehenden an diesem Kanal, ihren Sprachfluß, ihren Gedankenfluß, Augen-Blicke, Landschaftspartikel, Bildlandschaft, Sprachlandschaft, die sich mit der „Pariser Landschaft" mischt, nicht der Aragons, sondern eher Monets, des späten, zu dessen Auflösung der Gegenstände, der japanischen Brücke, des Seerosenteichs, des Blumengartens, Pierre Garnier Analogien findet: „Alles schwebt, tout flotte": die Farben bei Monet, die Worte, ja Buchstaben, Silben (Celan spricht von „Partikelgestöber") bei Garnier erhalten eine Eigensprache zurück, isoliert aus den Kontexten, befreit von der Bestimmbarkeit des Gegenstandes, gelöst – erlöst aus dem Funktionsgeflecht des Inhalts; ihre Eigendynamik läßt den Raum um sie erkennen, es ist wortwörtlich ein Frei-Raum um sie geschaffen für Assoziationsströme dessen, der sich ihnen wirklich nähert. Der Raum, seine positive Leere, gibt dem kleinsten Partikel, dem allgemeinsten Zeichen: + – eine Bedeutungsfülle zurück, gerade,

indem er sie den Grundelementen annähert: die Dialektik von Nähe
und Ferne, von Leere und Erfüllung, von Reduktion und Erweiterung
entspricht der innersten Tendenz des „Spatialismus", dessen Thesen
Garnier auch theoretisch entwickelt hat.

Die Bewegung im Raum verwandelt das Nacheinander in die Simultaneität der Vorgänge, die als Bild zusammengedacht oder gesehen
werden können: der Sonnenaufgang und die Bewegung der Sonne zum
Zenit in einem Bild:

soleil

soleil

mer

Oder die Gleichzeitigkeit des akustischen Lauts mit dem Wortbild:

——— eau

o

Die „optische" Entsprechung des akustischen Lauts (o), der Wasser
„bedeutet", bildet einen Kreis: der Wasser-Kreis weist hin auf den Aus-
einanderfall des Zeichens vom Bezeichneten und wird – im Gedicht,
wiederum aufgehoben; als Konstruktion, luzid sichtbar im Wortbild,
fallen Zeichen und Bezeichnetes zusammen (sym-bolon), werden, grie-
chisch-wörtlich zu nehmen, zum Symbol – einen artikularisch-nachvoll-
ziehbaren Augenblick lang ist das „Symbol" (erweitert zum poetischen
Zeichen) für Wasser ein Kreis, und zwar poetologisch; kein Symbol
mehr, das auf etwas Bestimmtes hinweist, sondern im Sinne Cassirers
eine „absolute Metapher", oder, im Sinne Bezzels, ein „Zeichen", das
nur aus der poetischen Konstellation und Konfiguration seine Bedeutung erhält, sie in einer anderen wieder verändern kann. Nichts steht
„fest", alles ist im Fluß (eine heraklitische Weisheit) – der Fluß, der
das Gedicht durchzieht, stellt diese Aussage dar.

Die Expansion der Sprache, die identisch wird mit der Expansion des
Theaters im spatialistischen Szenentheater, wie Garnier es definiert, eröffnet den spatialistischen, vieldimensionalen Raum, in dem die Trennung von Wirklichkeit und Fiktion aufgehoben ist, weil die Imagination
als Möglichkeit eines auszulösenden Prozesses an die Stelle der Vermittlung eines „Inhalts" getreten ist – nichts wird mehr „nachvollzogen", alles kommt auf die Aktivität des „Rezipienten" an, der weder
passiv Zuschauer noch Leser bleiben kann – man kann nur mitmachen,
mitspielen, mitdenken, mitträumen oder nach Hause gehen oder achsel-

zuckend das Buch zuklappen. Selbst das Atmen wird aktiv, selbst die Luft wird bewußt, das Unsichtbare (= das durch die Automation der Wahrnehmung unsehbar Gewordene) wird sichtbar, das Unfühlbare fühlbar, das Unlösbare (das unlösbar Gewordene = das Unerhörte = das Ungehörte) hörbar nach der Intention des Spatialismus.

Als ich gerade „das Unerhörte" schrieb, fiel mir nachträglich die Doppelbedeutung auf: der unerhörte Geliebte ist der, der nicht erhört wird, das Unerhörte ist aber das Ungeheuerliche, das große nicht erwartete, nicht (mehr?) geglaubte Ereignis, das im „Kairos" geschieht – in diesen Doppelbedeutungen der Worte, für die man sensibilisiert wird, wenn man genug *Raum* um sie schafft, ja sie in Silben bricht, zerstäubt in Buchstaben, gibt es keine „Oppositionen" mehr, die nicht im kleinen Kern enthalten sind. Die „Isolation", die Garnier vor allem in diesem Gedicht intendiert (in seinen Worten: „Ich habe das Denken isoliert, ich habe die Liebe isoliert") führt zurück zur kleinsten Einheit – *das aller Einfachste schon enthält die Einheit des Gegensätzlichen.*

Die Frage entsteht – vielleicht sind *wir* es, die überhaupt die Trennungen hergestellt haben? Und wenn, dann müssen wir diesen Weg noch weitergehen, noch mehr isolieren, bis es zum Umschlag kommt – „Ausbildung der polaren Sphäre" nennt dies Novalis, über den Garnier ein Buch geschrieben hat und von dem er sich beeinflußt fühlt.

In seinem wunderschönen Buch über Vico und Joyce, „closing time" zitiert Norman O. *Brown* die berühmten Zeilen aus Macbeth: „al tale / Told by an idiot, full of sound an fury, / signifying nothing" – im Zusammenhang von Finnigans Wake und fährt fort: „beyond the tragedy and farce is the fusion of these opposites. The final pages of *Finnegans Wake* / literature at the breaking point / braking down / breaking into tears / *The point of fun where I am crying to arrive you at*".

Vielleicht wird das aber doch „optisch" nicht realisiert, vielleicht ist die Vernachlässigung des akustischen Moments der Grundfehler des Spatialismus? Irgendein Rest der alten Mimesis – Naivität, daß sich ein Zustand direkt darstellen lasse, steht nicht nur in den bekannten „Manifesten für eine visuelle Poesie" von Garnier, sie steckt – auch noch – im Congo-Gedicht.

Denn die „universelle Energie", die Garnier dem Instinkt, dem „vital" der Surrealisten entgegensetzt, läßt sich, so meine ich, nicht einfach optisch-zeichenhaft realisieren.

Deshalb bleibt die Intention oft interessanter als die Realisation und nur stellenweise – aber freilich ist das eine Frage der Rezeption – wird jene Intensität erreicht, in denen die Trennungen, ins äußerste getrieben, in die Eiswasser jenseits des „Sinns", umschlagen in die Einheit des Gegensätzlichen, wo Leben und Tod, Festes und Flüssiges, Körperliches und „Unsichtbares" zusammenfallen. Sehr schön beispielsweise ist das, was mit einem Satz Pascals im Lauf („Fluß") des Gedichtes passiert. Daß es schrecklich sei zu fühlen, wie alles zerrinne, was man besessen habe, erscheint zuerst unter dem oberen „Linien"-Verlauf (ungefähr nach dem ersten Viertel) im Zusammenhang der erwähnten Identifizierung von optischem Bild und phonetischem Zeichen für Wasser (eau – o): pascal c'est une chose horrible de sentir s'ecouler tout
ce qu'on possède
eau

o
o Congo – poème pygmée

Der Satz steht *über* dem strömenden, verfließenden, zerrinnenden Wasser („s'ecouler" enthält alle diese Bedeutungen) gleichsam in der „Schwebezone", von der es später heißt, und zwar drei Mal hintereinander zweisprachig

tout flotte

alles schwebt

Beim dritten Mal „realisiert" sich diese Aussage, indem „das Schwebende" sich weiterbewegt hat, sehr leicht, sehr „luftig" wie die Pygmäenfeder, wie die Farben des späten Monet, die den Gegenstand „ins Schweben bringen", auflösen; beginnend mit dem „Sarg in der Form eines Kahns" – „cercueil en forme de barque" auf dem „Linienfluß" des „o Congo poème pygmée", was, im Zusammenhang des Tod-Leben-Kreises, für das Wasser (l'eau – o) optisch-akustisches Symbol wird, an das Sprichwort „von der Wiege bis zur Bahre" „du berceau au cercueil" erinnert und – wenn man so will – im Kontext des Ganzen unter anderem den Sinn nahelegt, „alles schwebt von der Wiege bis zur Bahre" und gleichzeitig „alles schwebt zum Sarg in der Form eines Kahns – alles bewegt sich weiter, alles verändert sich ständig, alles wechselt seine Gestalt, alle bestimmten Inhalte, aller Sinn löst sich ständig auf, alles zerrinnt, was man besitzt, wie es im zweiten Teil des Satzes von Pascal heißt, von dem eine der Bewegungen ihren Ausgang nahm. Der Pascalsche Satz „c'est une chose horrible de sentir s'écouler tout ce qu'on possède" erscheint ein zweites Mal, fast am Ende des Gedichts, aber vor der „Stimme der Toten" (la voix des morts)

et

puissant

solitaire

le sommeil

c'est une chose horrible de sentir s'ecouler tout ce qu'on possède (Pascal)
O Congo − poème pygmée

Der Satz ist aus dem Zustand der Schwebe über dem Wasser, angefüllt – ja womit? den fort-fließenden Worten des Gedichts, der weiterdrängenden großen Bewegung abgesunken, und stark allein der Schlaf, in den Fluß, hinunter in den schweren Schlaffluß, dem sich die Stimme der Toten nähern, der Fluß Lethe, vielleicht auch, Vergessenheit trinkend, tödlich dem Ende sich nähernd, doch es gibt kein Ende, es ist ein Kreis, die Worte, Elemente, Linien werden einen Kreis bilden, Tod und Leben, Schlaf und Wachen kein Widerspruch; die Einsamen zusammengedacht, Pascal (Monte Verita!), Hölderlin – Patmos, Baudelaire und das ganze Wortbild, so empfinde ich, eine Nietzsche-Stimmung, einsam, die Einsamen auf den Höhen sich versammelnd, sich zuwinkend, „entfernt auf getrenntesten Gipfeln" absinkend zu Schlaf, Tod, Vergessenheit, eintauchend in die Urflut, die Congo heißt, wo alles zerrinnt und hier plötzlich, gefolgt von dem Satz Baudelaires unter der gleichen fortlaufenden Fluß-Linie „o doleur! o doleur! le temps mange la vie", bekommt dieser Satz Pascals eine völlig neue Dimension jenseits von Besitz und Bessenheit, er bekommt etwas von der ekstatischen Panik (ja, in der Einheit dieser gegensätzlich scheinenden Bestimmungen ist dies zu denken) des Urflut-Erlebnisses, wo es keine Unterscheidungen mehr gibt, keine Trennungen, keine Differenzen, nichts mehr, an das man sich halten kann, das man besitzt, das einen besitzt, die Bewegung hat alles aufgelöst, die Gegenstände, die bestimmten Inhalte, die Identität, alles, das man besitzt zerrinnt, zerfließt, unter dem rückwärtsgerichteten (←) Schlaf ist dieser Bereich des „Urwassers", in dem alles zerfließt: der Kreis O, akustisches Symbol für das Wasser, eau, schließt sich.

Nur wer zu dieser Urflut hinabtaucht und wieder-kommt neugeboren, wird singen können, wird das Wort er-innern, wird es weitergeben, wird die Flußbewegung erneuern – Wiedergeburt der Sprache, des Menschen in der höheren Sphäre, die das Leiden kennt und nicht an ihm zerbrach – „Jean á Patmos"?

Die Worte, das Murmeln, das Stimmengewirr, das Stammeln, die wiedergefundenen Worte, die nicht mehr die alten sind, der Ruderer ist einsam im Stimmengewirr untergetaucht, im Meer, im Meer von Worten, die klangsemantisch einander berühren – „rumeur – rameur – roc – mer – mur – mer – murmure":

hier, wo die Stimmen akustisch hörbar werden, Sprachmusik, das Optisch-Zeichenhafte zurücktritt, wird die höchste Intensität erreicht – vielleicht vorbereitet durch die große Bewegung, die große Leere, den weiten, vieldimensionalen Raum um die Worte herum?

Hier spricht die Stimme der Toten:

du wirst mir unsichtbar – ich werde dir unsichtbar

„tu me deviens invisible

je te deviens invisible"

immer weniger Worte, immer weniger Inhalte, kein „Sinn" mehr, nur Bewegung, Energie, Verwandlung ins Unsichtbare, auch die Särge heben sich ins Unsichtbare, verlassen den Fluß – „Särge in der Form eines Kanus oder eines Vogels – – – in Form eines Vogels" „cercueils en forme des pirogne on d'oiseau – – – en forme d'oiseau"

Sind wir im Totenreich? Ja und nein, es gibt in dieser Bewegung kein abgetrenntes Totenreich, alles lebt und alles stirbt gleichzeitig und die Darstellung dieses Zustandes der Gleichzeitigkeit von Leben und Tod konkretisiert sich an den Partikeln und Fragmenten dieser imaginären Congolandschaft, die wirklich ist wie die üppige Tropenlandschaft mit ihrer verschwenderischen Natur, in der Leben und Sterben wuchert und das Tote sehr schnell von Hitze und Sonne verwandelt, geblichen, neue Formen erhält, Kanufragmente, Vogelgerippe; was

bleibt nach dem Schlachten „les bateaux – les partes – le part" die
Häfen, der Hafen – in Form eines Vogels, dünner werdend, bleicher,
leichter, leicht wie eine Feder, das Gedicht am Ende weist auf den
Anfang zurück, eine Welle, die Welt, die die Welle enthält „m – onde";
aber auch der Anfang, wenn wir zu ihm zurückblicken hat sich verändert, er trägt jetzt die Bewegung des Gedichts in sich, wir nehmen
ihn anders *wahr, wir* haben uns in der Bewegung verändert.

Poetik des modernen Geciths, zur Lyrik von Nelly Sachs, Frankfurter Beiträge zur Germanistik 10, Bad Homburg 1970
Ursprünge der Rheinromantik in England, zur Geschichte der romantischen Ästhetik (Klostermann) Frankfurt 1972
William Beckford: Der Kalif von Vathek
Ein Schauerroman aus dem Brit. Empire (WAT 10) Berlin 1976
Bettina von Arnim. Eine weibliche Sozialbiographie aus dem 19. Jahrhundert (WAT 30) Berlin 1977, ²1978, italien. Ausg. (La Tartaruga) Milano 1979
(Hsg. u. R. Faber): Romantische Utopie – utopische Romantik, Hildesheim 1979 (Gerstenberg)
Caroline und der Jenaer Kreis. Ein Leben zwischen bürgerlicher Vereinzelung und romantischer Geselligkeit (WAT 61) Berlin 1979
Friedrich Schlegels „Lucinde" und Materialien zu einer Theorie des Müßiggangs, Hildesheim 1980 (Gerstenberg)
(Hrsg.) Lebensberichte einer stummen Generation. Frauen der Dreißiger Jahre, Frankfurt 1982 (Fischer Taschenbuch)
Tagebuch, Tübingen 1981 (Konkursbuch)
Über die Unverständlichkeit. Aufsätze zur neuen Dichtung, Hildesheim 1981 (Gerstenberg)

AUFSÄTZE:

Sozialisationstheorie und materialistische Ästhetik, in Bezzel u. a.: Das Unvermögen der Realität, zu einer anderen materialist. Ästhetik, Politik 55, Berlin ²1975
Der neue Charakter-Rebell gegen die Tauschgesellschaft? in: L'Invitation au Voyage zu Alfred Sohn-Rethel, Bremen 1979
Das entschwundene Bild. Zu F. de la Motte Fouqués Undine in: Romane der Romantik Stuttgart (Reclam) 1981, hsg. P. M. Lützeler
Freiheit auf dem Weg der Entsagung? Zu Otto Weiningers, „Geschlecht und Charakter", in O. Weininger: Geschlecht und Charakter. Eine prinzipielle Untersuchung. München 1980 (Matthes & Seitz)
Aufsätze zur Ästhetik der Moderne (über Nelly Sachs, Kafka, Ror Wolf, Ernst Jandl, Friederike Mayröcker, Franz Mon, Pierre Garnier, Heißenbüttel und Hubert Fichte) in zahlreichen Zeitschriften.

Wir haben genug Grund zum Weinen
auch ohne euer Tränengas*
Kunst-Krawall-Karneval in Zürich und anderswo

„Die Menschen sind nämlich weit schwindelerregendere Trugbilder als die gemalten Gesichter der Gottheiten" – Michel Foucault 1964

„Der Protestantismus hat den Menschen recht eigentlich zu einem ,Geheimen-Polizei-Staat' gemacht. Der Spion und Laurer ,Gewissen' überwacht jede Regung des Geistes, und alles Tun und Denken ist ihm eine ,Gewissenssache', d. h. Polizeisache" – Max Stirner 1844

„Denn, abgeschlossen sind wir durch enge Verhältnisse von der Natur, durch engere Begriffe vom wahren Lebensgenuß, durch unsere Staatsformen von aller Tätigkeit im großen" – Karoline von Günderrode 1804

„O Freund Poet, wer jetzt leben will, der darf nicht dichten" – August Klingemann 1805

„. . . mit Sprachen, in Wut und Spiel mit Fantasie enge Grenzen überwindend auf vielfältigen Ebenen sich verflechtend und durchdringend, vom Körper getragen, aber nicht alleingelassen; . . . ein Stammeln, mag eingewendet werden, rüd noch dazu, meinetwegen, aber voller Leben, sich gegen jede voreilige Versöhnung und erneut leichtfertige und billige Vereinnahmung hartnäckig sträubend . . ." – Reto Hänny, Zürich, Anf. September 1980

„. . . wir haben Gedichte, doch Poesie als Umgangsform ist uns verwehrt" – Christa Wolf 1979

„Seit Jahren nähert sich der Bestrafungsritus von drin und draußen an . . . Im Knast heißen die Mechanismen nicht mehr ausschließlich Schlüssel und Gitter, sondern Behandlungsvollzug. Speziell eingerichtete Trakte sind augenblicklich Experimentierfeld. In psychiatrischen Krankenhäusern entstehen ähnliche Trakte. Was unterliegt heute nicht der psychiatrischen Keule? Der Trend zur Kopfhygiene ist kaum zu übersehen" – X. L. (taz 22. 4. 81)

* Beitrag zur Diskussion im Café Einstein, Berlin, 30. 4. 81 über „Ästhetisches Handeln" mit den Autoren des Heftes 16 von „Psychologie und Gesellschaftskritik": „Ästhetisches Handeln", abgedruckt in: Konkursbuch 7: Müßiggang und Laster, Tübingen 1981 (vorliegende erweiterte Fassung).

„ich breche zusammen
ich breche zusammen mit dir
wir brechen zusammen
        zusammen brechen wir
das packeis"
                Angela Gleiberg 1981

„In unserem Leben, da ist nie etwas grad gewesen.
Grad, wie für uns.
In unserem Leben, da ist nie etwas vollbracht worden.
Ganz und gar, wie für uns.
Der Triumph, die Vollendung.
Nein, nein, das ist nicht für uns . . ." – Henri Michaux 1932

„ . . . Eines Tages wird die Kälte sprechen. / Die Kälte wird die Tür
aufstoßen und das Nichts zeigen . . . Und ihr, ihr Krieger, ihr gut-
herzigen Soldaten, ihr freiwillig Verkauften. / Recht unansehnlich, die
schöne Sache, für die ihr euch schlagt. Sie wird frieren in den Korridoren
der Geschichte. Wie sie friert! . . ." – Henri Michaux 1934

„Die etablierten Mächte benötigen unsere Traurigkeit, um uns zu Sklaven
zu machen" – Gilles Deleuze 1977

„Machen Sie mich darauf aufmerksam, wenn ich nicht L Ä C H L E " –
Buttons der Angestellten im „Waffle House", Virginia 1981

„Von Anfang an hat sich eine Art von Einschüchterung und Erpressung zwischen der Notwendigkeit zu subsistieren und dem Genuß auf der Basis einer gesicherten Subsistenz herausgebildet" – dies ist eine der Voraussetzungen von Klossowskis Überlegungen in dem soeben in deutscher Sprache erschienen schönen Buch „Lebendes Geld".

Ich denke, der Kampf der neuen Jugendbewegung ist ein Kampf gegen diese Erpressung, ein Kampf gegen das Arbeitsethos des Abendlandes, das im Augenblick dabei ist, sich aufzulösen. Angesichts der Tatsache, daß ein großer Teil der „gesellschaftlich notwendigen Arbeit" in naher Zukunft wirklich von Computern übernommen werden kann, ist dieser Kampf eine Voranzeige dessen, was auf uns zukommt. Bei gerechter Arbeitsverteilung steuerten wir auf einen Dreistundentag zu, einer Möglichkeit, die das System selbst gefährden könnte. Herbert Marcuses auf den technologischen Entwicklungsstand bezogener Satz, wir befänden uns näher und ferner der Utopie als je, ist auf diese Situation akut anwendbar. Da „die Herrschenden" heute zu – auf der Strecke ihres eigenen Wahnsystems gebliebenen – Vollstreckern geworden sind, Bürokraten der Macht, ihrer selbst nicht mehr mächtig, hätte eine durch Reflexion hervorgerufene Verrückung des Bestehenden vielleicht zum ersten Male Chancen, weil sie auf die Glücksvorstellungen aller einzuwirken imstande wäre.

Die Zürcher Jugendbewegung spricht vom „Ende der Eiszeit" und fordert „Freiheit für Grönland". Das ist keine tages- oder jahrespolitische Metaphorik mehr, und die in der eigenen Unzulänglichkeit gelandeten Politiker mit ihrer auf dem Weg zum Erfolg meist gestrandeten Phantasie verstehen diese Jugend nicht. Das ist nicht verwunderlich. Verwunderlicher ist, daß die einst rebellierende Generation der Studentenbewegung, in der die Eiszeitmetaphorik entstand, diese Jugend teilweise auch nicht mehr versteht. Dabei fehlt es nicht an freundlichen Interpretationen und guten Analysen. Etwas vom hedonistischen Anarchismus jenes „Sponti"-Teils der Studentenbewegung, der Parteikonzepten *und* jedem Gewerkschaftsreformismus widerstand, findet sich in der „Jugend 80" und „Jugend 81" wieder. Zum Glück läßt sie sich nicht zu einer Linie oder einem „klaren Konzept" vereindeutlichen, sie ist lustig, lästig und listig, sie hat auch in ihren Parolen, deutlich Punk-Elemente. Das „brennende Verlangen nach zündenden Ideen" (Reinhard Priessnitz) findet sich an den Betonmauern von Zürich, Berlin oder München:

„Feuer und Flamme für diesen Staat!" Was Fritz Teufel in seiner Rede vor Gericht „*Spaßgerilja*" nannte, enthält die Substanz der „Bewegung". Fritz Teufel weigerte sich, die Spaßgerilja zu definieren, er *realisierte* sie, führte sie vor, stellte sie dar. In diesem Sinne ist sie, wie Chris Bezzel sagt, „*konkrete Kunst*". Das verbindet als Gegensatz zu jeder naiv engagierten Kunst und Politik die „Spaßgerilja", die „neue" Jugendbewegung von Zürich bis Berlin, die Punkbewegung mit Tendenzen der konkreten Kunst:

„in der konkreten kunst *ent*steht ästhetische individualität und *be*steht sie nur durch die und in der arbeit mit der und gegen die öffentliche sprache" . . . „solche arbeiten sind durch und durch „synthetisch", sie fingieren nicht „natürlichkeit", die irreal wäre. stattdessen zeigen sie ihre gemachtheit und die struktur ihrer gemachtheit, und vielleicht deshalb haben die gelungensten von ihnen einen revolutionären charme" (Bezzel: 80 f).

Die konkrete Kunst, und das trifft auf die besten Texte von Pierre Garnier, Katja Tiel, Helmut Heißenbüttel, Chris Bezzel, Peter Weibel oder Reinhard Priessnitz nicht weniger zu als auf bestimmte Graffiti in Zürich, Hannover, Berlin oder München, „spielt mit dem todernsten repressiven regeln, sie betreibt positiv die ‚Fragmentierung' des diskurses der macht, ‚Abschweifung'. sie realisiert dabei gleichzeitig das prinzip der lust, ‚das Hin und Her der Begierde', mit dem sich das kind einen spiel-raum schafft" (Bezzel: 81). Mit der Verkleidung und Maskierung „spielen" konkrete Künstler und Spaßgerilja, demaskieren die Wirklichkeit, fragmentieren den lügenhaften, bruchlosen Diskurs der Propaganda, der uns bis in die Intimspray-Anweisungen verfolgt und entsinnlicht, um damit die ohnehin bestehende Fragmentierung aller Lebens- und Denkbereiche überhaupt erst wieder wahrnehmbar zu machen. Gleichzeitig wird die Lust an der Maskierung, das Spiel mit den Rollen, die nicht die vorgeschriebenen sind, realisiert, und die festgeschriebenen Rollen relativiert. Demonstrationen werden zum Karneval, Versammlungen zu Festen, aber nicht zu den festgelegten Daten des Kalenders, der Fest und Fasching als Ventil erlaubt.

Als ich von Zürich aus zum Karneval nach Venedig fuhr, fielen mir diese Analogien und Unterschiede auf: die selbstbestimmten Verkleidungen und Maskierungen zu Anlässen und Vorfällen, die sich ereignen in der Zürcher „Bewegung", werden als Abweichung vom vorgeschriebenen Alltagsleben nicht toleriert; dagegen die „rebellischen" Momente und das Lächerlichmachen von Politikern oder ernsten Einrichtungen innerhalb des offiziellen Karneval geradezu verlangt. Aber auch das ist nicht nur Ventil: Franco hätte sonst gewiß nicht den Karneval und die Maskierung wie auch jedes private Treffen auf öffentlichen Plätzen (von mehr als einem halben Dutzend Leuten!) verboten. Der junge Mann, der am Faschingsdienstag, als Gefangener verkleidet, auf dem Campo San Lucca in Venedig eine flammende Rede zur Auflösung aller Gefängnisse hielt, wurde nicht nur beklatscht, sondern man reagierte mit dem lauten Singen von antifaschistischen Liedern.

Die Sehnsucht, den Alltagsautomatismus aufzubrechen, wächst mit der Zunahme der Vertrottelung dieses Alltagstrotts, mit der Unmöglichkeit der Selbstverwirklichung. Manches an der Aggressivität gegenüber den Jugendlichen, die das fordern und tun, was man selbst klammheimlich begehrt, bringt Regung in klamme Figuren: man wehrt sich gegen den eigenen Veränderungsprozeß, dagegen, der Sehnsucht, nicht mehr als austauschbarer „Teil einer Teilmaschine" zu funktionieren, nachzugeben. Zu Recht sieht man sich von den Computern bedroht, die in absehbarer Zukunft die eigene stupide quantifizierbare Arbeit ersetzen können; zugleich sehnt man sie herbei, weil damit die entmenschlichende Arbeit endlich ein Ende hätte.

Vielleicht berühren in dieser Umbruchsituation die Sätze vom „Ende der Eiszeit" und von der „Freiheit für Grönland" ganz anders als es jene „politischen" Parolen könnten, die selbst im geschlossenen, herrschenden Diskurs befangen bleiben. Der herrschende Diskurs wird von der direkt-engagierten Kunst und Politik trotz guten Willens nicht verlassen: sie hört nicht auf, Realität angeblich abzubilden, und erweckt damit den Schein, sie „in den Griff" zu bekommen und zu verändern; dagegen setzt die konkrete kunst eine *reagierende* haltung: „ästhetische praxis. eine kunst, die die ohnmächtigen übersetzungsversuche (der wirklichkeit in kunst) hinter sich gelassen hat, kann selbstbewußt auf die gesellschaftlich vermittelte wirklichkeit reagieren" (Bezzel: 79). Diese ästhetische Praxis entspricht, so meine ich, der Kunst des Müßiggangs, in der jede Fremdbestimmung abgelehnt wird, vor allem aber die fremdbestimmte Arbeit, die diese Praxis verhindert.
„Der Müßiggang ist ein Weg, das Leben in Kunst zu verwandeln, und die Kunst in Leben" (Dischner: 186).

Weder *ist* das Leben schon Kunst, noch die Kunst Leben, deshalb ist diese Verwandlung antizipierend und utopisch im Unterschied zum positiven Heldentum vom sozialistischen bis zum Marlboro-„Realismus".

Insofern sind die Graffiti, das „heimliche Sprühdosengeflüster" (Kommentar im Film „Züri brännt"), oder die Besetzung des Autonomen Jugendzentrums Zürich, wo Fest, Rebellion, Tanz, Musik und Widerstand zu einer Synthese verschmolzen wurden, Teil dieser Praxis ebenso wie manche „Instandbesetzungen" in Berlin oder anderswo, oder die Rede Fritz Teufels vor Gericht, die Bezzel als Muster und Spielform bezeichnet:

„einer von uns allen erst zu lernenden form von alltagspraxis, in der nichts mehr ‚utopisch' und nichts mehr ‚nur politisch' ist, in der lust und widerstand, kampf und leben . . . integriert sind. eine solche ästhetisch-politische alltagspraxis ist allerdings utopisch, sie hat jetzt und hier kaum einen ort. aber fritz teufel, scheint mir, tut als einzelner sehr viel für ihre verbreitung" (Bezzel: 93).

Fritz Teufel erschien denn auch zum Gerichtsurteil im Smoking. Das war sichtbar eine Verkleidung, deren parodistischer Charakter so wenig zu übersehen war wie die *Bricolagen* im subkulturellen Milieu, wo die herrschende Mode durch Übertreibung und „falsche Kombination" lächerlich gemacht wird (Mick Jagger trug Turnschuhe und ein T-Shirt zum Nadelstreifenanzug, die Punks nehmen die Hinweise für „Abendtoiletten" am Tage wörtlich; so werden die gesellschaftlichen Verkehrsregeln verkehrt: „nichts mehr an seinem Platz zu keiner Zeit"). Der „Gesellschaft des Spektakels" (Debord) wird durch einen fröhlichen Alltagskarneval der Zerrspiegel vorgehalten, zugleich auf die befreienden Möglichkeiten der Verwandlung als Methode gegen jede Erstarrung (Ende der Eiszeit) hingewiesen. Die Zeitung „Brächise" rief in ihrer 8. Nummer (13. März '81) zur Frühlingsdemonstration auf, ganz im Sinne der „lustigen List", aber die brutalen „Einsätze der Polizei" ließen dafür keinen Raum; beim Anblick von Helmen, Gummigeschossen, Tränengas, Chemical Mace, greifenden Polizeihunden stirbt die Fröhlichkeit – „in den Wohnungen eine riesen Spannung, Hektik, Streß, Verletzte, Verhaftete . . . Schreie, Blut, zerschlagene Körper, jedes Autoquietschen kann eine Hausdurchsuchung oder ein Fascho-Anschlag bedeuten . . ." schrieb danach Werner Oeder aus Zürich.

Und wie sehen jene „Aufrufe zur Gewalt" aus, die den Blättern der Jugendbewegung unterstellt werden? Im „Brächise", das das Eis brechen will, steht es am 13. 3. 81 so: „Feiern wir den Frühlingsanfang auf Zürichs Straßen, mit Phantasie, Farbe, Musik . . . Vertreiben wir das Packeis, die Kälte in und um uns. Die wollen uns verarschen, doch wir lassen nicht locker. Der Frühling kommt trotzdem. Die sofortige Wiedereröffnung des AJZ und die Straffreiheit für alle Demonstranten stehen im Mittelpunkt . . . Ohne Polizei kein Krawall. Setzen wir alles dran, daß möglichst viele kommen. Anschließend soll es ein Fest geben, der Ort ist aber noch offen . . . Laßt euch etwas einfallen. Wollen wir uns alle farbig kleiden?"

Die Vorbereitung auf der „anderen Seite" liest sich anders:
„Der Tränengaswerfer TW 73 der Waffenfabrik Bern, entstanden durch Modifizierung eines Karabiner 31, erlaubt das Verschiessen von Gasgranaten auf Distanzen bis 160 Meter und von Gummigeschossen bis ca. 50 Meter" – *so* wird Karneval zum Krawall! Wie lange noch werden die Jugendlichen Kraft und List haben, den Krawall wieder in Karneval zu verwandeln, wenn ihre Aktionen durch immer brutalere „Maßnahmen" (Unmaß für Unmaß) unterdrückt werden?

Ich blättere im Band 32 des „Verlags ohne Zukunft Zürich". Auf Seite 43 finde ich eine Pantomime von einem Harlekin, dessen Hose so schachbrettartig ist wie das Gesicht eines Jungen im venezianischen Karneval – Karneval und Straßenkunst, Lust, List, Widerstand. Während die Zukunftsprognostiker im Auftrag von Staatspräsidenten (vgl. Gorz 143), französischen und amerikanischen (Global 2000), Dinge voraussagen, die noch vor ein paar Jahren als schwarze Utopie linker Soziologen abgetan wurde, analysiert die „eidgenössische Kommission Bern" die Zürcher Unruhen und wird, bei ganz kühlen Überlegungen, des Sympathisantentums angeklagt. Letzte Zuckungen eines selbstzerstörerischen und überholten Machtapparates? Oder lässige Gesten des Überwachungsstaates, der alles gespeichert hat? Jedenfalls rüttelt es an den Nerven des Systems, daß dieser Widerstand der neuen Jugend, Jugend 80, Jugend 81, nicht mehr politisch einzuordnen, Parteien und Verschwörungen einzupassen ist, im Gegenteil, auch auf traditionelle linke Politik pfeift. *Kampf dem Staat = Wurstsalat*, steht auf der Mauer neben den Stufen, die ich zur Universität Zürich hinaufgehe. Autonomie ist das Stichwort, unter dem auch ein heimliches Sympathisantentum in

der Bevölkerung wächst. Auch Eppler stellte fest, daß die Leute, die gegen die Häuserspekulanten sind, zahlreicher werden als die, die sich gegen die Hausbesetzer aussprechen. Diese neue Jugendbewegung besteht nicht mehr aus Leuten, die „klassenspezifisch" zugeordnet werden können, sie gehören oft zur „Nicht-Klasse" der Arbeitslosen, und als solche treffen sich arbeitslose Lehrer mit arbeitslosen Mechanikern. Es verbindet sie nicht nur die Arbeitslosigkeit, es verbindet sie auch der Widerstand *gegen die Arbeit.* Sie stellen durch den erzwungenen Abstand von ihr fest, daß diese Arbeit immer außengelenkter, fremdbestimmter, stumpfsinniger wird, das Gegenteil von dem, was sie gemeinsam fordern: Autonomie. Das ist der „neue Müßiggänger", der hier nicht nur die Auswüchse der Arbeitswelt, sondern die Arbeitswelt selbst mit ihrer Arbeitslogik, Arbeitszeit, ihrem Arbeitsethos in Frage stellt.

Ich habe ihn als „deklassierten Müßiggänger" bezeichnet, auf den der Bataillesche Begriff der *Souveränität* zutrifft.

„Theoriefeindlichkeit" konstatieren kopfschüttelnd die strammen Altgenossen, „Flucht in die Subjektivität", „Entpolitisierung" und so weiter blablabla. Die Entwicklung, die zu dieser Haltung geführt hat, wird von der Jugendbewegung durchaus reflektiert, es sind poetische Reflexionen, Wortspiele, Kunst, Straßenkunst, und nicht mehr theoretische Ableitungen; es gibt eine Selbst-Verständigung über das, was für die meisten schon selbstverständlich ist, keinen missionarisch-religiösen Wahn, andere zu überzeugen, keine Arroganz, „Avantgarde" für die anderen (die leider so Sprachlosen und Unreflektierten) zu sein, keine Idee, etwas anderes oder andere zu repräsentieren. *Ende der Repräsentanz*[1], in der modernen Kunst und in der modernen Bewegung. Keine „engagierte" Kunst für einen politischen Auftrag und ästhetische Ignoranz gegenüber dem Neuen, das in der Kunst passiert („Formalismus", „Dekadenz"-Etikett-Verteilung); sondern Vermischungen, spielerische Begegnungen, Augenblickssymbiosen. Kunst und Alltag, Sprache und Bild, Wortspiel und Worternst, Frauen und Männer, Kinder und Alte, alles wird miteinbezogen. Die Zürcher forderten ein autonomes Jugendzentrum, aber nicht nur das: Autonomie für Jugendzentren und Altersheime. Sie sind, wie schon die 68er es waren, gegen die Erwachsenen als Staatsvertreter und Bürokraten auf allen Lebensebenen, aber für alle, die aus der großen „Gesellschaft des Spektakels" herausfallen: die Psychiatrisierten, die Gastarbeiter, die Arbeitslosen, die Alten. Reformen haben wenig geholfen, formale Sprüche werden deshalb zu diesem Thema ironisch abgewandelt: *Glaube, Hoffnung, Krawall* – das ist die Reflexion auf die Entwicklung, die dahin führt, den Stein (des Anstoßes) in die Schaufenster des Anstoßes zu werfen: Vor allem in Banken, Symbole dessen, was *zählt* in dieser fürchterlich unerbittlichen Ordnung.

Legal? *Legal, illegal, scheißegal* – Poetologik des Widerstands, natürlich ist sie nicht traditionslos, natürlich ist sie ohne die Studentenbewegung und die „Spontis" nicht vorstellbar. Aber sie hat sich klassendurchlässig transzendiert, *auch* wegen der Absurdität des alten Klassengegensatzes, an dem festzuhalten nicht mehr gelingt; „Abschied vom Proletariat": André Gorz – entdeckt zu Recht die „Nicht-Klasse" der Arbeitsverweigerer. Der „neue Müßiggänger", Herumlungerer, Straßenkünstler, „Sprayer" von Zürich, Harlekin, Fritz Teufels Spaßgerilja: „Macht endlich Ernst mit der Spaßgerilja!" (Chris Bezzel). Er ist nicht mehr der Dandy, der Voyeur und Flaneur, die Passarelle von Hannover ist auch

---

[1] vgl. meinen Aufsatz „Über die Unverständlichkeit"

keine Glaspassage, wo sich ungehindert bummeln ließe: Der „neue Müßiggänger" ist aktiver, er kommuniziert mit dem, was ihm begegnet, öffentlich: Die unterirdische Kommunikation der Sprühdosensprache verbindet die Müßiggänger, sie geben sich Worte, Zeichen, Winke, Tips für Begegnungen, Warnungen vor dem überwachenden Auge der Polizei, sie sind ungeheuer flexibel, überall und nirgends, sie hinterlassen ihre Spuren, aber die „Spurensicherung" wird immer komplizierter. Sie lassen sich nicht mehr „einseifen" und „einkaufen", der Ausverkauf der Ideen und Werte (auch der linken) ist ihr Problem nicht. Sie wollen auch nicht mehr den „Dialog mit den Herrschenden". Vielmehr durchschauen sie, daß die andere Seite eigentlich dauernd zu Wort kommt, ja, daß ihre Worte die „schweigende" Mehrheit so sehr überrieseln, daß „Gegenworte" kaum noch ein Gehör finden. Also platzen gutgemeinte Sendungen über die „Jugendunruhen", weil die herbeigeholten Jugendlichen ihren Protest anders äußern als im angeblichen „Dialog der mündigen Bürger". Nicht anders als beim Zürcher „TV Radau" war es mit dem ZDF Hearing zur Jugendrevolte, zu dem Klaus Hessler im „Spiegel" vom 2. 3. 81 schrieb: „Die Kinders (so betitelte Herr Stoiber die Berliner Instandbesetzer) übrigens haben's gemerkt. Sie haben sich – da können wir sicher sein – alles gemerkt und nur erneut und hoffentlich nicht endgültig bestätigt gefunden, was sie längst schon wußten –: Die Kinder(s) und die Alten und die Fixer und eben alle die, die in dieser Gesellschaft nicht funktionieren, werden flugs und scheinbar problembewußt als Randgruppen diagnostiziert, um dann ab und an auf dem Seziertisch von Medien und Parlament durch Politexperten therapiert zu werden". Der nichtgeführte Dialog, die Weigerung sich vereinnahmen zu lassen, die Ironisierung vorherrschender Konventionen demonstrieren den Abgrund zwischen den angeblichen Dialogpartnern. Klaus Hessler betont, daß die „Scheinwelt der politischen Roboter" nicht nur von Hausbesetzern abgelehnt wird. „Es soll sich niemand wundern, daß eine Welt fernab vom Staat und seine Repräsentanten eingerichtet wird. Noch schlimmer wäre es, wenn die Politiker und Entscheidungsträger nur die Hausbesetzer und deren Umfeld auf der anderen Seite des Grabens in der neuen Welt vermuteten. Da steht ein guter Teil der schweigenden Mehrheit, deren Schweigen nicht Zustimmung und schon gar nicht Zufriedenheit mit diesem Staat bedeutet." Dies ist ein sichtbarer Unterschied zur Zeit der Studentenbewegung: Das Ganze wackelt und das Vertrauen ist erschüttert, auch ohne Berichte offizieller Kommissio-

nen wie „Global 2000". Und wer weiß, wieviele „Sympathisanten"
„Herr Müller mit Frau" in der Zürcher Fernsehsendung am 15. Juli 1980
hatte. „Herr Müller" hat in echter Spaßgeriljamethode „das gesunde
Volksempfinden", das die um ihn sitzenden Politiker angeblich reprä-
sentierten, einfach noch überboten. „200 Polizisten für 250 Demonstranten, das ist zuwenig. Man hätte das Militär einsetzen müssen . . .
Das autonome Jugendzentrum? Das ist doch nur eine Verschwörung
von diesen Fixern und Steinewerfern . . ." Als er mit dieser Rede an-
fing, schauten die Politiker freundlich zustimmend, bis sie langsam
merkten wie sie lächerlich gemacht wurden. Er ließ die Verdutzten auch
gar nicht mehr zu Wort kommen, als sie mit protestierenden Gesten
die Aussagen relativieren wollten. Am nächsten Tag las man im „Zürcher Blick" die Überschrift „Ganze Schweiz empört über den TV-Ra-
dau". Wer weiß, wer weiß! Zwei Tage später lud „Müller", verkleidet
mit Bart, die Presse ein zum „Zoo", zur Jugendszene und schwieg einfach zu allen Fragen. So konnten Kamera und Presse lesen: „Laßt die
Giraffen frei." „Das Füttern von Jugendlichen ist *strengstens* untersagt" / „Es ist verboten zu verbieten". Aus dem „Zoo" kamen schließlich viele „Eisbären" und verkündeten auf ihrem „Packeis" das „Ende
von Grönland". Die Kältemetaphorik für die „Geldsackstadt" Zürich ist
so naheliegend wie „Grönland-Bayern" es in „Servus Bayern" für den
Filmer Herbert Achternbusch war, der seine Grönlandmetaphorik bild-
logisch vorzeigte. Der Zürcher Stadtpräsident („Sigi") versteht diese
Metaphorik nicht. „Das ist natürlich schon ein relativ bescheidenes po-
litisches Programm", stellt er halb hilflos, halb selbstbewußt-borniert
fest. Der Bauvorstand Edi Frech bekam denn auch „Für seine Verdienste um ein frostiges Klima in der Stadt Zürich den GOLDENEN EIS-
BÄREN". Ob er das verstand? Andere verstanden die Forderung „Freiheit für Grönland", sie verstanden auch die Sprache derer, die am 4.
September 1980 das Autonome Jugendzentrum (AJZ) geschlossen haben. Unter den anderen waren die Mitglieder der eidgenössischen Kommission Berns, die die Jugendunruhen analysieren sollten. Sie beschei-
nigten den offiziellen Behörden Unverstand, Borniertheit, Stumpfheit,
der Polizei Brutalität, den Jugendlichen Grund zum Losschlagen. Der
Zürcher Professor und Schriftsteller Walter Muschg „schämte" sich, dieser Volksgruppe anzugehören, die den Jugendlichen letztlich das Le-
bensrecht abstritt, wenn man unter „Leben" mehr verstehen will als
Schufterei im Packeis, als Überleben. Das Jugendzentrum wurde nicht

einfach geschlossen, sondern unter dem Vorwand des vielzitierten Dialogs, auf den die Jugendlichen sogar eingehen wollten, besetzt. Man hat uns wirklich beschissen, „ . . . mer hät us würkli bschisse" stand danach mit Sprühschrift auf einem Wahlplakat der christlichen CVP: „Für menschliche Werte in Gesellschaft und Umwelt" – die Floskelhaftigkeit dieser politischen Propagandasprache wurde damit nochmals in der Konfrontation mit der „Lüge der Wirklichkeit" hervorgehoben, durchaus nicht passiv! „Wir beißen zurück" –, dem heißen Sommer folgte ein heißer Herbst.

Das Packeis schmolz nicht, aber splitterte; angesichts der Feuer brennender Aktualität verglühte allerdings der Glaube, diese winzige Minderheit in den Polizei-Griff zu bekommen. Die Wiedereröffnung des AJZ folgte nicht, trotz der Parole „Für die sofortige Wiedereröffnung des autonomen Jugendzentrums. Aber Subito . . . susch tätschts!"[1] „Subito" war überhaupt ein magisches Wort geworden, in ihm drückte sich der Widerstand gegen jede Art von Verschiebungsideologie aus, hier und jetzt, nicht irgendwann, womöglich als kaputtgearbeiteter Rentner, wollte man Ruhe und Glück und Autonomie. „Subito" wurde so geläufig, daß es in den ironischen Umkehrungen sofort verstanden wurde: „Än Wasserwärfer für jedes Maid und Bubi / aber subi . . .!" „Subito" ist deshalb als Titel gewählt für ein „Blatt der Bewegung": Es erschien am 30. Juni 1980 zum ersten Mal. Die Slogans, Reime, Wortspiele sind zum Lachen und Weinen, sind Ausdruck von Wut, Angst, Freude, Selbstbewußtsein – verstecken keine Widersprüche – zeigen die eigene Verletzbarkeit: *Wir haben genug Grund zum Weinen / Auch ohne euer Tränengas." „Wir haben nichts zu verlieren außer unsere Angst." „zeigen wir unsere leeren hände / zeigen wir sie zu tausenden . . ." – „wir sind die türken von morgen"!* Die poetische kulturrevolutionäre Vieldeutigkeit ist oft in einem Wort oder wenigen zusammengefaßt – die lyrische Verkürzung ist eine Chiffrenschrift – nicht für Bildungsbürger. „Herbschzietlos" auf einer Betonmauer gesprüht, berührt zunächst diffus, läßt sich vielfach lesen – auch ohne „Bildung"! Herbst, zieht los! Herbst zeit Los! („heißer herbst" hatte den

---

[1] Als es schließlich doch wiedereröffnet wurde, versuchte man eine neue Strategie: man schloß gleichzeitig Drogenzentren und die Polizei sagte den Heroinsüchtigen, sie sollten doch ins Jugendzentrum gehen, dort bekämen sie „Stoff". Jetzt ist das Jugendzentrum mit den Heroinsüchtigen konfrontiert! *Polizei = Heroin Mafia* steht auf einer Mauer des Jugendzentrums.

Spruch: „wer würde sowas denken auch stahl und beton welken") Herbstzeitlos! – ohne Zeit im heißen Herbst, auch dies doppeldeutig: hektisch im Kampf der Straße und gleichzeitig gegen die quantifizierende Zeit: Das *Los* der *Herbstzeit.* Auf dem Titelblatt vom Band 32 des „Verlages ohne Zukunft Zürich" (zeitlos / ohne Zukunft / ohne Zukunftsaussichten gleichzeitig: im Hier und Jetzt leben, sich nicht mehr auf die Zukunft vertrösten lassen) ist eine zerschlagene Uhr abgebildet, der Pflasterstein steckt in der zersplitterten Scheibe, die Uhr zeigt nicht 5 vor 12, sondern 20 nach 12, der Pflasterstein steckt dort, wo es eben 10 nach 12 war, höchste Zeit.

Die „Herbstzeitlose" (färbt die blaue Blume rot, hieß es einst) ist eine schöne, giftige Blume! Lustig ist auch, wenn Mc Donald's Big Mac zu *„Big dräck"* abgewandelt wird als „sprühend" witziger Nebengesang (= Parodie) auf die Eröffnung der fast food-Kultur, „jetzt auch in Zürich" – der Familienrest trifft sich im Familienrestaurant, dazwischen liest man zwischen Jetsetreklamen und handgeschriebenen Anzeigen: *„Immer mit der Ruhe"* und die alte Parole *„Unter dem Pflaster liegt der Strand",* ein paar Mauern weiter: *Wir wollen uns selber sein.* Geht man die lange Mauer von Mercedes Benz in der Grüngasse entlang, so liest man, lang sich hinziehend: *„Ich hän scho immer welä än lange Spruch da ane schribe."* Über dem Eigang Nr. 9 der instandbesetzten Hellmutstrasse steht: *„Our fantasie is your desaster"* – Fremdsprache *und* Dialekt sind verfügbar zum Wortspiel.

Als ich am 18. Februar in der Universität Zürich meinen Vortrag „Bettina und der Neue Charakter" hielt, hatte ich ambivalente Gefühle. Ein paar Hörsäle weiter würde morgen, so dachte ich, wieder eines jener Disziplinarverfahren gegen einen Studenten, den man als „Rädelsführer" bezeichnete, unter Ausschluß der Öffentlichkeit stattfinden. Selbst den *vor* den Türen Protestierenden drohten Disziplinarverfahren. Müßte man nicht davon sprechen? Aber sprach ich nicht auch davon, wenn ich vom „Neuen Charakter" sprach?

Die „Theoriefeindlichkeit" der Bewegung ist nicht eindeutig, sie ist eher eine Feindlichkeit gegen die Trennung des Gesagten von der eigenen Person. Was Bloch zu Recht über die Gefahren des Aktionismus und Dogmatismus sagte, die den theoriefeindlichen Teil der Studentenbewegung bedrohten, gilt es noch? Und: Macht Theorie handlungsunfähig? Zum Glück ja, denn manche „Handlungen" sollten lieber nicht geschehen.

Ich versuchte zu erklären, weshalb bei meiner Idealkonstruktion des „Müßiggängers" Theorie und Leben ungetrennt sind: *Weil er nie von sich absieht;* Ich versuchte, das zu präzisieren: Nie von sich absehen heißt auch, ständig auf das zu reflektieren, was man gerade tut, zu reflektieren, weshalb man es tut, ob man Lust dazu hat, weshalb man es tut, obwohl man keine Lust dazu hat, ob man diese Unlust „in Kauf" (in Kauf, o diese Metaphern der Tauschgesellschaft, soweit ist es mit mir – uns? gekommen!) nimmt, weil man das, was man tut, besonders wichtig findet oder ob man sich doch fremdbestimmen läßt. Die Verweigerung der fremdbestimmten Arbeit, soweit sie über die bloßen Subsistenz hinausgeht, wird fraglos aus dieser Haltung folgen.

Auch bei Gorz finde ich den Begriff der „Souveränität", im Zusammenhang des Müßiggangs (er verwendet dieses Wort nicht). Gorz denkt allerdings nicht utopisch, das ist seine Grenze, deshalb kann er, auch bei scharfsinniger Analyse, über den Staat nicht hinausdenken. Aber er gibt Impulse: „Die Sphäre individueller Souveränität *gründet nicht auf einfachen Konsumwünschen,* auch nicht auf reinem Zerstreuungs- und Erholungsbegehren. Weit mehr ist sie erfüllt von Tätigkeiten ohne ökonomisches Ziel, die ihre Finalität in sich selbst haben: Kommunikation, Geschenk, ästhetische Kreativität und Vergnügung, Produktion und Reproduktion des Lebens, Zärtlichkeit, Entfaltung körperlicher, sinnlicher und geistiger Fähigkeiten, Schöpfung von Gebrauchswerten . . . ohne Handelswert . . ., kurz, ein Ensemble von Tätigkeiten, die die Substanz des Lebens bilden und daher wohlbegründet keinen nachgeordneten Platz, sondern Vorrang beanspruchen" (Gorz: 74).

Es geht, wie Klossowski feststellt, darum, „den Kampf der Affekte gegen ihre *inadäquate Formulierung* zu enthüllen, dieser ist materiell in eine bloße Nachfrage nach Gütern umgewandelt, eine Form, die mit den Affekten nur in widersprüchlicher Weise korrespondiert" (Klossowski: 8). Ich denke, diese *individuelle Souveränität* wird in Berlin oder Zürich oder Amsterdam oder sonstwo geprobt, und zwar nicht nur individuell, sondern kollektiv. Das „Kollektiv" ist dabei keine Zwangseinrichtung mehr, die ein bestimmtes (engagiertes, politisch „richtiges" anti-kleinbürgerliches, emanzipatorisches, revolutionäres) Verhalten vorschreibt.

Es gibt keine Partei, keine parteiartig organisierten Gruppen, keine Führer. Als von Politikern „Vertreter" der Zürcher Bewegung zu einer gemeinsamen Diskussion eingeladen wurden, kamen sie massenahft mit dem Hinweis, sie hätten keine Vertreter und Führer, jeder vertrete sich selbst. Auch die „Führer" auf der anderen Seite werden nicht mehr ernst genommen, sonder ironisiert, Papiertiger, Larven, Simulanten, Masken. *Maskieren wir uns, um der Spiegel ihrer Masken zu werden!* Die Auffassung vom Leben als Karneval, Rollenspiel, Maskentausch, Vorspiegelung sichtbar falscher Tatsachen durch ihre Übertreibung („Herr Müller" in der Fernsehschau vom 15. Juli 80) bestimmt Bild- und Wortspiele. Das Wörtlichnehmen der eigenen Metaphorik ist Teil des Spiels, man übersetzt sie in die direkte Bildebene (dem Zürcher „Bauvorstand" den Goldenen Eisbären verleihen für seine „Verdienste um ein frostiges Klima", oder als Eisbären verkleidet auf dem selbstgemalten „Packeis" erscheinen). Was kanalisiert im schönen venezianischen Kanal und Karneval „erlaubt" wird, ist hier lebendige Kritik und Aufhebung des Alltags, neue Alltagspraxis, gehört zu diesem „Spiel". Es gibt keine Trennungen mehr zwischen Leben und Spiel, Alltag und Kunst, „Wesen" und Erscheinung, Gesicht und Maske, Wirklichkeit und Fiktion, denn alle diese Gegensätze werden als gesetzte entlarvt, indem man sie verkehrt, von ihrem gewohnten Platz verrückt, scheinbar „verrückt spielt", vielleicht aber „normal" in einem möglichen Sinn „individueller Souveränität" gegenüber der Norm zwangskollektiver Fremdbestimmung.

Ich spreche von der Zürcher Bewegung nicht primär als „faktischer", sondern von ihren Intentionen und Tendenzen, von ihren Träumen und Utopien, die mir auch in dieser subversiven Sprühschrift-Kommunikation auf den Betonmauern begegnet. Und da bin ich doch freudig überrascht, wie oft ich Manifestationen jenes Zustandes sehe, den ich als „Müßiggang" zu umschreiben versuche. Ich treffe auf jene, schwebende Aufmerksamkeit', die traumwach ist und plötzlich einem objet trouvé begegnet, mit dem es sich einläßt, liebend, ironisierend, weiterführend, kritisierend, es ad absurdum führend. Die poetische Reflexion auf den Alltag in den Bildern und Wortspielen der Graffiti ist vielleicht unter anderem das, was „die" Kunst abgelöst hat. Ready made, objet trouvé, Collage, Decollage, Lettrismus, konkrete Poesie, all dies findet sich, ohne daß noch viel von „Kunst" die Rede wäre. Die poetische Kritik des Alltagslebens *und* die Poetisierung gerade der unbeachteten Momente des Alltagslebens (des „Nichtidentischen"), der ästhetische Umgang mit dem als „Müll" Weggeworfenen (aber „wohin mit dem Müll" fragt sich die Wegwerfgesellschaft langsam, als Erweiterung der makabren Frage: „Wohin mit dem Atommüll") ist vielleicht Teil jener Kunst des Müßiggangs, welche „das Leben in Kunst verwandelt und die Kunst in Leben". „Alles muß Müll werden" sagte Grimson in seiner Einleitung zu Lafargues „Recht auf Faulheit als Widerlegung des ‚Rechts auf Arbeit' von 1848". Vielleicht ist auch die „Wegwerfkunst" noch zu sehr am altem Kunstbegriff orientiert, widersteht deshalb zu wenig der Tendenz zur Integration? Aber das „heimliche Geflüster der Sprühschriften" widersteht der Eingemeindung. Niemanden interessiert mehr, ob es sich hier vorwiegend um Kunst oder um Politik oder um Kalauer handelt. Die subversive Kommunikation einer „Welt fernab vom Staat und seinen Repräsentanten" (Klaus Hessler über die Hausbesetzer) verrückt die Dinge der Gewohnheit, so daß sie in ihrer ganzen Verrücktheit erscheinen oder auch in ihrer nichtbeachteten Schönheit.

Die Banalität der Comic-haften Glasbilder im Zürcher Hauptbahnhof, wo Reklame für eine Würstchenbude gemacht wird, wird ironisiert und gleichzeitig aufgehoben in eine „höhere Sphäre" durch den kleinen Zusatz auf einer Sprechblase „IM AJZ". Ein braver Bürger deutet auf ein volles Bierglas und sagt: „Links um die Ecke endet die Durststrekke". Hier bringt sich das autonome Jugendzentrum (AJZ) in Erinnerung, indem es in der gleichen Schrift (so daß man es fast für „echt" hält und erst danach stutzt) hinzusetzt „Im AJZ", das A mit dem Anarchismus-Kreis versehen. Neben der Ironie und dem Witz gibt es nun noch eine neue Symbolebene. Das Wort „Durststrecke" wird vieldeutig, wird zur Metapher für die Frustration des gewöhnlichen, isolierten Einzellebens, wo der Durst sowenig gestillt wird wie der „Warenhunger", weil nie etwas Reales verkauft wird, sondern jene Wünsche und Träume, die der Kauf der Ware nie erfüllt (Freiheit und Abenteuer, der Duft der großen weiten Welt, Zärtlichkeit und Macht, Liebe und Sicherheit). Das Autonome Jugendzentrum, das geschlossen (welch makabrer Wortwiderspruch!) und um dessen Wiedereröffnung gekämpft wurde, ist zum Symbol der „Autonomie" geworden, zum Symbol für einen Freiraum, in dem die Jugendlichen gemeinsam jene Sphäre individueller Souveränität errichten, die ihnen das „gewöhnlichen Leben" versagt, hier sind sie, zumindest symbolisch, am „Ende der Durststrecke". Es ist gleichgültig,

ob die Maler des Zusatzes an all dies gedacht haben, aber einverstanden seid Ihr, Ingrid und Vik, nicht wahr, es steht jetzt so da als lesbarer Text für alle, die durch den Bahnhof hetzen und gar nicht recht wissen, wie ziellos ihre Ziele sind.

Wie naiv ist dagegen das sichtbare „Engagement" so vieler langweiliger, gutgemeinter „politischer Kunst"! Wie mittelbar und listig und unsichtbar und unabsehbar die Folgen dieser Straßenkunst! Wie sehr erscheinen „heimliche Verführer" der Werbung als Scharlatane und Simulanten! Wo ist die „Macht" der Reklame „Levi's for feet", wenn über dem elastisch auftretenden Schuh lachend-kindlich plötzlich ein Handabdruck erscheint? Theoriefeindlichkeit? Poetische Reflexion als Schule der Wahrnehmung, wo so viele falsch nehmen! Fraglos wurde die poetische Schule der Wahrnehmung durch den „Sprayer" in Zürich bewußter, und die bildnerische Qualität der Sprühschriften, die Einbeziehung der Alltagsgegenstände in die Graffitibilder durch den Sprayer gefördert. Als ich vor einem der inzwischen schon berühmten Maueraugen des Sprayers stand, unterhielt man sich darüber, ob es sich nun um den Sprayer oder um einen „Nachfolger" handle in der (wenn auch ironisch gebrochenen) Art, wie man über Rembrandt und seine Schule spricht.

Der „Sprayer" hat in seiner „bilanz" auf seine künstlerische Kritik des Alltagsbetons reflektiert: „hier in der schweiz gibt es zweierlei: wände, mauern, bodenbelage usw. wo das leben einen zugang hat, seine spuren eintragen kann sei es die witterung, zufälle, geschehnisse kurz wo der atem der zeit wirksam ist – und jene übersauberen unangenehmen fassaden die gemacht sind jedes leben fernzuhalten, sie scheinen immer wie „frisch gestrichen". ich vergleiche die beiden gruppen mit menschlichen gesichtern, dort wo das leben ein recht hat finde ich ein antlitz, dort wo etwas vorgetäuscht und zugleich versteckt werden soll eine maske. –" („mein revoltieren mein sprayen"). Die nackte Frau, die der Sprayer an einer Betonmauer neben eine Treppe gesprüht hat, die zu Hochhäusern führt, ist ein Einspruch gegen diese kalte Betonwelt, zugleich macht sie diese Kälte der Betonwelt, an die wir uns, da wir ihr nicht entkommen, schon fast gewöhnt haben, besonders bewußt. Die Brutalität dieser Mauern wird durch die kleiderlose (mauerlose) Nacktheit der hingesprühten Figur erhöht. Auch hier gibt es – wie bei vielen Graffiti-Wortspielen sichtbar (nachvollziehbar) – ein Oszillieren zwi-

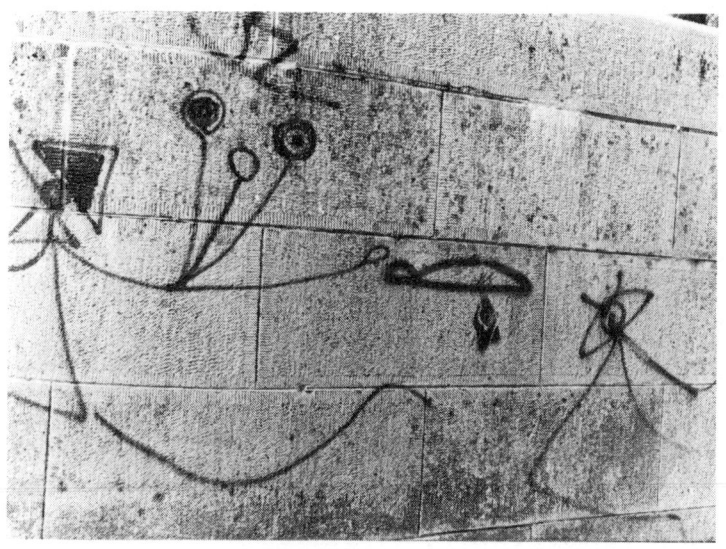

schen der Wort- und Symbolebene: dies Oszillieren ist das Wesen des Poetischen. Die Metaphernebene der „Versteinerung", der „Masken", der „Kälte", des „Packeis", der „Abwehrmauern" wird ins Wortwörtliche rückübersetzt und damit dem Klischee (zu dem es durch vielfachen Gebrauch wird) entrissen. – Der Sprayer definiert den aktiven Müßiggänger: „je eigenwilliger das ICH desto mehr drängt es sich dem gegenstand auf, je bewußtloser das Ich desto mehr wird es von gegenständen beherrscht" (a. a. O.). Die Gegenstände, denen sich das Ich aufdrängt, geraten aus dem Gewohnheitzusammenhang, auch die Worte werden, aus dem Zusammenhang gerissen, auch die bekannten Symbole und Piktogramme samt ihrer unsichtbaren Befehlsstruktur (die Logik der Verkehrsregeln auf allen Breitengraden der Verständigung). Ein Schild, auf dem 50 eingekreist ist mit dem Wort „generell" bedeutet nicht mehr das Gebot, hier 50 Stunden-km zu fahren, es heißt jetzt *generell - 50°* und auf dem Schild darunter steht „Grönland". Grönland betrifft uns alle, so auch die Forderung „Freiheit für Grönland", „Ende der Eiszeit". Es gibt die „andere Seite", aber nicht den persönlichen Feind. In Grönland sind auch „die Herrschenden" Beherrschte – beherrscht von der Erstarrung. Die Polizei wird nicht mehr dämonisiert, sondern (sie heißt „Schmierli") als normale Spießer charakterisiert, denen das Bier und die Ruhe (sei es auch die Friedhofsruhe) wichtiger ist als alles andere (wie sollte man sie mit der Kommunikation der Sprayschriften erreichen?): *„Das meint Schmierli: Ich ha lieber mis Bierli".* Aber man ist ihnen ausgeliefert, wenn sie mit den Gummigeschossen losschießen. In der Innenstadt findet man das Wort „Jagdgebiet", dort, wo die Polizei zu knüppeln beginnt. Zum Abschied bekam ich ein Plakat geschenkt, darauf eine eindrucksvolle schwarze, geometrisch-sechseckige Plastik. Darunter steht: *„Skulptur /* Material: mattschwarzer Hartgummi / Maße 27 x 20 mm / Gewicht 17 gr. Ein kultureller Beitrag der Stadtpolizei Zürich". Ein kleines Original liegt dabei. Es genügt, um aus einer gewissen Entfernung ein Auge auszuschießen.

WIR SIND DIE KULTURLEICHEN DER STADT sagte die Zürcher Bewegung. Der „Krawall" begann mit dem Skandalon offizieller Kulturpolitik, dem Bau des Opernhauses bei gleichzeitiger Verweigerung von – hiermit verglichen Minimalbeträgen – für den Ausbau eines Jugendzentrums. „Freiräume" war keine Metapher mehr. Es ging und geht um Räume, die verweigert und besetzt, die abgerissen und „instandbesetzt" werden. Auch für Rentner, Gastarbeiter, „Außenseiter". Die Jugendlichen wollen sich nicht länger lebendig begraben lassen in den Betonsärgen unserer Großstädte. Diese Logik beginnt den Bürgern einzuleuchten – das treibt die Politiker in die Defensive. *Laßt euch nicht BRDigen* steht auf einer Münchener Wand. Schräg gegenüber geht das „Geflüster der Sprühdosen" weiter: *„Wann brennt München";* ein paar Schritte weiter: *„Guten Morgen",* und über dem Nachttresor einer Bank *„Paßt ja auf".* Die Sprayer sind überall – nicht mehr nur in Sanierungsvierteln und zwischen Universitätsgebäuden. *„Feuer und Flamme für diesen Staat"* – diesen hannoverschen Punkspruch kann man, wie erwähnt, inzwischen in fast allen Großstädten lesen. Die Wahlverwandtschaft zu Zürich ist unverkennbar: *„Kampf dem Staat = Wurstsalat".*

Gegen diese Ironie kann man auch nicht mehr „gerichtlich" vorgehen, denn wer sollte eine Aufforderung zur Gewalt oder dergleichen mehr juristische Formeln daraus destillieren können, ohne sich lächerlich zu machen? Der lange Marsch durch die Institutionen und der Kampf um Machtpositionen (der zur Integration führte) interessiert diese Jugendlichen nicht mehr. Sie machen ihre eigene Sach. Dafür kämpfen sie. „Glauben heißt: das Unzerstörbare in sich befreien, oder richtiger: sich befreien, oder richtiger: unzerstörbar sein, oder richtiger sein" (Kafka). Dieser Kafka-Satz, der viel mit der Kunst des Müßiggangs zu tun hat, enthält etwas von der gelebten Subkultur – der Kampf geht darum, diesen Prozeß zu ermöglichen, nicht darum, die „anderen" zu befreien oder eine neue Macht zu errichten. Dieser Prozeß, davon wird ausgegangen, wirkt von sich aus ansteckend. Unfreiheit macht sehnsüchtig. Freiheit macht süchtig.

Literatur:

Bezzel, Chris: konkrete kunst und spaßgerilja, in: „Ästhetisches Handeln" Zschr. Psychologie und Gesellschaftskritik Nr. 16, 4. Jhrg. Heft 4, Gießen (focus) 1980

Dischner, Gisela: Friedrich Schlegels „Lucinde" und Materialien zu einer Theorie des Müßiggangs, Hildesheim Gerstenberg 1980

Gorz, André: Abschied vom Proletariat. Jenseits des Sozialismus, Frankfurt (EVA) 1980

Kafka, Franz: Hochzeitsvorbereitungen auf dem Lande und andere Prosa aus dem Nachlaß, Frankfurt 1953, in: Ges. Werke, hsg. v. M. Brod, New York / Frankfurt 1950 ff.

Klossowski, Pierre: Lebendes Geld (demnächst) (Seitenangabe nach MS), aus dem Fränzösischen von Gabriele Ricke u. Ronald Vouillé, Bremen 1981.

SPRACHE UND LITERATUR

Romantische Utopie — Utopische Romantik
Hrsg. von Gisela Dischner und Richard Faber.
Hildesheim 1979. 358 S.
ISBN 3-8067-0820-7   **DM 28,—**
Erstveröffentlichung
I. Reaktionäre Kritik der Frühromantik mit Beiträgen
von A. Baeumler und A. v. Martin.
II. Progressive Rezeption der Frühromantik mit Beiträgen von J. E. Seiffert, R. Faber, W. Krauss,
M. Oesch, N. W. Bolz, G.-K. Kaltenbrunner, P. Röder,
A. Gramsci, C. Kambas, W. Kloppmann, G. v. Campe
und F. Wilkening.
III. Romantische Utopie — Utopische Romantik mit
Beiträgen von G. Dischner und H. Th. Lehmann.
IV. Frühromantik, Surrealismus u. Studentenrevolte
oder die Frage nach dem Anarchismus von R. Faber.

Dischner, Gisela
**Friedrich Schlegels Lucinde und Materialien
zu einer Theorie des Müßiggangs**
Friedrich Schlegels Roman 'Lucinde' von 1799
löste einen literarischen und ästhetischen Skandal
aus. Gisela Dischner zeigt an der materialreichen Rezeptionsgeschichte, wie tief die
protestantische Wertethik
zu einer Geschichte von Diffamierungen
und Fehlinterpretationen führte, die teils
bis in die Gegenwart reicht. Das Kapitel 'Idylle
über den Müßiggang' nimmt G. Dischner zum
Ausgangspunkt für den Versuch einer Theorie
des Müßiggangs.
Hildesheim 1980. 300 S. kart.
ISBN 3-8067-0854-1   **DM 28,—**
Erstveröffentlichung

Sheppard, Richard (Hrsg.)
Die Schriften des Neuen Clubs 1908-14
2 Bände
Der „Neue Club" war die erste literarische Vereinigung unter den Kreisen, die einen erheblichen Anteil an der Entstehung und Verbreitung des Expressionismus hatten. 1909 gegründet, bestand
der Neue Club bis Anfang 1914.
Hildesheim 1980. Band 1, 550 S. 8 Abb. kart.
ISBN 3-8067-0835-5   **DM 56,—**
Erstveröffentlichung

Weigl, Engelhard
**Aufklärung und Skeptizismus.
Untersuchungen zu Jean Pauls
Frühwerk**
Die Arbeit folgt der Chronologie der Entwicklung Jean Pauls bis zum Beginn seiner eigentlichen poetischen Produktion. In Auswertung der Exzerptbände des handschriftlichen
Nachlasses (in der Deutschen Staatsbibliothek
Berlin/DDR) zeichnet Weigl mit
größter Genauigkeit die Bildungsgeschichte
Jean Pauls nach, von der die Forschung bisher nur eine umrißhafte und, wie sich zeigt,
nicht in allem zutreffende Vorstellung hat.
Weigl leitet aus der Überorganisiertheit der
Exzerptbände seine These von einer „Philosophie als Exzerpt" ab.
Hildesheim 1980. 233 S. kart.
ISBN 3-8067-0831-2   **DM 32,—**
Erstveröffentlichung

FORDERN SIE UNSEREN UMFANGREICHEN KATALOG GERMANISTIK AN:

GERSTENBERG VERLAG
Rathausstraße 20
32 Hildesheim